国家社科基金
后期资助项目
GUOJIA SHEKE JIJIN HOUQI ZIZHU XIANGMU

竞争情报

企业危机管理利器

徐芳 著

社会科学文献出版社
SOCIAL SCIENCES ACADEMIC PRESS (CHINA)

图书在版编目（CIP）数据

竞争情报：企业危机管理利器／徐芳著． -- 北京：
社会科学文献出版社，2024.3
国家社科基金后期资助项目
ISBN 978-7-5228-2642-4

Ⅰ.①竞…　Ⅱ.①徐…　Ⅲ.①企业危机-企业管理-
研究　Ⅳ.①F272

中国国家版本馆 CIP 数据核字（2023）第 200632 号

国家社科基金后期资助项目

竞争情报

——企业危机管理利器

著　　者／徐　芳

出 版 人／冀祥德
组稿编辑／吴　敏
责任编辑／王　展
文稿编辑／陈丽丽
责任印制／王京美

出　　版／社会科学文献出版社（010）59367127
　　　　　地址：北京市北三环中路甲 29 号院华龙大厦　邮编：100029
　　　　　网址：www.ssap.com.cn
发　　行／社会科学文献出版社（010）59367028
印　　装／三河市龙林印务有限公司

规　　格／开　本：787mm×1092mm　1/16
　　　　　印　张：20.25　字　数：317 千字
版　　次／2024 年 3 月第 1 版　2024 年 3 月第 1 次印刷
书　　号／ISBN 978-7-5228-2642-4
定　　价／88.00 元

读者服务电话：4008918866

国家社科基金后期资助项目
出版说明

后期资助项目是国家社科基金设立的一类重要项目，旨在鼓励广大社科研究者潜心治学，支持基础研究多出优秀成果。它是经过严格评审，从接近完成的科研成果中遴选立项的。为扩大后期资助项目的影响，更好地推动学术发展，促进成果转化，全国哲学社会科学工作办公室按照"统一设计、统一标识、统一版式、形成系列"的总体要求，组织出版国家社科基金后期资助项目成果。

全国哲学社会科学工作办公室

摘　要

　　本书旨在对危机生命周期与竞争情报之间的内在关系进行实证研究，探索企业运用竞争情报解决危机问题的工作机制，构建基于危机生命周期的企业竞争情报机制理论模型，实现企业竞争情报机制的创新。同时，为了保障理论模型的实施，针对危机生命周期三个阶段的特征与关键任务，在案例研究的基础上，设计了支持理论模型的三个运行模式，提炼了理论模型的主要影响因素，提出了理论模型应用的建议。本书综合运用问卷调查、案例研究、文献调查、情景分析等研究方法开展各项研究，运用因子分析（Factor Analysis）、结构方程模型（Structural Equation Modeling，SEM）等数理统计方法进行数据处理。

　　作为一本竞争情报领域的专著，本书设计的理论模型和运行模式以及由此产生的研究结果可以丰富企业竞争情报理论；同时，本书的结论也可以指导企业危机管理与竞争情报工作实践，有利于增强企业危机管理与竞争情报工作能力。本书适合作为情报学专业硕士生学习的参考书，同时也可以作为竞争情报与危机管理实践领域工作人员的参考书。

序

数智赋能环境下，经济全球化的不断推进，使得企业在经营活动中的依赖性和相关性变得越来越复杂和多样化。企业所面临的竞争环境是动态的、不确定的，危机应对已成为企业管理的常态。一项对《财富》全球500强企业 CEO 的调查数据显示：80%的受访者表示像面对税收和生存一样，危机也已经成为一个企业不可避免的事实。企业随时可能发生经营、管理、制度、技术、产品、价格、人才、财务、信誉等各种危机。华为芯片危机事件、"联想撤出中国"谣言事件以及 TikTok（抖音）事件等众多危机案例，可以很好地支持企业危机管理的研究。由此可见，危机管理及其效率的提高已经成为企业迫切需要研究的课题。

竞争情报有环境监测、市场预警、对手分析、决策支持等功能。竞争情报能让企业主动地跟踪竞争环境和竞争对手的动向，避免企业受到竞争对手的突然袭击，可以提高企业危机管理的效率。因而，可以认为，构建基于危机生命周期的企业竞争情报机制不失为提高企业危机管理效率、帮助企业解决危机问题的一种有效的新思路。

呈现在我们面前的专著《竞争情报——企业危机管理利器》，综合运用了问卷调查、案例研究等研究方法，对竞争情报与危机管理之间的关系进行了较为系统、深入的研究，构建了基于危机生命周期的企业竞争情报机制的理论模型及其运行模式。作为我国竞争情报研究领域的一部力作，这部专著的出版，从危机管理的新视角进一步丰富了我国竞争情报学科领域的研究成果。

读完这部专著，可以概括出两个特色。

第一，对竞争情报与危机生命周期的内在关系进行了实证研究。在回顾竞争情报理论、危机生命周期理论的基础上，采用问卷调查法收集了来自竞争情报和危机管理领域专家学者、企业管理人员的 368 份有效样本数据，采用结构方程模型多元数理统计方法对竞争情报与危机生命周期内在关系进行了实证研究，为基于危机生命周期的企业竞争情报机制理论模型的构建和该理论模型主要影响因素的提取，提供了有力的实证数据支持。

第二，案例研究资料较为丰富。以 9 个内容丰富的企业危机管理案例为基础，运用"病毒式"和"滚雪球式"传播理论，"蝴蝶效应"、"温水煮青蛙"以及"弱信号"等理论，分析了危机生命周期中潜伏期、爆发期以及平复期三个阶段各自主要的危机特征和危机管理的关键任务，构建了保证该理论模型实际应用的三个关键运行模式——危机潜伏期的企业竞争情报预警模式、危机爆发期的企业竞争情报沟通模式以及危机平复期的企业竞争情报评估模式，从而为本书构建的理论模型的实际应用提供有力支撑。

本书作者徐芳教授，现任苏州大学社会学院档案与电子政务系支部书记、系副主任、MLIS 专业硕士负责人、博士生导师，曾经是我指导的 2008 级的博士研究生。早在读博期间，他就表现出了较强的研究实力，发表了学术论文 17 篇，先后获得过南开大学优秀奖学金一等奖、"学术之星"博士组一等奖以及优秀研究生毕业生等奖项与称号。2011 年获得博士学位后，任教于苏州大学社会学院档案与电子政务系。2013~2016 年，又在南京大学信息管理学院从事情报学博士后研究工作（国家重点学科、教育部第四轮评估 A+，合作导师长江学者孙建军教授）。2017 年受到江苏省政府留学奖学金的资助，赴澳大利亚南澳大利亚大学信息技术与数学科学学院访学（Visiting Associate Professor，合作导师为澳大利亚杰出青年基金获得者 Jia Tina Du 博士）。2019 年入选江苏省高校"青蓝工程"优秀青年骨干教师培养对象。

自 2008 年攻读博士学位以来，徐芳博士便开始从事竞争情报领域的相关研究，本书是在他的博士学位论文基础上，经过反复修改后成书，并获得了 2021 年国家社会科学基金后期资助。本书既是他主持的国家社会科学基金后期资助项目的最终成果，也是他十年来潜心竞争情报与危机管理交叉领域研究的成果。可以预见，本书的出版对于丰富竞争情报与危机管理理论，指导企业竞争情报和危机管理实践，必将产生重要的理论意义与实践价值。

美国竞争情报从业者协会（SCIP）前主席 Youngblood 女士认为：竞争情报专家的工作是帮助领导者了解未来并赢得它，因为仅对当前环境做出快速反应的企业并不一定能够成为未来的赢家。全球经济竞争的加剧，使得竞争情报在企业管理中的地位日益提高。

面向未来，竞争情报与危机管理领域还会有许多需要解决但尚未解决或者尚未完全解决的理论问题和实践问题。对于青年学者来说，仍然任重道远。一部专著的出版，固然是研究者学术成就的重要标志和里程碑，但这并不意味着研究的终止。恰恰相反，它必将成为我们继续深入探索未知世界的动力，促使我们向下一个高峰攀登。期望徐芳博士在今后的研究工作中弥补本书的局限和不足，树立更高的奋斗目标，在不远的将来为我们呈现更多更好的新作。

2023 年 5 月 6 日于北京

目　录

图目录

表目录

第一章

绪论

关于危机，本书所提到的危机是指与企业的经营、管理、财务、信誉等对企业的生存发展有直接影响或潜在威胁的事件，不包括不可抗力危机，如地震、洪水、疫情等。这是因为任何企业都无法凭一己之力应对不可抗力类危机。

关于危机生命周期，本书赞同的观点为，如同人的生命周期一样，危机生命周期也可以分为诞生、成长、成熟和死亡几个阶段。当前，对危机生命周期的划分主要观点有"两阶段论""三阶段论""四阶段论""五阶段论""六阶段论""七阶段论"。① 在这些观点中，本书赞同"三阶段论"的危机生命周期观点，认为危机生命周期可以分为潜伏期、爆发期和平复期三个相互作用和影响的阶段。

机制是一个系统的组织或者部分之间相互作用的过程和方式②，例如竞争情报机制、危机管理机制等。机制的形成以建立一定的制度、规则和方法为基础。

关于模型和模式，著名的控制论创始人维纳提出："科学知识是由一系列抽象模型所组成的。"③ Clark 认为模型（Model）分为实物（Physical）模型和概念（Conceptual）模型，概念模型是思维的产物，它以抽象的术

---

① 龚平：《网络传播环境下企业危机管理研究》，硕士学位论文，华中科技大学，2008，第10页。
② 龚学胜主编《当代汉语词典》（国际华语版），商务印书馆，2008，第805~806页。
③ 转引自罗金增《论图书馆学情报学研究中的模型方法》，《图书情报工作》2008年第12期，第24~27、132页。

语系统地描述事物①，如危机管理模型、竞争情报模型等。模式（Pattern）是指可以用于解决某类问题的方法论，通过将具体方法抽象为理论而形成。②

本书旨在对数智赋能环境下危机生命周期与竞争情报内在关系进行实证研究，探索运用竞争情报提升企业危机管理效率的工作机制，构建基于危机生命周期的企业竞争情报机制理论模型，从而实现企业竞争情报机制的创新。同时，为了确保理论模型的顺利实施，本书还针对危机生命周期理论的三个阶段（潜伏期、爆发期以及平复期）的主要特征与核心任务，在案例研究基础上，设计了理论模型应用的三个运行模式，提炼了理论模型的主要影响因素并提出了理论模型应用的建议。

第一节　研究背景

大数据、云计算、人工智能等新兴技术的高速发展以及产品生命周期缩短、顾客需求日益复杂、竞争环境动态性加剧等原因③，在使企业发展迎来新机遇的同时，也给企业管理人员以及竞争情报从业人员带来了新挑战。危机应对已经成为企业管理面临的一种常态。数智赋能环境下，为了应对新时代的挑战，企业需要寻求新的理论，构建一种长效的危机应对机制，实现危机管理手段的创新；而竞争情报具有环境监测、市场预警、对手分析、决策支持等功能④，不失为进行危机管理的一种有效工具或手段。基于此，本书提出了基于危机生命周期的企业竞争情报机制研究课题。

---

① Clark, R. M. *Intelligence Analysis*: *A Target-centric Approach*（*Sixth Edition*）. Thousand Oaks, California: CQ Press, 2020, pp. 1-458.

② 陆岷峰、张兰：《构建多元化中小企业融资模式的战略思考》，《企业研究》2010 年第 7 期，第 50~53 页。

③ 包昌火、谢新洲主编《竞争情报与企业竞争力》，华夏出版社，2001，第 6~35 页；Ranjan, J., Foropon, C. Big Data Analytics in Building the Competitive Intelligence of Organizations. *International Journal of Information Management*, 2021, 56：102231。

④ Cavallo, A., Sanasi, S., et al. Competitive Intelligence and Strategy Formulation: Connecting the Dots. *Competitiveness Review*, 2021, 31（2）：250-275；沈固朝等编著《竞争情报的理论与实践》，科学出版社，2008，第 35~37 页；李国秋、吕斌编著《企业竞争情报理论与实践》，清华大学出版社，2011，第 176~193 页；陈峰：《竞争情报推动产业创新发展的案例分析》，《情报杂志》2020 年第 8 期，第 1~5、130 页。

一　企业竞争环境不确定性日趋增大

与目前企业所面临的竞争环境相比，20 世纪 80 年代以前的企业竞争环境相对稳定。然而，随着信息化、网络化和全球化的推进，企业的竞争环境逐渐由相对稳定向动态复杂转变，体现出高度不确定性等特点。

竞争对手为了赢得竞争，需要在动态竞争环境中不断地建立自己的竞争优势。在动态竞争环境中，企业获得的竞争优势在很多情况下是暂时的，竞争对手可以采取"追随战略"进行追赶。在竞争的过程中，新的市场需求将要求企业寻求新的竞争优势。[①] 由此可见，竞争对手在动态竞争环境中需要追求很多暂时性的竞争优势，从而保证企业在竞争中一直处于领先地位。在动态竞争环境中，快速变化的竞争环境要求企业决策者具有快速定位、关注关键问题的能力，集中企业的力量做出准确的决策，而竞争情报有望成为一个有力的支持工具。竞争情报分析方法主要包括线性思维静态分析方法和非线性思维动态分析方法。前者主要有 SWOT（Strength，Weakness，Opportunity，Threat）、"五力模型"（Five Forces Model）、定标比超（Benchmarking）等，而后者包括了情景分析（Scenery Analysis）、战争游戏法（War-gaming）等。这些方法是企业在动态竞争环境中，制定和实施战略规划所必需的方法、技术和工具。

动态的、复杂的、高度不确定的竞争环境往往使人始料不及、难以预测，这就给企业带来了动态的、高度不确定的决策条件。显然，结构化的、传统的决策方法难以适应复杂环境下的决策挑战，企业决策者要用科学、高效的决策方法和机制对企业整体战略或战术做出快速调整，迫切需要企业"智库"团队智慧且正确、可靠、及时的竞争情报的支持。因此，如何激发企业团队的智力，如何从机制上保证竞争情报对决策的支持等问题，成为摆在企业管理者和竞争情报从业者面前的重要课题。

二　危机应对已成为企业管理的一种常态

在充满不确定的动态竞争环境中，危机应对已成为企业管理的一种

[①] 刘冰：《动态环境下企业竞争情报力研究》，科学出版社，2019，第 16～66 页。

常态。美国著名管理顾问芬克曾对《财富》全球 500 强企业的首席执行官进行过一项调查。80% 的受访者表示，就像需要面对税收和生存一样，危机已经成为企业必须面对的事实；57% 的受访者认为，过去一年潜伏在组织内部的危机可能会在近期爆发；38% 的受访者表示，过去一年潜伏在组织内部的危机已经爆发。① 在过去的 20 年里，中国每年约有 15 万家企业诞生，同时每年消亡的企业数量也达到了 10 万家左右；60% 的民营企业在 5 年内会破产，85% 的民营企业则在 10 年内会消失，平均预期寿命不足 2.9 年。② 根据《财富》2016 年的数据，世界 500 强中国民营企业的平均寿命只有 15.23 年，而我国的中小微民营企业的平均寿命更低。③ 可见，危机已经成为一个事关企业生死存亡的不可避免的迫切需要解决的课题。2018 年的华为芯片危机事件，2019 年大娘水饺的管理危机事件、"联想撤出中国" 谣言事件、格力举报奥克斯空调事件以及 2020 年的 "TikTok 事件" 等众多危机案例，可以支持企业危机管理研究工作。

危机可以分为突发危机和潜在危机。突发危机最重要的特点是危机发生突然，可能在短时间内对企业的各种经营活动产生很大的影响。突发危机的成因可能是企业没有危机意识、产品质量问题、战略失误和一些社会危机。企业发生潜在危机的原因主要与企业管理者的保守思想、企业管理制度的缺陷以及对各种经营活动缺乏有效的控制有关。企业危机管理的目的是帮助企业避免一切可以避免的危机，对于不可避免的危机应该及时地向相关人员发出警报，以最大限度地减少危机带来的损失。相关调查显示：在美国，危机发生一年后有 85% 的企业因危机应对不力和缺乏良好的危机管理机制而破产或退出市场。④ 由此可见，引入新的理论，对企业

---

① Fink, S. *Crisis Management: Planning for the Inevitable*. New York: American Management Association, 1986, pp. 1-262；杨莉、陈维军：《我国企业危机管理及预警现状调查研究》，《科技管理研究》2014 年第 13 期，第 188~192 页。

② 林冰：《市场营销为视角探究企业危机管理手段》，《赤峰学院学报》（汉文哲学社会科学版）2017 年第 7 期，第 33~36 页。

③ 陆拥俊、江若尘：《中国企业寿命与经济可持续发展问题的研究——基于 2016〈财富〉世界 500 强的数据》，《管理现代化》2016 年第 6 期，第 52~54 页。

④ Drucker, P. F. *Management Challenges for the 21st Century*. New York: Harper Business, 1999, pp. 1-207.

危机管理的全过程进行系统的研究，建立长效的危机管理机制，提高危机管理效率，已成为全球企业迫切需要解决的问题。

三　现有危机管理效果不够理想

现有企业危机管理的相关研究主要聚焦于危机事件发生后所产生的结果和影响等方面，而对危机管理过程及其深层次原因（不确定的动态竞争环境、危机产生机制、危机诱因等）的研究较少。例如，现有研究分析了企业的竞争环境和竞争对手，经济、政策、社会等宏观因素以及个人心理等微观因素对企业危机事件的影响，但是对这些影响的深层次原因尚缺乏系统研究。因此，所提出的危机预防、危机应对、企业从危机中快速恢复等对策也都由于缺乏系统性而导致其适用性较差，未能充分发挥其应有的作用，未能达到提高企业危机管理效率的目的。此外，现有研究多针对单一原因造成的各种危机，如财务、人力、市场、生产、产品、技术、信誉、制度等，对多种原因综合作用造成的危机重视不够。同时，企业现有的危机管理方法缺乏整体性和协调性，缺乏统一的机制对企业面临的潜在危机和突发危机进行系统的管理。当企业面临高度不确定的动态竞争环境时，传统的企业危机管理方法和手段将无法发挥作用。可以看出，目前企业危机管理效果不是很理想，迫切需要一种长效机制来提高企业危机管理的效率，有效地管理企业在各种经营活动中面临的各种危机。

本书构建的基于危机生命周期的企业竞争情报机制理论模型及其运行模式，从企业危机管理与竞争情报的过程出发，在对竞争情报与危机管理内在关系进行实证研究的基础上，针对危机生命周期各阶段危机的主要特征和各阶段危机管理的关键任务，通过建立针对性强的、系统的、全面的企业竞争情报机制来为危机生命周期各阶段的危机管理提供竞争情报支持。这不仅可以提高企业在危机管理不同阶段的危机行动能力，还可以提高在整个危机生命周期中的工作能力，是提高企业危机管理效率的有效途径和方法。

四　竞争情报对危机管理日益重要

全球经济竞争的加剧，使得竞争情报在企业管理中的地位日益提高。

竞争情报在企业管理领域应用的研究也受到了不同学科学者的关注。截至2023 年 5 月 29 日，CNKI 全文数据库中"篇名"同时包含"竞争情报"和"企业"的论文数量达到 2170 篇，可见竞争情报已经成为学科的一个重要研究领域。研究表明，竞争情报可以提高企业管理的整体效益，发现企业管理活动中潜在的机会和问题，揭示对手的竞争战略，为企业的管理决策提供支持，提高管理决策的正确性和有效性。[①]

竞争情报的危机管理功能主要体现在环境监测和市场预警方面。竞争情报的环境监测功能是指通过监测外部环境来获取信息。通过对企业环境和竞争对手的监测，帮助企业识别可能受到影响的国家宏观政策和产业政策，发现市场潜在的机会和风险，了解竞争对手和合作伙伴的发展情况，识别竞争对手、上下游供应链以及合作伙伴的发展战略，为企业经营管理活动的战略决策提供支持。竞争情报的市场预警功能是指竞争情报可以帮助企业分析市场环境和竞争形势，选择合适的市场发展战略，在合适的时间进入或退出某个市场，分析产品营销的范围和销售渠道，识别新产品质量、服务等方面的缺陷，并确定后续发展战略等。

美国竞争情报从业者协会（SCIP）前主席 Youngblood 女士认为：竞争情报专家的工作是帮助领导者了解未来并赢得它，因为仅对当前环境做出快速反应的企业并不一定能够成为未来的赢家。[②] 竞争情报的功能有环境监测、竞争对手分析、决策支持和预警等。在动态竞争环境中，竞争情报可以作为企业危机管理的重要支持，可以帮助企业及时地跟踪竞争环境和对手的动态，避免企业受到竞争对手的突然袭击，从而提高企业预防和应对危机的能力。

五　危机生命周期视角下的企业竞争情报机制创新

现代企业的经营需要面对一个动态的、高度不确定的市场环境，这使得企业可能会受到各种潜在危机的威胁，发生各种危机事件，如产品滞销、价格定位失误、人才流失、竞争情报管理效率低下、财务亏损、核心

---

① 徐芳：《危机爆发期的企业竞争情报沟通机制研究》，《情报理论与实践》2010 年第 9 期，第 69~73 页。

② 包昌火、谢新洲主编《企业竞争情报系统》，华夏出版社，2002，第 42 页。

技术薄弱等。竞争情报和危机管理都着眼于企业对市场内外环境的快速反应以及环境变化给企业带来的危机与机遇。

　　从过程上来看，危机管理和竞争情报都具有过程的特征，都包括制定和实施两个阶段，都注重企业的长期生存和战略发展。竞争情报搜集和竞争情报分析是竞争情报工作过程中两个相互关联的步骤，两个阶段需要对与竞争情报有关的危机事件进行搜集和分析，特别是为了应对外部环境的变化和竞争而制定竞争情报战略，要考虑潜在的危机事件以及对危机事件进行竞争情报搜集的可能性。同时，无论是竞争环境引起的危机、竞争对手采取某种策略而导致的危机，还是组织内部成员不当行为引起的危机，都会经历潜伏、爆发以及平复等阶段。由此可见，危机生命周期各阶段的危机不可避免地成为竞争情报搜集的对象。此外，竞争情报从战略的角度关注组织和相关利益者的生存和发展，以促进企业目标的实现、改善整个企业的管理为目的，自然也不可避免地需要对危机爆发期、危机潜伏期以及危机平复期的危机信息进行搜集。危机生命周期的全过程需要不同类型的专门竞争情报（如预警竞争情报、沟通竞争情报以及评估竞争情报）的支持。因此，有必要从危机生命周期理论的角度构建企业竞争情报机制，以提高企业危机管理的效率。

　　综上，企业竞争环境不确定性日益增强、危机应对已经成为企业管理面临的一种常态、现有危机管理的效果不够理想、竞争情报在危机管理中的作用等理论与现实研究背景，要求企业构建一种长效机制。只有这样，才能增强企业在不确定性动态环境中预防危机、应对危机以及从危机中快速恢复的能力，从而使得企业能够系统、全面地提高危机管理实践的效率。

第二节　研究目的与意义

　　本书旨在为企业运用竞争情报解决危机问题的实践提供一种有效的理论与方法，实现企业竞争情报机制创新，提高企业危机管理效率。本书综合运用问卷调查法和结构方程模型（Structural Equation Modeling，SEM）

等，研究了危机生命周期与竞争情报的内在关系，构建了基于危机生命周期的企业竞争情报机制理论模型。本书还针对危机生命周期各阶段危机管理的主要特征和危机行动的关键任务，在对华为公司、联想公司、苹果公司等危机事件的案例研究的基础上，构建了支持理论模型应用的三个运行模式。此外，本书还综合采用问卷调查法和因子分析法，提取了理论模型的主要影响因素，提出了理论模型应用的建议。

一　研究目的

本书的目的主要是实证研究危机生命周期与竞争情报的内在关系，探索危机生命周期各阶段危机管理的主要特征和每个阶段危机行动的关键任务，构建基于危机生命周期的企业竞争情报机制理论模型及其应用的三个运行模式，识别理论模型的主要影响因素，具体的研究目的如下。

第一，危机生命周期与竞争情报内在关联分析。通过对国内外相关理论的回顾和研究现状的述评来定位本研究，找到两者的结合点；在现有研究成果的基础上，构建了解释危机管理与竞争情报关系的研究假设和研究模型。综合运用问卷调查法和 SEM 技术对研究假设和研究模型进行了检验，为理论模型的构建和理论模型运行模式的设计提供支持。

第二，理论模型的构建。首先，分析了危机生命周期理论的三阶段模型、Herring 竞争情报模型、Douglass 的制度理论、Miller 的"情报价值创造系统的人员组成理论"等理论和技术基础。然后，探索了危机管理与竞争情报的内在关系，构建了理论模型。

第三，理论模型的运行模式构建。分析了危机潜伏期、爆发期以及平复期的主要危机管理特征和危机行动的关键任务，在案例研究基础上，分别构建了危机潜伏期、爆发期以及平复期的企业竞争情报预警模式、沟通模式和评估模式。为企业利用竞争情报解决生产活动和其他活动中遇到的各类危机问题提供理论指导和支持。

第四，理论模型主要影响因素提取，并提出理论模型的应用建议。对企业员工和专家进行问卷调查，获得理论模型影响因素数据，运用因子分析法（Factors Analysis）对数据进行处理，以提取理论模型的主要影响因素，为制定成功实施理论模型的建议提供支持。

二 研究意义

本书具有较为重要的理论意义与实践意义，不仅有助于拓宽竞争情报理论研究的领域和应用范围，还形成了较为系统的竞争情报机制理论体系，实现了企业竞争情报机制的创新。此外，它可以指导企业危机管理和竞争情报的实践，有助于增强企业的危机预防、危机应对和恢复能力。

（一）理论意义

一是可以丰富企业竞争情报机制理论体系。本书在理论和技术基础回顾以及竞争情报与危机管理的内在关系实证研究的基础上，构建了基于危机生命周期的企业竞争情报机制理论模型；在案例研究的基础上，分别构建了危机潜伏期、爆发期以及平复期的企业竞争情报预警模式、沟通模式以及评估模式；综合运用问卷调查和因子分析法提取了理论模型的主要影响因素。由此产生的研究成果，可以丰富企业竞争情报机制理论体系，为运用竞争情报帮助企业解决危机问题的实践提供理论指导。

二是有利于拓宽竞争情报理论研究的领域与应用范围。竞争情报的环境监测、市场预警和决策分析等功能可以为企业危机生命周期的全过程提供必要的支持。竞争情报与危机生命周期理论相结合的研究，不仅有助于拓宽竞争情报理论的研究领域和应用范围，可以视为竞争情报理论的补充，还可以为解决企业危机管理实践中存在的重"事后管理"而轻"事前预防"、重"外部危机管理"而轻"内部危机分析"等问题提供理论指导。

（二）实践意义

一是有利于增强企业危机预警、危机评估等危机行动实践能力。本书以实现企业竞争情报机制创新、提高利用竞争情报解决企业危机问题的效率为出发点和最终目标，为企业危机管理提供了一种新的思路。机制理论模型及其运行模式的构建有利于提高企业的危机意识，增强企业危机防范、危机应对和从危机中恢复的实践能力，从而帮助企业快速解决危机。

二是有利于指导企业危机管理与竞争情报实践。本书构建的理论模型和保证理论模型应用的三个运行模式，可以为企业危机管理和竞争情报工作的开展提供较为完整的方案，有利于企业危机管理和竞争情报工作实践的开展。

第三节　研究思路与内容

尽管国内外对危机生命周期和竞争情报的研究已经比较成熟，但基于危机生命周期的企业竞争情报机制的理论模型和运行模式的研究还很少。因此，本书定位于基础性的理论研究。

一　研究思路

首先，为了准确定位研究，分析了研究背景、研究目的和研究思路，对危机生命周期理论和竞争情报理论进行了回顾，并对相关研究现状进行了梳理。其次，分析了危机生命周期和竞争情报过程、制度和人员的理论与技术基础，提出了危机管理与竞争情报内在关系的研究假设和研究模型；综合运用问卷调查和 SEM 技术对研究假设和研究模型进行了检验；构建了基于危机生命周期的竞争情报机制理论模型，并阐述了该理论模型的功能和特征。再次，根据危机生命周期各阶段的特点和关键任务，在案例研究的基础上，分别设计了三个理论模型的运行模式。从次，在第四章案例研究的基础上，对理论模型的初始影响因素集进行了归纳和总结；运用因子分析法对问卷数据进行了处理，提取了理论模型的 7 个主要影响因素。最后，提出了理论模型的应用建议。图 1-1 较为系统地展示了本书的基本思路。

二　研究内容

本书的内容结构如图 1-2 所示，内容主要包括以下 6 个部分。

（1）基于危机生命周期的企业竞争情报机制理论模型。分析了危机管理和竞争情报的相关理论和技术基础，研究了危机生命周期和竞争情报内在关系。据此构建了基于危机生命周期的企业竞争情报机制理论模型，在一定程度上保证了理论模型的信度。

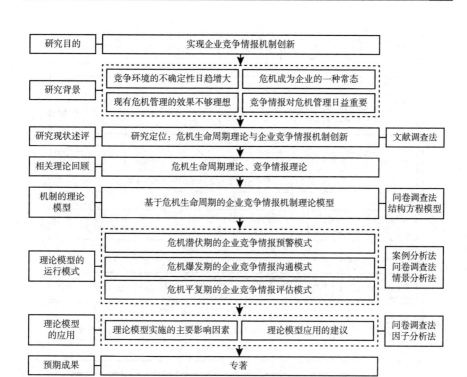

图 1-1 研究的基本思路

（2）危机潜伏期的企业竞争情报预警模式。分析了危机潜伏期的危机管理特征和危机行动的关键任务，对"华为海外行贿"风波事件、2019 年的"联想撤出中国"谣言事件、2020 年的"TikTok 事件"等进行案例研究，构建了危机潜伏期的企业竞争情报预警模式。

（3）危机爆发期的企业竞争情报沟通模式。分析了危机爆发期的危机管理特征和危机行动的关键任务，对中美史克公司的 PPA 风波事件、2019 年的格力举报奥克斯空调事件、2020 年的海底捞涨价道歉事件等进行案例研究，构建了危机爆发期的企业竞争情报沟通模式。

（4）危机平复期的企业竞争情报评估模式。分析了危机平复期的危机管理特征和危机行动的关键任务，对 Apple 公司的几度沉浮事件、2018 年的华为芯片危机事件、2019 年大娘水饺的管理危机事件等进行案例研究，构建了危机平复期的企业竞争情报评估模式。

（5）理论模型的主要影响因素。本书采用问卷调查法获取了理论模

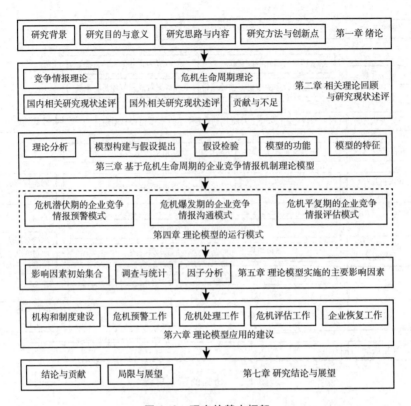

图 1-2　研究的基本框架

型及其运行模式的相关数据，采用因子分析法提取了理论模型的 7 个主要影响因素。

（6）理论模型的应用建议。在理论模型主要影响因素分析基础上，提出了机构和制度建设的加强、危机预警工作效率的提高、危机处理工作效率的提高、危机评估工作效率的提高、企业恢复工作效率的提高等 5 条建议。

第四节　研究方法与创新点

本书主要采用问卷调查、案例研究、文献调查、情景分析等研究方法，以及结构方程模型（SEM）、因子分析（FA）等数据处理方法。本书的创新主要体现在构建了基于危机生命周期的企业竞争情报机制理论模型和保证理论模型应用的三个运行模式以及提取了理论模型的 7 个主要影响因素。

一 研究方法

本书采用的研究方法主要有问卷调查法、案例研究法、数理统计法、情景分析法以及文献调查法。

第一，问卷调查法。问卷调查法用于对企业和专家进行调查，获得理论模型影响因素的调查数据，为运用因子分析法提取理论模型实施的主要影响因素提供实证数据支持。同时，问卷调查法也用于获取相关数据，为第三章中竞争情报与危机管理内在关系的实证研究提供支持。

第二，案例研究法。案例研究法主要用于理论模型应用的运行模式的构建，在对 9 个案例进行研究的基础上，分别构建危机潜伏期、爆发期和平复期的企业竞争情报预警模式、沟通模式和评估模式，也为第五章中理论模型影响因素初始集合构建提供支持。

第三，数理统计法。因子分析法（FA）用于处理调查数据，提取理论模型应用的主要影响因素，为理论模型应用建议的制定提供支持。结构方程模型（SEM）用于对问卷调查获取的数据进行分析，检验第三章中的竞争情报与危机管理内在关系的研究假设和研究模型，为理论模型构建提供支持。

第四，情景分析法。情景分析法用于设计危机可能发生的各种情景，为潜伏期危机预案的制定提供支持。

第五，文献调查法。文献调查法用于对国内外竞争情报与危机管理相关研究现状进行调查，系统地梳理竞争情报与危机管理的研究现状，归纳了当前竞争情报与危机管理研究的局限性，为后续研究工作计划的制订与开展提供支持。

二 创新点

本书的创新之处主要有以下三点。

第一，构建了基于危机生命周期的企业竞争情报机制理论模型。在回顾竞争情报、危机生命周期等理论和竞争情报与危机生命周期内在关系实证研究的基础上，构建了基于危机生命周期的企业竞争情报机制理论模型。

第二，设计了保证理论模型应用的三个运行模式。针对危机潜伏期、爆发期以及平复期的危机特征和关键任务，在多案例研究基础上，分别设计了危机潜伏期、爆发期以及平复期的企业竞争情报预警模式、沟通模式以及评估模式。

第三，提取了理论模型的主要影响因素。综合运用问卷调查法和因子分析法，提取了理论模型的 7 个主要影响因素，提出了理论模型的应用建议。

第二章

相关理论回顾与研究现状述评

基于危机生命周期的企业竞争情报机制研究是将危机生命周期与竞争情报相结合的一项研究，旨在对危机生命周期和竞争情报之间的内在关系进行实证研究，构建一个机制理论模型及其应用的关键运行模式，帮助企业利用竞争情报解决经营中遇到的各种危机问题，从而提高企业危机管理的效率。本章通过对国内外相关理论的回顾和竞争情报与危机管理研究现状的述评，制订后续研究工作计划，同时，也可以发现当前相关研究的主要贡献和不足之处，进一步确定本书的研究方法、思路和内容。相关理论主要有危机生命周期理论、竞争情报理论等，相关研究则主要从危机生命周期、危机与竞争情报以及竞争情报等方面进行。本章首先回顾了这些相关的理论，然后综述了竞争情报与危机管理的相关研究现状。

第一节　危机生命周期理论

本书试图从危机生命周期理论的视角构建企业竞争情报机制的理论模型及其应用的关键运行模式，以提高企业利用竞争情报解决危机问题的效率，从而帮助企业避免所有可以避免的潜在危机，减小不可避免危机的影响，充分发挥竞争情报在及时预警、帮助企业应对危机中的作用。因此，危机生命周期理论是理论模型的核心理论基础之一。本章将从基本概念、起源与发展、主要观点和典型模型四个方面对危机生命周期理论进行梳理、分析和总结，以期为基于危机生命周期的企业竞争情报机制理论模型的构建及其应用的关键运行模式设计提供理论支持。

一 基本概念

关于危机生命周期的概念，一般认为是 S. Fink 在 1986 年出版的
Crisis Management：*Planning for the Inevitable* 中首次提出了危机生命周期理
论。S. Fink 用医学术语生动地描述了危机的生命周期，并将危机生命周
期分为四个阶段：征兆期（Prodromal）、发作期（Breakout）、延续期
（Chronic）以及痊愈期（Resolution）。① 为了有效地管理危机，学者们通
常将危机管理按照其发生和经历的过程分为不同的阶段。这些对危机过程
划分的认识和讨论，可以称之为危机生命周期理论。

根据危机生命周期理论，就像人类的生命周期一样，危机也要经历发
生、成长、成熟和消亡各阶段②，而不同阶段的危机具有不同的生命特征
和自身的规律性。危机生命周期理论代表性的观点有三阶段模型、四阶段
模型、五阶段模型和六阶段模型等。③

二 起源与发展

危机生命周期理论，即危机管理阶段的划分，是危机管理理论的重要
组成部分。该理论认为危机管理从危机潜伏期开始，到危机爆发期，再到
危机平复期，每个阶段都有自己特有的规律与特征。因此，危机管理阶段
划分研究贯穿于危机管理的起源与发展全过程，可以从危机管理理论的起
源与发展来分析危机生命周期理论的发展历程。

国外对危机管理的研究可以追溯到第一次世界大战后，当时德国出现
了恶性通货膨胀，美国在 1929 年出现了"大萧条"，危机管理作为企业
的一种管理理念因此诞生④，尽管当时的危机管理思想相对比较简单。第

① Fink, S. *Crisis Management*：*Planning for the Inevitable*. New York：American Management
Association, 1986, pp. 1-262；沙勇忠、罗吉：《危机管理中网络媒体角色的三种分析模
型》，《兰州大学学报》（社会科学版）2009 年第 2 期，第 8~14 页。
② 武超群：《网络环境下公共危机治理研究》，博士学位论文，中央财经大学，2016，第
16~33 页。
③ 龚平：《网络传播环境下企业危机管理研究》，硕士学位论文，华中科技大学，2008，第 10 页。
④ 佘朋伟：《民营企业人力资源危机管理研究》，硕士学位论文，华北电力大学（北京），
2010，第 25~38 页。

二次世界大战后，新的政治秩序和国际经济格局初步确立。西方国家经济快速增长，出现了许多跨国公司。

20 世纪 60 年代初，美国学者 R. Lake 和 I. Mouton 认为危机管理是决策科学的一个分支，开创了企业危机管理理论的研究。① 70 年代以后，美国经济实力的相对衰落导致原本稳定的经济秩序出现局部动荡，利益冲突进一步加剧，经济环境逐渐变得更加复杂。一些跨国公司经常受到突发事件的影响，如政府干预、国际经济制裁等事件。因此，在 80 年代初，西方跨国公司进一步提出了企业危机管理的理念，相关研究主要集中在企业如何应对外部危机冲击，探讨危机形势下的管理变革。② 美国学者 R. Heath 的 *Crisis Management for Managers and Executives*，在危机管理理论体系构建过程中具有标志性贡献。

20 世纪 80 年代末，美国学者在研究企业危机时进一步提出将企业管理失误作为危机的根源来研究其过程机理。他们认为，企业管理的问题来自外部环境突变造成的冲突和内部决策不当导致的问题。③ 这标志着现代企业危机管理的基本形成，也为企业危机诱因分析、危机预警指标体系构建、危机诊断、危机管理过程控制等领域的研究提供了指导。目前，危机管理的研究领域主要包括企业危机管理、公共危机管理、国际危机管理、高校危机管理等。其中，企业危机管理是一个比较成熟和系统的研究领域。因此，较为成熟的企业危机管理理论以及危机生命周期理论完全可以作为基于危机生命周期的企业竞争情报机制构建的理论基础。就企业危机管理的生命周期理论而言，一般认为是 S. A. Booth 首先提出的。他根据企业危机的成长特点，将企业危机管理分为 6 个阶段：危机孕育期、危机爆发期、危机扩散期、危机处理期、危机处理结果期和后遗症期。他还认为不同阶段的危机具有不同的生命特征，需要不同的策略来应对。④ 他的理

① 何维达、郑世林、王慎蓉：《基于公司治理理论的企业危机管理研究》，《商业经济与管理》2007 年第 7 期，第 45~49 页。

② 余朋伟：《民营企业人力资源危机管理研究》，硕士学位论文，华北电力大学（北京），2010，第 25~38 页。

③ 田玉来、于翠华：《对企业危机管理的思考》，《理论观察》2006 年第 3 期，第 105~106 页。

④ Booth, S. A. *Crisis Management Strategy: Competition and Change in Modern Enterprises*. London: T. J. Press, 1993, pp. 123-124.

论为企业危机生命周期理论的研究提供了方向性的指导，从而出现了一些不同的危机生命周期理论观点。

三　主要观点

关于企业危机管理阶段的划分有很多观点，主要包括六种观点，分别是危机管理两阶段论、三阶段论、四阶段论、五阶段论、六阶段论和七阶段论。① 本章对各种观点的代表性人物、观点内容进行了归纳，如表 2-1 所示。

表 2-1　危机管理阶段划分的六种观点

名称	代表性人物	提出时间	主要观点与内容
两阶段论	L. Barton	1993 年	危机预防（Crisis Preparation）和危机处理（Crisis Process）
三阶段论	J. Birch 和 D. W. Guth	争议	危机前阶段（Pre-crisis）、危机阶段（Crisis）、危机后阶段（Post-crisis）
四阶段论	S. Fink	1986 年	征兆期（Prodromal）、发作期（Breakout or Acute）、延续期（Chronic）、痊愈期（Resolution）[1]
五阶段论	C. M. Pearson 和 Ian I. Mitroff	1993 年	信号侦测（Signal Detection）、准备/预防（Preparation/Prevention）、遏制/控制损害（Containment/Control of Damage）、恢复阶段（Recovery）、学习阶段（Learning）[2]
六阶段论	N. R. Augustine	2000 年	危机的预防（Crisis Avoidance）、危机管理的准备（Preparation for Crisis）、危机的确认（Crisis Recognition）、危机的控制（Containing the Crisis）、危机的解决（Crisis Resolution）和从危机中获利（Profiting from Crisis）
七阶段论	J. Caponigror	2000 年	识别和评价组织的弱点，防止弱点发展成危机，制订危机应对计划，及时确认危机发生并采取行动，危机发生时开展有效沟通，监控和评估危机并不断调整，通过增强组织声誉和信用的行动减小危机对企业的影响

资料来源：[1]马文飞、刘凡儒等：《应急管理视角下图书馆韧性评估研究》，《图书馆学刊》2021 年第 10 期，第 29～38 页；[2]李敏：《公共图书馆危机管理及策略》，《农业图书情报学刊》2009 年第 8 期，第 202～204、210 页。

---

① 龚平：《网络传播环境下企业危机管理研究》，硕士学位论文，华中科技大学，2008，第 10 页。

在众多关于企业危机生命周期理论的观点中，本书认为三阶段论简单明了，能够揭示企业危机从出现到消失的过程，又不复杂，具有较强的代表性。然而，本书认为，事前、事中、事后三个阶段的中文名称并不能准确揭示危机管理的事前潜伏、事中爆发和事后平复的特征。另外，有些著作提到了恢复期，容易造成歧义。恢复期的初衷是指企业在危机爆发后的复苏而不是危机本身的恢复，主体是企业而不是危机本身。事实上，企业在危机爆发后会采取各种措施应对危机，危机爆发后的下一阶段应该是平复或消除危机。因此，笔者认为危机管理过程可以分为三个阶段：潜伏期、爆发期和平复期。本书认为危机从潜伏期到爆发期，再到平复期的过程可以看作一个生命周期，在危机生命周期的整个过程中，危机是不断变化的，不同阶段的危机会有不同的特征，因此处理该阶段危机的方法、机制与措施也应该是不同的。

四 典型模型

在众多的危机管理阶段划分方法中，学术界认可最多的有三种模型，即 P&M 模型（五阶段论）、F 模型（四阶段论）和三阶段模型。

（一）P&M 模型

C. M. Pearson 和 I. I. Mitroff 从组织的视角将危机管理分为五个阶段：信号侦测（Signal Detection）、准备/预防（Preparation/Prevention）、遏制/控制损害（Containment/Control of Damage）、恢复阶段（Recovery）、学习阶段（Learning）。[①] 其中，信号侦测是指组织识别潜在危机的预警信号，提前制订危机预防计划。准备/预防是指组织成员通过努力获取来自竞争环境、竞争对手以及组织内部的与已知危机风险因素相关的信息，以便及时预警和减少危机造成的损害。遏制/控制损害是指当危机发生时，组织成员不仅要处理危机、减少损害，还要尽力保证组织其他部门的正常运作。恢复阶段是指在危机发生后，组织应尽快恢复受危机影响的部门，

---

① Pearson，C. M.，Mitroff，I. I. From Crisis Prone to Crisis Prepared：A Framework for Crisis Management. *Academy of Management Perspectives*，1993，7（1）：48~59；刘兹恒、潘梅：《图书馆危机管理的基本概念及内容》，《图书与情报》2007 年第 2 期，第 32~37、41 页。

尽快恢复组织的正常运作。学习阶段是指在组织恢复正常后，组织成员对整个危机过程中采取的危机管理措施进行评估，吸取经验教训，检查组织危机管理中的疏漏并予以纠正，使之成为未来危机管理的基础。①

（二）F 模型

S. Fink 的 F 模型首次出现在他 1986 年的著作 *Crisis Management: Planning for the Inevitable* 中，直到 20 世纪 90 年代才为学术界所知。S. Fink 用医学术语描述了危机的生命周期，并将其分为四个阶段。第一阶段是征兆期（Prodromal），监测所有可能导致潜在危机的线索。第二阶段是发作期（Breakout or Acute），危机事件爆发并对组织造成损害。第三阶段是延续期（Chronic），危机爆发后的一段时间，也是组织识别危机爆发的原因、应对和处理危机的阶段。第四阶段是痊愈期（Resolution），这意味着组织已经成功地处理了危机，进入了恢复阶段。② F 模型描述了危机管理的过程和特点，而 P&M 模型更关注组织在危机管理的各个阶段所做的决策。F 模型和 P&M 模型在危机过程的表现形式上有所不同，但在本质上是相似的，可以认为 P&M 模型在很大程度上能反映 F 模型，它们之间的关系如图 2-1 所示。

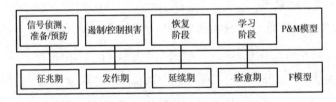

图 2-1　F 模型和 P&M 模型的关系

从图 2-1 可以看出，P&M 模型危机管理的"信号侦测"和"准备/预防"阶段可以看作 F 模型中的"征兆期"，但重点可能有所不同。F 模型只提出危机是可以预防的，而 P&M 模型强调如何预防危机。P&M 模型危机管理的"遏制/控制损害"对应于 F 模型中的"发作期"。两者都强

---

① 毛华斌：《危机事件应急预案制定原则分析》，硕士学位论文，天津大学，2006，第 20~48 页。

② 沙勇忠、罗吉：《危机管理中网络媒体角色的三种分析模型》，《兰州大学学报》（社会科学版）2009 年第 2 期，第 8~14 页。

调控制危机事件造成的危害和防止其传播。而 P&M 模型更关注的是如何遏制危机事件的影响，避免危机事件向组织的"健康部分"扩散。①P&M 模型中危机管理的"恢复阶段"对应于 F 模型中的"延续期"，反映了确保组织"健康部分"正常运行的必要性。事实上，衡量危机管理成功与否的一个重要因素是组织迅速恢复正常运作的能力。②P&M 模型危机管理的"学习阶段"和 F 模型中的"痊愈期"表达的都是危机结束后，但 F 模型表示危机管理职能的结束，P&M 模型则是形成一个危机管理的循环，在回顾和自我评估后，又可以成为危机管理下一个周期的开始，为下一个周期的信号侦测阶段以及准备/预防阶段提供有效反馈。③

（三）三阶段模型

根据现有文献，三阶段模型的提出者无法考证，但 J. Birch 和 D. W. Guth 等很多危机管理专家都认同该模型。三阶段模型将危机管理分为危机前阶段（Pre-crisis）、危机阶段（Crisis）、危机后阶段（Post-crisis）。F 模型、P&M 模型与三阶段模型的关系如图 2-2 所示。

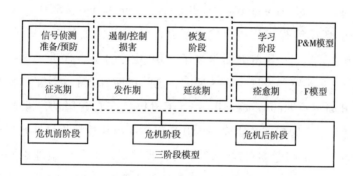

图 2-2　F 模型、P&M 模型与三阶段模型的关系

---

① Augustine, N. R. Managing the Crisis You Tried to Prevent. *Harvard Business Review*, 1995, 73 (6): 147-158；毛华斌：《危机事件应急预案制定原则分析》，硕士学位论文，天津大学，2006，第 20~48 页。

② Mitroff, I. I. Crisis Management and Environmentalism: A Natural Conflict. *California Management Review*, 1994, 36 (2): 101-103.

③ Gonzalez, H. A., Pratt, C. B. How to Manage a Crisis Before or Whenever It Hits. *Public Relations Quarterly*, 1995, 40 (1): 25-29；孙多勇、朱桂菊、李江：《危机管理导论》，国防科技大学出版社，2018，第 15~20 页。

由图 2-2 可知，F 模型中的征兆期，P&M 模型中的信号侦测、准备/预防与三阶段模型中的危机前阶段相对应；F 模型中的发作期、延续期，P&M 模型中的遏制/控制损害和恢复阶段与三阶段模型中的危机阶段相对应；F 模型中的痊愈期、P&M 模型中的学习阶段与三阶段模型中的危机后阶段相对应。

第二节　竞争情报理论

竞争情报（Competitive Intelligence，CI），又称竞争性情报，既是情报分析的一种产品，又是情报分析的一个过程，包括组织内部的竞争情报、对手竞争情报以及环境竞争情报等。

现代意义上的竞争情报起源于 20 世纪 50 年代日本、美国和欧洲的商业竞争。各种信息技术和互联网的出现促进了竞争情报的发展，但竞争情报进入快速发展阶段是在 80 年代，1986 年美国还成立了竞争情报从业者协会（Society of Competitive Intelligence Professionals，SCIP）。① 此后，IBM、摩托罗拉等跨国公司也建立了自己的竞争情报体系。90 年代，英国、德国、日本、中国等先后设立了 SCIP 国家分会，促进了这些国家竞争情报理论与实践的发展。在这期间，国际层面成立了全球工商情报联盟（Global Business Intelligence Alliance，GBIA），来自各国的专家学者对竞争情报进行了不同程度的研究。② 80 年代，中国科技情报界开始讨论情报（Intelligence）的概念和实践；90 年代，我国引入竞争情报理论并探索其在实践中的应用。1994 年成立中国科技情报学会情报研究暨竞争情报专业委员会，1995 年 4 月更名为中国科技情报学会竞争情报分会，意味着"竞争情报"在中国已经进入了一个有组织的研究阶段。③ 2015 年 5 月，在美国亚特兰大举行的第 30 届 SCIP 国际会议暨展览会上，SCIP 中国正

① 王知津、张收棉：《企业竞争情报研究的有力工具——价值链分析法》，《情报理论与实践》2005 年第 4 期，第 439~443 页。

② 徐芳：《国外竞争情报研究进展：概念辨析、问题论域及发展趋势》，《情报资料工作》2011 年第 1 期，第 46~51 页。

③ 许一明：《基于 Brookes 情报学思想的企业情报竞争力构建公式及应用研究》，硕士学位论文，西南科技大学，2016，第 1~65 页。

式宣布成立，标志着中国竞争情报工作正式与世界接轨。

经济全球化的不断加剧，使得企业竞争环境也日益体现出动态变化的特点，企业之间的竞争状态也越来越激烈。例如，2004年12月，联想收购IBM个人电脑业务，成为戴尔在中国最具威胁的竞争对手，因此戴尔以颇具争议的广告方式隐喻攻击联想①；2019年6月10日，格力在其官微举报奥克斯集团生产、销售不合格空调等。此外，劳动和社会保障部于2007年决定在上海对竞争情报分析师进行试点培训，竞争情报分析员的职业标准开发、竞争情报分析师（Competitive Intelligence Analyst）名词被2019年发布的《图书馆·情报与文献学名词》收录等，这表明竞争情报在中国已经成为一个专业化的职业。近年来，竞争情报受到学术界的高度重视，已经成为我国情报学理论研究的热点。截至2023年5月29日，CNKI中篇名包含"竞争情报"的文献有5017篇。本节主要从理论来源、概念界定、基本功能以及主要特征四个方面介绍竞争情报理论，为基于危机生命周期的企业竞争情报机制理论模型及其应用的运行模式构建提供理论支持。

一　理论来源

实践经验抽象产生的理论，促进了竞争情报的产生和发展。同时，相关学科理论也推动了竞争情报的发展。竞争情报的理论来源主要包括军事学、管理学、经济学和情报学。

（一）军事学理论来源

竞争情报的军事学理论来源主要体现在军事情报理论上。传统意义上的情报就是指军事情报。例如，《孙子兵法》中情报是指在适当的时候使用信息在军事行动中取得成功的关键优势。《辞海》1979年版中关于情报的定义为"情报是以侦察手段或其他方法获得的有关敌人军事、政治、经济等方面的情况以及对这些情况进行分析研究的成果，是军事行动的重要依据之一"②，这体现了军事与情报的深远关系。《中国大百科全书·军

---

① 沈固朝等编著《竞争情报的理论与实践》，科学出版社，2008，第2页。

② 王知津、陈维军：《论竞争情报的理论来源》，《图书情报工作》2007年第7期，第28～30、61页。

事》中关于军事情报的概念是"为保障军事斗争需要，以侦察手段或其他方法获得的敌对国家、集团和战区的情况以及对其进行分析研究的成果，它是制定战略方针、国防政策和各级指挥员指挥作战的重要依据"①，可以认为军事情报理论为竞争情报技术和方法的发展提供了支持②。学界普遍认为，竞争情报的兴起源于军事和政治情报领域相关理论与思想向经济领域的扩展。例如，《孙子兵法》思想和 C3I（通信、指挥、控制和情报）原理在竞争情报中的应用；著名的竞争情报 Herring 模型、安全保障策略（Operation Security）方法、竞争情报作战室（War Room）方法、战争游戏法（War-gaming）等都是军事情报领域常用的方法。③ 特别是《孙子兵法》在企业战略管理、决策和经营管理等国内外竞争情报理论和实践领域得到广泛应用。孙子被竞争情报专业人员誉为"情报之父"。

在实践中，竞争情报的军事学理论来源主要体现在冷战结束后政治和军事情报战争向经济领域的转移，这个转移过程可以称为"军转民"或者"军民融合"。情报"军转民"思想最早是由瑞典隆德大学教授、"二战"期间的情报官员 S. Dedijer 提出的。所谓"军民融合"，是指将国防科技工业基地与规模较大的民用科技工业基地相结合，形成统一的国家科技工业基地的过程。④ "二战"后，美国中央情报局（Central Intelligence Agency，CIA）等机构的情报工作人员有的进入企业从事竞争情报系统建立的工作，有的开办培训学校培训企业情报人员，美国的企业竞争情报工作得到了快速的发展。⑤ 曾在法国等国家为美国招募和训练间谍的 W. Degennaro、美国国防情报局（Defense Intelligence Agency，DIA）前局长 J. Williams，都从政府情报机构转到了企业情报培训机构。苏联解体及

① 王沙骋、张慧军、赵澄谋：《军事竞争情报与企业竞争情报的互动与融合》，《情报科学》2006 年第 11 期，第 1728～1731 页。
② 杨国立：《军民情报学融合机理与推进策略研究》，博士学位论文，南京大学，2019，第 1～263 页。
③ 王知津：《大数据时代情报学和情报工作的"变"与"不变"》，《情报理论与实践》2019 年第 7 期，第 1～10 页。
④ 王沙骋、赵澄谋：《军事竞争情报漫谈》，《中国军转民》2005 年第 12 期，第 56～57 页。
⑤ 王知津、陈维军：《论竞争情报的理论来源》，《图书情报工作》2007 年第 7 期，第 28～30、61 页。

克格勃（俄罗斯联邦安全局的前身）解散后，数千名前克格勃官员利用他们的情报专长创建了私人情报机构，对外称为"安全公司"，从事安全保障、情报咨询、情报合作和反经济间谍活动。① 在竞争情报实践方面，许多竞争情报从业者具有军事情报和国家安全情报背景。许多关于竞争情报的著作也有不同程度的军事情报背景。例如，1984 年在美国出版的《工商竞争情报：搜集、整理和利用信息的方法》一书的作者就是一位前军事情报专家。1985 年在日本出版的竞争情报专著《情报分析生产论》大部分是由前军事情报官员撰写的。瑞典第一本关于商业情报的畅销书是由一位前陆军上校写的。2005 年美国出版的《竞争情报作战室指南》是由两名 CIA 前官员和国家安全局前官员 S. M. Shaker、M. P. Gembicki 完成的。②

（二）管理学理论来源

竞争情报过程本身就是一种管理活动，涉及战略、规划、计划、控制、组织等管理问题。工商管理、组织行为学等学科为竞争情报提供了理论和实践参考。其中，战略管理理论与竞争情报的关系最为密切。③

竞争情报与战略管理关系的研究更多地体现在借鉴战略管理的方法上，如战略环境分析阶段的内部因素评价矩阵（Internal Factor Evaluation Matrix，IFE 矩阵）、外部因素评价矩阵（External Factor Evaluation Matrix，EFE 矩阵）、SWOT（Strengths，Weaknesses，Opportunities，Threats）分析模型，战略选择阶段的波士顿矩阵（BCG Matrix）、战略地位与行动评价矩阵（Strategic Position and Action Evaluation Matrix，SPACE 矩阵）分析④等都成为竞争情报分析常用的方法。美国哈佛大学商学院教授 M. E. Porter 先后发表了三部经典的竞争研究专著，即《竞争战略》（*Competitive*

---

① 王知津、张收棉：《论竞争情报的准军事特征》，《情报理论与实践》2008 年第 5 期，第 645~648、653 页。
② 王知津、张收棉：《论竞争情报的准军事特征》，《情报理论与实践》2008 年第 5 期，第 645~648、653 页。
③ Acuff, J. M., Nowlin, M. J. Competitive Intelligence and National Intelligence Estimates. *Intelligence and National Security*, 2019, 34（5）：654-672；王知津、张收棉：《论竞争情报的准军事特征》，《情报理论与实践》2008 年第 5 期，第 645~648、653 页。
④ 周凌：《SX 公司发展战略研究》，硕士学位论文，华南理工大学，2015，第 17~38 页。

Strategy)①、《竞争优势》（*Competitive Advantage*）②、《国家竞争优势》（*The Competitive Advantage of Nations*）③，他开创性地将经济学特别是产业经济学引入战略研究领域，实现了产业组织理论与企业竞争战略理论的创新兼容，拓展了战略管理研究的新视角，成为战略定位学派的大师。同时，这些著作也为竞争情报理论的发展提供了参考。波特的竞争战略选择理论已经成为竞争情报战略研究的主要基础，他也为竞争战略的制定提供了一些非常实用的分析技巧和工具，被广泛应用于竞争情报研究中，如"五力模型"（Five Forces Model）、"竞争对手分析框架"（Competitive Analysis Framework）、"价值链分析"（Valuechain Analysis）等。他还提出了建立竞争情报系统的必要性和系统设计框架，为分析竞争对手和建立竞争情报系统提供了理论依据。此外，波特的竞争反攻防御理论，如防御、报复和反击，为反竞争情报的理论和实践提供了概念和方法上的指导。

（三）经济学理论来源

竞争理论在经济理论领域一直是经济研究的主题之一。④ 经济学中的竞争理论是竞争情报的重要理论来源，可以帮助竞争情报工作者从竞争的内涵和本质上理解和认识企业竞争和竞争战略，促进竞争情报理论和方法的创新。⑤

经济学中对竞争情报理论的发展具有重要影响的代表性理论是博弈论（Game Theory）和有限理性（Bounded Rationality）。以博弈论对竞争情报的影响为例，J. V. Neumann 和 O. Morgenstern 合著的 *Theory of Games and Economic Behavior* 标志着博弈论的诞生。⑥ 20 世纪 50 年代以来，J. Nash、R. Selten 等人丰富了博弈论。博弈论作为分析和解决冲突与合作的工具被

---

① Porter, M. E. *Competitive Strategy*. New York: Free Press, 1980, pp. 1–396.

② Porter, M. E. *Competitive Advantage*. New York: Free Press, 1985, pp. 1–557.

③ Porter, M. E. *The Competitive Advantage of Nations*. New York: Free Press, 1990, pp. 1–855.

④ 丁晓蔚、苏新宁：《金融情报学：情报学的重要分支学科》，《情报学报》2020 年第 2 期，第 158~170 页。

⑤ 王知津、张收棉：《论竞争情报的准军事特征》，《情报理论与实践》2008 年第 5 期，第 645~648、653 页。

⑥ Neumann, J. V., Morgenstern, O. *Theory of Games and Economic Behavior*. Princeton: Princeton University Press, 1944, pp. 1–641.

广泛应用于管理科学、国际政治、生态学等领域。① 博弈论是研究决策主体的行为直接相互作用时所做的决策以及这些决策的均衡的理论。② 博弈论的主要研究对象是竞争，研究竞争的结果，研究不同竞争环境下的竞争行为、竞争模式和竞争过程。③ 在运用博弈论分析竞争活动中，有时是团队传递竞争情报，有时由于缺乏竞争情报，团队只能使用概率和数理统计知识来评价竞争对手的竞争行为。竞争情报活动的对抗性和利益竞争的本质特征决定了竞争情报和反竞争情报活动本身是一种博弈，决策主体必须通过信息获取和分析，为获得利益和生存空间选择最优策略。④ 运用博弈论研究竞争情报和反竞争情报可以更好地解释竞争对手的竞争行为。因此，博弈论等经济理论也是竞争情报的重要理论来源。⑤

（四）情报学理论来源

一般认为，情报学起源于文献学（Documentation），其开始时间可以追溯到 1895 年比利时学者 P. Otlet 和 La Fontaine 等人创立的国际目录学会（Institute Internationale de Bibliographie，IIB）。⑥ IIB 创建的目的是科学地处理人类社会的知识。在 1908 年第四届会议上，IIB 接受了"文献学"（Documentation）这一科学术语。1931 年改名为"国际文献学会"（Institute Internationale de Documentation，IID），1937 年又易名为"国际文献联合会"（Federation Institute Internationale de la Documentation，FID）。20 世纪 30 年代这一概念传入美国。1937 年，美国文献学会（American Documentation Institute，ADI）诞生，并于 1938 年创办了杂志《文献复制》（*Journal of Documentary Reproduction*）⑦；1945 年 7 月，美国科学研究

---

① 毛军：《博弈论和企业竞争情报》，《情报理论与实践》1999 年第 4 期，第 290~292 页。
② 石进、苗杰：《情报博弈理论研究》，《情报杂志》2019 年第 12 期，第 27~34、156 页。
③ 孙励：《反竞争情报的博弈论分析》，《情报理论与实践》2003 年第 5 期，第 435~437 页。
④ 王知津、陈维军：《论竞争情报的理论来源》，《图书情报工作》2007 年第 7 期，第 28~30、61 页。
⑤ 曾忠禄：《基于经济学理论的竞争情报需求模型》，《情报理论与实践》2012 年第 10 期，第 6~9 页。
⑥ 马费成：《情报学发展的历史回顾及前沿课题》，《图书情报知识》2013 年第 2 期，第 4~12 页。
⑦ 王知津：《大数据时代情报学和情报工作的"变"与"不变"》，《情报理论与实践》2019 年第 7 期，第 1~10 页。

与发展局局长 V. Bush 在发表的论文 "As We May Think" 中首次提出了机械化检索的设想，被认为是情报学学科的开始。20 世纪 50 年代，美国文献学会的发展重点转向现代情报科学，改名为美国情报科学学会（American Society for Information Science，ASIS）。① 此后，随着时代的发展和信息技术对情报学的影响，ASIS 的名字也发生了较大的变化。2000 年，ASIS 更名为美国信息科学与技术学会（American Society for Information Science and Technology，ASIS&T），2013 年再次更名为信息科学技术协会（Association for Information Science and Technology，ASIS&T），除了建立美国各州分会之外，还设立了欧洲分会、亚太分会、南亚分会和巴西分会等。② 1980 年 9 月，丹麦哥本哈根的 FID 第四十届大会批准了中国科学技术信息研究所的申请，这意味着中国成为 FID 的国家成员，融入了国际信息科学组织。

现代情报学越来越关注情报在经济和企业管理领域的应用。竞争情报是情报学两大分支（情报检索与情报研究）之一的情报研究的重要发展。竞争情报的英文 Competitive Intelligence，关键在于 Intelligence。在中文语境下，Intelligence 有情报的意思（分析后的信息），还有智能的意思（智力和谋略）。③ 因此，可以认为广义的竞争情报概念包含了竞争性信息和竞争谋略两个内容。情报学作为竞争情报的理论来源，更多地体现在情报分析方法在竞争情报搜集、分析、传递和利用中的应用。情报学中常用的搜集分析方法，如文献调查法、文献测量法、内容分析法、聚类分析法等，在竞争情报的搜集和分析中经常使用。

二　概念界定

在情报学学术界与实践界，有很多关于竞争情报的定义，主要可以分

① 吕光远：《关于情报学起源与发展阶段研究综述》，《佳木斯教育学院学报》2013 年第 8 期，第 38~38 页。

② 王知津：《大数据时代情报学和情报工作的"变"与"不变"》，《情报理论与实践》2019 年第 7 期，第 1~10 页。

③ 包昌火、谢新洲主编《企业竞争情报系统》，华夏出版社，2002，第 2 页；官思发、李宗洁：《美国竞争情报系统研究及对我国的启示》，《图书情报工作》2015 年第 4 期，第 83~92 页。

为"过程观点"、"产品观点"以及"既是过程又是产品"三大类。竞争情报概念的定义取决于学者及其研究的范围，并与学者所处的环境有关。

（一）协会视角的竞争情报

1986 年，美国竞争情报从业者协会（SCIP）成立。在 SCIP 网站的常见问答部分，关于"什么是竞争情报"的答案对竞争情报进行了定义，竞争情报是一门必要的合乎道德的商业学科，支持在对竞争环境理解的基础上做出合理的决策。[①] 此外，SCIP 网站公布的竞争情报定义为：竞争情报是监控竞争环境和分析内部数据以支持决策的过程；无论是在营销、研发、投资战略还是在长期业务战略方面，竞争情报使管理者能够做出更明智的决策；有效的竞争情报是一个持续的过程，情报人员在法律和道德允许的前提下，客观地搜集和分析竞争性信息，生产近似事实的情报产品，并传递给决策者。[②] 第一个定义反映了竞争情报的学科本质，第二个定义反映了竞争情报职业可能关注的过程和实践。[③] 美国专业图书馆协会（Special Libraries Association，SLA）的竞争情报部门将竞争情报描述为：竞争情报包括竞争情报工作的所有过程，如规划、确定决策者的情报需求、收集和分析信息、提供情报产品和服务、评估情报活动、改进超出客户基础水平的情报服务以及特定行业的问题；竞争情报成员专注于发展他们的竞争情报技能，希望可以成为组织中更有能力的情报从业者。[④] SLA 研究的意义在于，根据从业人员采取具体行动的六个方面来定义竞争情报。中国科学技术情报学会竞争情报分会的网站上关于竞争情报的定义为：竞争情报是一个搜集和分析竞争环境、竞争对手、竞争战略等相关信息的过程。同时，这个过程会产生情报产品，支持企业的决策制定与实施。[⑤]

---

① Brody, R. Issues in Defining Competitive Intelligence: An Exploration. *Journal of Competitive Intelligence and Management*, 2008, 4 (3): 3-14.

② Society of Competitive Intelligence Professionals. About SCIP. July 7, 2020. http://www.scip.org/content.cfm? Temnumber=2214&navItemNumber=492.

③ 徐芳：《国外竞争情报研究进展：概念辨析、问题论域及发展趋势》，《情报资料工作》2011 年第 1 期，第 46~51 页。

④ Competitive Intelligence Division, Special Libraries Association. Governing Document Competitive Intelligence Division. July 7, 2020. http://units.sla.org/division/dci/AboutCI.htm.

⑤ 徐芳、金小璞：《近十年来国内竞争情报研究进展》，《新世纪图书馆》2014 年第 5 期，第 90~96 页。

（二）学者视角的竞争情报

L. Kahaner 将竞争情报定义为监控竞争环境的过程，是一个合乎道德的系统地收集、分析和管理可能影响公司计划、决定和行动信息的项目。S. Miller 扩展了这一定义，竞争情报使各种规模企业的管理者能够做出有关营销、研发和长期业务战略投资的决策；竞争情报是与竞争情报周期相关的行动和过程。① J. P. Herring 提出，竞争情报是一个反复循环的过程或者是一个关键竞争情报课题（KITs），注重成果导向的竞争情报过程模型。② C. S. Fleisher 和 B. E. Bensoussan 对竞争情报的定义为：竞争情报通常被认为是组织收集有关竞争对手和竞争环境的信息的过程；为了提高业务绩效，CI 最好应用于业务的规划决策过程；竞争情报将信号、事件、感知和数据与组织及其竞争环境的特定模式和动态联系起来。③ 缪其浩对竞争情报做出了一般性的定义，认为竞争情报是关于外部环境和内部组织的；专门采集、加工、增值的；决策需要它；用于采取行动来获得和保持竞争优势。④ 陈峰强调竞争情报的合法性和伦理性，认为竞争情报的定位是服务于企业的战略制定决策及其实施，以便增强企业的竞争优势；竞争情报是一个智力增值过程，它从收集影响企业竞争优势的信息开始；结果主要体现在为决策者提供信息原材料、决策产品或半成品，决策者可以根据这些信息采取行动，以便实现增强企业竞争优势的最终目的。⑤

（三）竞争情报与商业间谍

竞争情报与商业间谍活动最大的区别在于，商业间谍活动不排除利用非法手段收集各种竞争信息，为了达到目的，商业间谍活动总是愿意付出一切代价，使用非法和不道德的方法收集竞争情报。竞争情报工作应在法

---

① Miller, S. Competitive Intelligence— An Overview. *Competitive Intelligence Magazine*, 2001, 1 (11): 1-14.

② Herring, J. P. Key Intelligence Topics: A Process to Identify and Define Intelligence Needs. *Competitive Intelligence Review*, 1999, 10 (2): 4-14; 徐芳：《国外竞争情报研究进展：概念辨析、问题论域及发展趋势》，《情报资料工作》2011 年第 1 期，第 46~51 页。

③ Fleisher, C. S., Bensoussan, B. E. *Business and Competitive Analysis: Effective Application of New and Classic Methods.* New Jersey: FT Press, 2007, pp.1-528.

④ 缪其浩主编《市场竞争和竞争情报》，军事医学科学出版社，1996，第 54~59 页。

⑤ 陈峰：《竞争情报概念及相关因素分析》，《图书情报知识》2003 年第 1 期，第 20~22 页。

律和道德范围内进行。因为使用非法和不道德的方法意味着 CI 失败，决策者需要了解的有关竞争环境的几乎所有信息都可以通过使用道德手段在法律范围内找到。大多数不公开且在道德要求范围内的信息可以通过各种分析工具获得。①

竞争情报必须正当、合法，强调职业道德；商业间谍活动，又称商业"007"，属于不正当竞争情报活动，情报的获取和利用具有非法性。② 虽然两者都是通过监测竞争对手或竞争环境来获取相关信息，都要对信息进行选择、收集、解释和传播，但是后者为了获取信息会无视道德和法律，并可能使用欺骗、勒索、盗窃、电子窃听、绑架、谋杀等非法手段，而竞争情报工作必须在法律范围内开展，也需要注意符合道德，尽管在实际执行过程中竞争情报也存在一些处于灰色地带的活动行为。商业间谍的主要目的是想方设法获取竞争对手试图全力保护的商业秘密，而竞争情报则主要是通过收集公开或半公开的竞争性信息，在情报分析的过程中发现对企业发展有用的信息。因此，可以认为竞争情报与商业间谍活动有着本质的区别。③

（四）竞争情报与反竞争情报

关于"竞争情报和反竞争情报是否为同一概念"这个问题，答案显然是否定的。反竞争情报是一个术语，用来描述组织为保护"敌方"情报搜集者所觊觎的秘密信息而使用的一切方法和手段。R. Brody 认为最有效的反竞争情报措施之一是定义公司的"商业秘密"信息并控制其传播。④ 事实上，竞争情报和反竞争情报就像一枚硬币的两面。在竞争情报的实践中，组织应采用系统的思维将两者统一起来，运用内部保密审查、外部信号监测等各种反竞争情报手段来保护企业竞争情报。

---

① Brody, R. Issues in Defining Competitive Intelligence：An Exploration. *Journal of Competitive Intelligence and Management*, 2008, 4 (3)：3-14；徐芳：《国外竞争情报研究进展：概念辨析、问题论域及发展趋势》，《情报资料工作》2011 年第 1 期，第 46~51 页。

② 耿人健：《商业情报工作是不是间谍?》，《竞争情报》2015 年第 2 期，第 46~47 页。

③ 徐芳、金小璞：《近十年来国内竞争情报研究进展》，《新世纪图书馆》2014 年第 5 期，第 90~96 页。

④ Brody, R. Issues in Defining Competitive Intelligence：An Exploration. *Journal of Competitive Intelligence and Management*, 2008, 4 (3)：3-14.

　　反竞争情报是通过对公司自身业务活动的监测和分析，保护公司核心竞争信息的活动，专门针对现有或潜在竞争对手对公司进行的竞争情报活动。① 反情报实质上是指企业在竞争中通过正当合法的手段抵制竞争对手，收集企业核心竞争信息。如果我们把竞争情报和反竞争情报看作"矛"和"盾"，那么竞争情报是用来攻击竞争对手的，反竞争情报是用来保护自己免受攻击的。为了保持竞争优势，企业在竞争中既要重视竞争情报，又要重视反竞争情报。② 因为，在商业中，就像战场一样，竞争情报和反竞争情报活动的目的是相同的：打败敌人，保护自己。因此，对于某个企业来说，竞争情报与反竞争情报工作应该统一起来，从某种意义上来说，反竞争情报也是竞争情报的一种，不容忽视③，甚至有时采取"进攻型"的反竞争情报策略，释放与商业秘密相关的"烟雾信息"和虚假信息，还可以达到克敌制胜的效果。

三　基本功能

　　经济全球化的不断发展和竞争情报服务效率与质量的不断提高，使得竞争情报在帮助企业发现和保持可持续竞争优势的决策过程中发挥着越来越重要的作用。企业竞争情报的地位也在逐步提升。当前，许多企业高度重视竞争情报工作，纷纷设立竞争情报部门。竞争情报已成为支撑企业各项经营活动不可或缺的要素。此外，竞争情报可以提高企业各项业务活动的效率，发现企业经营过程中潜在的危机、机会和挑战，分析竞争对手的竞争战略和行业竞争态势，并为企业的可持续发展获得长期的竞争优势。它是现代企业管理不可或缺的工具之一。竞争情报归纳起来有以下几大作用。④

---

① 王知津、孙晓绯：《反竞争情报中的情报泄露与保护》，《竞争情报》2006 年第 2 期，第 18 ~ 22 页；Riehle, K. P. A Counterintelligence Analysis Typology. *American Intelligence Journal*, 2015, 32（1）：55–60。
② 杨波、孙白朋：《基于风险生命周期的企业反竞争情报机制模型构建》，《现代情报》2019 年第 11 期，第 30 ~ 37 页。
③ 周海炜、刘闯闯等：《网络信息安全背景下的企业反竞争情报体系构建》，《科技管理研究》2019 年第 12 期，第 190 ~ 195 页。
④ 包昌火、谢新洲主编《竞争情报与企业竞争力》，华夏出版社，2001，第 6 ~ 35 页；陈峰：《竞争情报推动产业创新发展的案例分析》，《情报杂志》2020 年第 8 期，第 1 ~ 5、130 页；李国秋、吕斌编著《企业竞争情报理论与实践》，清华大学出版社，2011，第 176 ~ 193 页；沈固朝等编著《竞争情报的理论与实践》，科学出版社，2008，第 37 ~ 39 页。

（一） 环境监测

环境监测是指通过对企业内部各种经营活动、外部生存环境以及竞争对手的业务活动监测来获取竞争情报的过程。通过对企业内外部竞争环境和行业主要竞争对手的监测，可以发现竞争环境中存在的影响企业发展的宏观政策、市场中潜在的危险与机遇，了解竞争对手（及合作伙伴）的发展动向，辨识竞争对手（及合作伙伴）的竞争策略，依据充足的情报，为企业经营活动中的各种战略决策提供依据。竞争情报的环境监测功能是竞争情报应用于企业危机管理、提升企业危机管理效率的基础。

（二） 市场预警

竞争情报的市场预警功能是运用竞争情报帮助企业应对危机最有力的依据。市场预警功能是指竞争情报可以帮助企业及时地识别出各种业务活动中或组织结构中存在的潜在危机诱因，做好预防，避免企业遭到危机的意外袭击。企业在开展业务活动的过程中，应该分析企业内外部环境、竞争对手、行业竞争态势，及时地调整危机诱因指标，并且时刻保持对这些危机诱因指标的监测，以便及时地发现各种可能发生的潜在危机，向企业决策人员发出预警的信号，从而辅助企业在市场开拓、产品创新、价格制定等经营活动中从容地应对各种危机，取得成果。

（三） 技术跟踪

竞争情报的技术跟踪功能主要体现在竞争情报对企业研发（R&D）部门涉及的各种专利技术的动态跟踪，为企业的研发与创新战略提供专利竞争情报和技术竞争情报的支持。企业在开发新产品时需要对相关领域的专利技术（包括竞争对手的、企业自身的、可能的新进入者的以及相关替代品领域的）进行长期、动态的跟踪。此外，企业还需要关注技术竞争情报。技术环境是指与企业研发的主要产品有关的科学技术的专利申请现状、技术的发展速度等。通过跟踪与企业研发产品相关的新技术的发展动态与趋势，分析这些技术对本企业产品生命周期、生产成本以及整个行业竞争态势的影响，可以为企业的产品创新与研发提供必要的决策支持。一个技术项目有没有研究的价值，研发后的效果有多大，这些在竞争情报的支持下都是可以做到心中有数的。

（四）对手分析

竞争情报的对手分析功能主要体现在：企业通过分析竞争情报了解本行业的主要竞争对手、潜在进入者、替代品等，以及企业各细分市场的竞争活动动态。通过搜集主要竞争对手的相关竞争情报信息，运用SWOT（Strengths、Weaknesses、Opportunities、Threats）、PEST（Political、Economic、Social、Technological）、"五力"模型、波士顿矩阵等方法对行业环境或产品进行系统全面的竞争态势分析，可以帮助企业做出趋于科学、合理的市场战略，真正做到"知己知彼，百战不殆"，在激烈的市场竞争中从众多的竞争对手中脱颖而出，取得可持续的竞争优势。

（五）策略制定

竞争情报的策略制定功能是指竞争情报对企业管理者在经营活动中做出战略决策时的支撑和辅助作用。企业在进入新的市场和选择退出市场的时机、开发新的产品，以及确定产品、渠道、定价等策略都离不开竞争情报的支持。通过搜集企业内部、竞争对手以及与竞争环境相关的竞争情报信息，经过竞争情报信息的整理、加工、分析，生产出竞争情报，可以帮助企业制定出趋于科学合理的策略，从而保证企业的竞争优势，促进企业的可持续发展。

（六）信息安全

竞争情报的信息安全功能主要体现在竞争情报具有"双刃剑"的特征。竞争情报运用得当，企业可以对付竞争对手；但是反过来，竞争对手也可以利用竞争情报来对付你。所以，企业还需要同时做好防止竞争情报泄密的安全保护措施，即反情报工作。值得注意的是，反竞争情报也可以是一种进攻行为，而不仅仅是消极的防御行为。一般来说，企业的竞争情报系统（Competitive Intelligence System，CIS）会对企业内部的情况、外部竞争环境以及竞争对手的动态进行持续的监测，可以快速发现情报泄密等异常情况。

四 主要特征

任何事物之所以不同于其他事物，是因为它具有鲜明的特征，如果把它的特征弄清楚，就可以清楚地界定这个事物。① 一般认为，竞争情报区别于其他情报研究或咨询的特性有对抗性、预见性、智谋性、保密性以及合法性等。②

（一）对抗性

竞争情报主要是分析竞争对手、竞争环境等同行业的竞争参与者情报活动的过程，其分析对象是竞争对手与同行业的相关竞争参与者。竞争情报研究的是经济管理问题，涉及市场中的各个利益主体。在企业的业务活动中，同一个行业存在互为竞争对手的不同的企业主体，各企业为了争取市场份额、获取竞争优势，必然是相互对立的关系。因此，竞争情报搜集肯定是在同行业相互保密、互相封锁消息，有时甚至是公然反对或主动攻击的恶劣环境（与第二次世界大战后苏联和美国的冷战类似）中秘密地展开。企业竞争情报工作实践体现出对抗性的特征。③ 竞争情报的搜集不是寻求某一个特定问题的答案，而是一个企业对竞争环境及同行业中的竞争对手逐步深化认识、严密监测，然后选择有针对性的对策回应的动态过程。企业竞争情报与一般科技经济情报的一个明显区别就是对抗性。④

（二）预见性

技术的快速进步和竞争手段的现代化使得竞争环境日益从静态向动态转变，竞争环境出现动态化的趋势。动态竞争是导致企业危机，让企业危机问题的解决变得复杂的关键因素之一。动态竞争要求企业的各种业务决策活动应该具有预见性。预见性是指人们根据某种事物或活动的发展特点和趋势，对事物或活动的未来发展态势进行预测和估计。面对动态竞争环境，企业为了获得持续的长期的竞争优势，需要及时、准确地搜集环境、对手以及企业内部相关的竞争情报信息，为企业的战略制定和各种经营活动决策提供必要的支持。而战略与决策是企业各种经营活动的依据与基

① 苏瑞竹：《竞争情报定义浅析》，《津图学刊》1999 年第 2 期，第 64~67 页。
② 沈固朝等编著《竞争情报的理论与实践》，科学出版社，2008，第 35~37 页；包昌火、谢新洲主编《竞争情报与企业竞争力》，华夏出版社，2001，第 6~9 页；王知津主编《竞争情报》，科学技术文献出版社，2005，第 54~56 页；刘冰：《动态环境下企业竞争情报力研究》，科学出版社，2019，第 16~66 页。
③ 张恒昌：《关于竞争情报问题探析》，《甘肃社会科学》1996 年第 2 期，第 84~86 页。
④ 刘冰：《动态环境下企业竞争情报力研究》，科学出版社，2019，第 16~66 页。

础，所以竞争情报必须具有预见性或超前性才能够发挥其应有的支持作用。[①] 竞争情报的预见性特征可以帮助企业发现一些潜在的危机，及时地发出危机预警，从而帮助企业做好危机应对工作。

(三) 智谋性

竞争情报的来源有很多，获取竞争情报的渠道也有很多，但是找到准确的获取途径不是那么容易。当前处于一个"信息爆炸"的时代，我们生活在"信息海洋"，但信息质量参差不齐。同时，在企业经营环境中，竞争对手也可能会出于自我保护而故意泄露一些虚假的"烟雾信息"。这些因素都是导致竞争情报搜集工作难度增加的原因，甚至有时候需要冒着被竞争对手"拒止"（情报术语，寻求阻止至少降低对手情报搜集能力的一种机制）与"欺骗"（情报术语，对对手情报搜集系统的操纵与欺骗，旨在污染信息、破坏对手的情报收集系统）的风险，因而竞争情报的搜集是一件需要智谋与智慧的工作。竞争情报的智谋性与智慧性主要体现在竞争情报的搜集与竞争情报分析过程中。竞争情报需要规范的竞争情报搜集与分析流程和科学方法，竞争情报搜集与分析人员也需要长期工作经验积累，竞争情报产品中包含的智慧有时可能比一般的情报产品还要高。

(四) 保密性

竞争情报大多数情况下会涉及企业内部重要的核心商业活动相关的竞争性信息，乃至商业秘密。这些竞争信息通常只在企业的内部传递并采取保密措施，在保密期内是不会向公众（特别是竞争对手）公开的。因此，我们可以认为竞争情报被限制在一定范围内传递，具有保密的特点。竞争情报的保密性要求企业在竞争对手不知情、不协助甚至是反对的情况下获取竞争情报，特别是涉及商业秘密的竞争信息。因此，竞争情报的搜集、分析、利用与传递等行为都具有明显的隐蔽性特征。[②] 特别需要注意的是，企业竞争情报部门的工作人员在获取商业秘密相关的信息时，要保证竞争情报搜集手段的合法性与合乎伦理道德，否则会埋下"侵权恶行"的种子，给企业带来后患，导致企业陷入危机。

---

① 陈晓梅:《竞争情报及其在中国的发展与应用》，硕士学位论文，中国海洋大学，2003，第1~59页。

② 刘冰:《动态环境下企业竞争情报力研究》，科学出版社，2019，第16~66页。

（五）合法性

如前所述，竞争情报分析师是一种专门的职业，所以其活动的开展必须完全是合法的，否则将会受到法律的制裁。同时，在开展竞争情报的职业活动时，也必须遵守基本的职业道德。开展竞争情报专业活动，坚决禁止一切损害国家、社会和他人利益，扰乱经济秩序的非法和不正当竞争行为；竞争情报活动中的一切工作均在合法、合乎道德的前提下进行，不得以欺诈、盗窃、诱导、胁迫等不正当手段获取竞争情报。[①] 合法是竞争情报与商业间谍活动之间的本质区别，竞争情报必须在合法的前提下开展，否则将会后患无穷，让企业陷入绵延不绝的危机之中。

第三节　国内相关研究现状述评

据可查资料，国内尚未出现直接关于"基于危机生命周期的企业竞争情报机制"的研究。国内外危机生命周期都属于较为成熟的研究领域，研究成果都比较多。国内危机管理与竞争情报交叉的研究成果明显多于国外，国内学者围绕竞争情报与危机预警、竞争情报与危机公关等主题展开了较为系统的研究。国外的研究主题和国内的差别比较大，主要有危机与竞争情报、风险与竞争情报等相关的少量文献。因此，本章将国内外文献分开进行综述。

一　危机生命周期

国内危机生命周期研究较少，主要有企业危机生命周期、行业危机生命周期、危机生命周期与危机管理领导力以及危机生命周期与情报保障等方面。

（一）企业危机生命周期

关于企业危机生命周期的研究已经引起了一些学者的关注，但是研究成果不多且研究缺乏连续性，代表性的研究成果如表 2-2 所示。

---

① 冯永财：《提高企业竞争力的重要因素—竞争情报问题研究》，硕士学位论文，西安科技大学，2005，第 54~65 页。

表 2-2　企业危机生命周期研究代表性论文及其主要观点

学者	研究内容	研究方法	文章名	来源
孙白朋	运用危机生命周期理论,分析了高新技术企业反竞争情报需求以及反竞争情报对高新技术企业的支持作用,构建了基于危机生命周期的高新技术企业反竞争情报模型,提出了一些企业危机管理的建议	仿真实验	《基于危机生命周期的高新技术企业反竞争情报机制研究》	硕士学位论文,江西财经大学,2021
刘若昕	运用危机生命周期理论,分析了中国直销企业的典型危机案例,构建了直销企业的危机管理模式,以提高企业危机管理的效率	案例研究	《基于危机生命周期理论的直销企业危机管理模式研究》	硕士学位论文,河北经贸大学,2020
刘丹	分析了危机潜伏期、爆发期、蔓延期、恢复期和消除期等危机生命周期各阶段的企业竞争情报工作的主要内容	定性研究	《基于企业危机生命周期的竞争情报工作》	《农业图书情报学刊》2018 年第 1 期
朱晓婉	从危机生命周期理论的视角,研究危机生命周期各个阶段的特征,构建了适合乳制品企业的帮助企业预测和识别危机、应对与处理危机以及帮助企业从危机中恢复的危机管理模式	案例研究	《网络环境下乳制品企业危机管理模式研究——以危机生命周期为视角》	硕士学位论文,华中师范大学,2014
夏平	应用危机生命周期理论,把企业危机划分为几个阶段,并且根据其各自的特点提出了相应的危机应对策略,使企业在应对危机时能够做到防患于未然,甚至在面临危机时转危为安,从而确保企业的可持续发展	定性研究	《企业危机生命周期各阶段的应对策略》	《中国集体经济》2010 年第 19 期
王慧	运用危机生命周期理论,把企业危机的发展阶段分为潜伏期、发生期、总结期以及平息期;同时,针对这四个阶段分别提出了危机预防、危机应对、分析与危机管理的改进以及企业形象重塑战略调整等策略	定性研究	《基于危机生命周期理论的企业危机管理策略探讨》	《企业经济》2009 年第 10 期

　　文献调查表明,现有研究主要为定性研究,有少数案例研究、仿真实验研究,调查类的研究鲜见。这些研究对危机生命周期的划分、危机管理

机构的设置、危机诊断、危机预警、危机预控、危机应对、危机评估以及危机平息后的企业恢复管理工作等具有一定的借鉴作用。

（二）行业危机生命周期

关于行业危机生命周期的研究已经引起了学界的关注，但是研究成果同样不多且研究缺乏连续性，代表性的研究成果如表 2-3 所示。

表 2-3　行业危机生命周期研究代表性论文及其主要观点

学者	研究内容	研究方法	文章名	来源
朱海峰	运用危机生命周期理论，分析了图书馆危机发展规律与影响，提出了危机的识别和预防、危机的处理和恢复、危机解决后的总结等图书馆危机管理计划	定性研究	《探析基于危机生命周期理论视角下的图书馆危机管理计划》	《河南图书馆学刊》2022年第1期
刘秋婷、张鹏杨、李婧	可以根据危害极端性、反弹不确定性、机遇与挑战共存性的阶段特征，将旅游业的疫情危机演化过程划分为短期锐减阶段、中期过渡阶段、长期优化阶段三大阶段。该研究还提出了旅游业应对疫情危机的短期救助、中期调控以及长期优化策略	案例研究	《基于危机生命周期的旅游业疫情危机演化及应对》	《乐山师范学院学报》2021年第6期
甘露	应用危机生命周期理论，以3家外资机床企业为研究对象，分析该行业跨国企业危机管理体系对企业发展的影响，提出了该行业应对危机的策略	案例研究	《论外资公司的企业文化在危机管理中的体现——以3家机械行业的外资企业为例》	《企业科技与发展》2019年第5期
陈君	运用危机生命周期理论和PPRR应急管理模式，将潍坊供电公司自然灾害应急管理分成"风险管控、应急建设、预警响应、后续处置"四个阶段，并提出了相应的危机应对建议	案例研究	《潍坊供电公司自然灾害应急管理研究——基于危机生命周期理论视角的分析》	硕士学位论文，广西师范大学，2015
赵学华	应用危机生命周期理论分析图书馆危机的五个时期以及危机管理过程的三个阶段，提出一些对策旨在将危机的影响范围和破坏程度减至最低	定性研究	《基于生命周期的图书馆危机管理动态分析》	《河南图书馆学刊》2015年第2期

学者	研究内容	研究方法	文章名	来源
王毅辉	结合行业特性,依据危机诱因将烟草企业面临的危机归为宏观、中观和微观危机三类,对我国烟草行业的企业危机管理问题进行了较为系统的研究	案例研究	《烟草企业危机管理研究初探》	《中国烟草学报》2012年第3期
吴绍艳、汪传雷	应用危机生命周期理论分析了农机企业的危机特点,设计了农机企业危机信息管理系统,较为系统地研究了农机企业的危机管理过程	案例研究	《基于生命周期的农机企业危机信息管理研究》	《中国农机化》2011年第2期

文献调查表明,现有研究以案例研究和定性研究为主,以上这些研究是关于旅游、农机、烟草以及图书馆等行业危机生命周期的阶段划分与管理对策,这些行业有着自身的特征,针对这些行业特征的危机生命周期的划分以及危机应对策略对基于危机生命周期的企业竞争情报机制理论模型及其运行模式构建具有一定的参考价值。

（三）危机生命周期与危机管理领导力

关于危机生命周期与危机管理领导力的研究还非常少,研究体现出断断续续的特点,只有2篇相关文献。2020年,边慧敏和廖宏斌运用危机生命周期理论,提出了领导干部应对重大突发事件进阶治理动态能力模型。① 2009年,朱瑞博分析了公共危机的生命周期和危机管理的关键决策点,把公共危机分为危机前、危机中和危机后;对危机领导力进行研究并构建危机领导力体系;提出危机领导力体系以及公共危机管理绩效评估与领导问责制等对策。② 关于危机管理领导力的研究对本书第三章理论模型构建过程中涉及的危机管理组织与机构的成立、危机管理机构人员的配备以及领导制度的制定具有一定的启发。

（四）危机生命周期与情报保障

国内关于危机生命周期与情报保障的研究也非常少,只有1篇文献。

---

① 边慧敏、廖宏斌:《领导干部应对重大突发事件动态能力模型探析——基于危机周期理论的分析视角》,《西华大学学报》(哲学社会科学版)2020年第5期,第1~9页。

② 朱瑞博:《危机生命周期与危机领导力提升》,《领导科学》2009年第17期,第26~28页。

2009 年，王克平回顾了危机管理和危机情报的基本概念，从危机潜伏期、危机发生期以及危机消除期三个阶段较为系统地分析了危机管理过程中的情报保障活动。该研究认为情报在危机发生前可以起到预警的作用，在危机发生时可以起到决策支持与沟通的作用，在危机结束后可以起到危机评估的作用。① 这可以为情报在危机生命周期各阶段作用的研究提供参考。

二　危机管理与竞争情报

国内有一些将"危机管理"与"竞争情报"关联的研究成果，著作有《竞争情报与企业危机管理》②《基于竞争情报的战略联盟关系风险管理研究》③ 等，学术会议有以"危机预警与竞争情报"为主题的中国竞争情报第十四届年会，研究论文则主要集中在竞争情报与危机预警、竞争情报与危机管理、竞争情报与危机公关、竞争情报与品牌危机等主题。

（一）竞争情报与危机预警

关于竞争情报与危机预警的研究，已经引起了情报学界的重视，陆续有不少研究成果出现，代表性的研究论文如表 2-4 所示。

表 2-4　竞争情报与危机预警研究代表性论文及其主要观点

学者	研究内容	研究方法	文章名	来源
费佳	分析了已有竞争情报管理模式,提出了圆锥体式的竞争情报管理模式来提高图书馆安全风险预警管理的效率,实现图书馆可持续安全风险防范	定性研究	《基于竞争情报要素的图书馆安全风险预警管理模式研究》	《新世纪图书馆》2021 年第 6 期
苏航	分析了化工企业特点,风险因素识别程序、原则和方法以及化工企业的内外部风险因素,构建了基于竞争情报的化工企业风险预警体系,以青岛海湾集团有限公司为例进行了案例研究,检验了该体系的有效性	案例研究	《基于竞争情报的化工企业风险预警体系研究》	硕士学位论文,青岛科技大学,2020

① 王克平:《基于危机生命周期的情报保障探析》,《情报理论与实践》2009 年第 2 期,第 33~36 页。

② 查先进、陈明红、杨凤:《竞争情报与企业危机管理》,武汉大学出版社,2010,第 1~382 页。

③ 张超:《基于竞争情报的战略联盟关系风险管理研究》,经济管理出版社,2018,第 1~207 页。

学者	研究内容	研究方法	文章名	来源
郭小芳、王克平等	归纳了大数据环境下新创企业竞争情报预警的特点和风险,构建了新创企业竞争情报预警模型	定性研究	《大数据环境下新创企业竞争情报预警研究》	《情报科学》2020 年第 6 期
成志强	在反竞争情报与危机预警理论的基础上,构建了面向企业危机预警的反竞争情报模型,同时设计了详细的工作流程	定性研究	《面向企业危机预警的反竞争情报模型研究》	硕士学位论文,辽宁师范大学,2017
熊上植	从竞争情报的视角来研究中小企业的风险管理,构建了基于竞争情报的中小企业风险管理体系,提出了该体系实施的保障措施	问卷调查研究	《基于竞争情报的中小企业风险管理研究》	硕士学位论文,云南大学,2016
王晓慧、成志强等	构建了基于反竞争情报的危机预警系统,梳理了预警系统的工作流程	定性研究	《基于反竞争情报的企业危机预警系统研究》	《情报杂志》2016 年第 7 期
徐芳、陈维军、赵超烨	分析了信号与企业竞争情报危机预警的关系,构建了基于信号分析的企业竞争情报危机预警模式	定性研究	《基于信号分析的企业竞争情报危机预警模式构建》	《情报理论与实践》2014 年第 5 期
夏立新、王俊	对竞争情报在企业技术危机预警中的应用进行了较为系统的分析	定性研究	《基于竞争情报的企业技术危机预警研究》	《情报理论与实践》2009 年第 9 期
王知津、徐日明	梳理了竞争情报与危机预警关系,分析了竞争情报对危机预警的作用,构建了企业危机预警竞争情报运行机制,提出了机制运行注意事项	定性研究	《面向企业危机预警的竞争情报运行机制研究》	《情报探索》2008 年第 9 期

　　文献调查表明,目前关于竞争情报与危机预警的研究已经比较多,研究方法以案例研究和定性研究为主,问卷调查类的研究比较鲜见。以上研究对本书第四章理论模型应用的运行模式构建具有一定的参考价值。

(二)竞争情报与危机管理

　　关于竞争情报与危机管理的研究。2018 年,徐芳采用 SEM 方法,实证研究了竞争情报与危机管理之间的内在关系,研究发现,竞争情报对潜伏期和平复期的危机管理都具有显著的影响关系,潜伏期的危机管理对爆发期的危机管理、爆发期的危机管理对平复期的危机管理具有较为显著的影响。① 2012 年，奉国和和孙国永对网络环境下的竞争情报与危机管理的关系进行探究，提出了竞争情报支持企业危机管理决策的建议。② 2011年，刘雪芹等的研究将竞争情报引入企业的危机信息管理中，构建了基于竞争情报的企业危机信息综合管理体系。③ 2009 年，王娜等结合实际案例，分析了竞争情报在企业危机管理中应用的意义与价值，构建了基于竞争情报的企业危机管理的工作流程，提出了较为具体的应用建议。④ 2004年，李纲和王庆分析了竞争情报与危机管理的关系，提出竞争情报是企业应对危机的一种利器的观点，并研究了危机管理过程中竞争情报工作的开展。⑤ 以上关于竞争情报与危机管理的研究，为进一步了解竞争情报与危机管理过程、竞争情报在危机管理各阶段的作用以及如何提高竞争情报在危机管理中的应用效率以便提高危机管理的效率等提供了支持。

（三）竞争情报与危机公关

关于竞争情报与危机公关的研究，已经引起了情报学界的关注，但是研究成果较少且研究缺乏连续性，特别是近年来的研究非常少，代表性的研究成果如表 2-5 所示。

表 2-5 竞争情报与危机公关研究代表性论文及其主要观点

学者	研究内容	研究方法	文章名	来源
龚花萍、高洪新、孙晓	分析了竞争情报与危机公关管理的内在关系,构建了基于竞争情报的企业危机公关管理体系评价指标,以便检验体系的有效性	问卷调查研究	《基于竞争情报的企业危机公关管理体系评价研究》	《现代情报》2016 年第 5 期

① 徐芳：《基于结构方程模型的竞争情报与危机管理关系的实证研究》，《竞争情报》2018年第 4 期，第 17~25 页。
② 奉国和、孙国永：《网络环境下竞争情报在企业危机管理中的应用研究》，《情报探索》2012 年第 1 期，第 55~57 页。
③ 刘雪芹、张春玲、吴红霞：《基于竞争情报的企业危机信息综合管理研究》，《现代情报》2011 年第 11 期，第 120~123 页。
④ 王娜、夏佩福、王华中：《面向企业危机管理的竞争情报工作研究》，《图书情报工作》2009 年第 6 期，第 70~73、138 页。
⑤ 李纲、王庆：《基于竞争情报的企业危机管理》，《中国图书馆学报》2004 年第 6 期，第37~40 页。

学者	研究内容	研究方法	文章名	来源
孙晓	分析了竞争情报与危机公关管理之间的关系,构建了基于竞争情报的企业危机公关管理体系,以马航 MH370 事件为例,进行了危机公关的实证分析	案例研究	《基于竞争情报的企业危机公关管理体系构建与评价研究》	硕士学位论文,南昌大学,2015
朱君璇、郑建国、郭华	构建了基于竞争情报的企业公关危机预警机制,分析了企业在运用竞争情报进行公关危机处理时必须注意的问题	定性研究	《竞争情报在企业公关危机中的应用机理及预警机制研究》	《湖南社会科学》2014年第 2 期
龚花萍、孙晓	将竞争情报引入企业危机公关管理体系,构建了基于竞争情报的企业危机公关管理体系	定性研究	《基于竞争情报的企业危机公关管理体系研究》	《情报杂志》2014 年第 10 期
康捷	分析了竞争情报在危机爆发期的公关前期、中期和后期的应用,探索了竞争情报方法(情景分析法、竞争对手跟踪分析法以及关键成功因素分析法)对危机公关支持作用的实现路径	定性研究	《应用于企业危机公关中的竞争情报研究》	硕士学位论文,河北大学,2010
王知津、范淑杰、卞丹	结合实际案例,研究了竞争情报在危机管理不同阶段的应用方案,包括危机预警、危机监控、危机解除等阶段的竞争情报实施方案	定性研究	《企业危机公关中的竞争情报实施方案》	《图书馆工作与研究》2010 年第 5 期

　　文献调查表明,关于竞争情报与危机公关的研究不多,研究方法以定性研究居多,问卷调查类的研究比较鲜见。以上研究为本书第三章理论模型构建过程中危机爆发期的危机公关与危机沟通部分的研究以及第四章理论模型应用的运行模式构建具有一定的借鉴意义。

(四) 竞争情报与品牌危机

　　关于竞争情报与品牌危机的研究。2014 年,明宇和司虎克运用描述性统计、Ucinet 6.0 统计软件,对阿迪达斯 2003～2012 年的专利研发情况进行了追踪研究,为中国企业在体育专利技术创新实践领域应对体育产品品牌危机提供支持。[①] 2011 年,谭利娜采用案例研究法和内容分析法,以

———————————

[①] 明宇、司虎克:《阿迪达斯体育专利研发的竞争情报分析》,《山东体育科技》2014 年第 2 期,第 29～34 页。

2007~2009 年的品牌危机事件为例，分析了品牌危机管理的特征和规律，为国内外企业进行品牌管理、应对品牌危机提供参考。[①] 2006 年，王知津和宋正凯探索了竞争情报在品牌危机中的应用，并且界定品牌危机竞争情报的概念，结合实际案例分析了竞争情报在企业品牌危机管理中的应用实践，构建了应用竞争情报帮助企业应对品牌危机的过程。[②] 这些文献对本书第四章中运用竞争情报帮助企业应对危机爆发期的品牌危机、运用竞争情报帮助危机平复期企业重塑品牌形象等方面的研究具有一定的借鉴意义。

三　竞争情报

国内 20 世纪 80 年代开始了竞争情报的研究。40 多年来，竞争情报已经逐步发展成了情报学的一个较为成熟的领域，产生了较多文献，可以从宏观的视角通过文献计量分析来揭示竞争情报研究的全貌。本章将分别对国内竞争情报的研究现状进行定量和定性分析，为后续研究提供支持。

（1）国内竞争情报研究的定量分析。本章以 CNKI 为数据来源，学科范围设置为"图书情报与数字图书馆"，以"篇名"为检索入口，以"竞争情报"为检索词，筛选中文文献。截止时间为 2022 年 3 月 7 日，共检索得到文献 2593 篇。去除科技成果、会议等文献以及重复文献后，得到有效文献 2530 篇，作为分析的对象。在这些文献中，引用次数最多的论文是邱均平和段宇锋 2000 年发表在《图书情报工作》上的论文《论知识管理与竞争情报》，CNKI 显示已经被引用了 483 次[③]；下载次数最多的期刊论文是黄晓斌和钟辉新 2012 年发表在《图书与情报》上的《大数据时代企业竞争情报研究的创新与发展》，CNKI 显示已经被下载了 10916 次[④]。

国内竞争情报研究发文量的时间序列如图 2-3 所示。

---

① 谭利娜：《品牌危机管理的竞争情报分析》，《情报杂志》2011 年第 S1 期，第 82~84、48 页。
② 王知津、宋正凯：《品牌危机中的竞争情报》，《情报理论与实践》2006 年第 3 期，第 266~269 页。
③ 邱均平、段宇锋：《论知识管理与竞争情报》，《图书情报工作》2000 年第 4 期，第 11~14 页。
④ 黄晓斌、钟辉新：《大数据时代企业竞争情报研究的创新与发展》，《图书与情报》2012 年第 6 期，第 9~14 页。

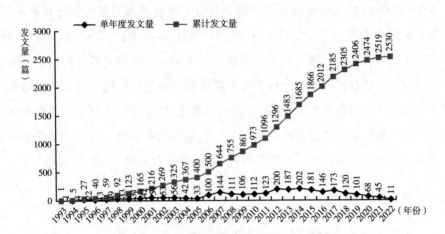

图 2-3　国内竞争情报研究发文量时间序列

由图 2-3 可知，国内竞争情报研究始于 1993 年，从 2006 年开始，连续十多年发文量都在 100 篇以上，2012 年、2014 年更是达到了顶峰，年发文量为 202 篇。2020 年以来，竞争情报研究的发文量有所减少，可能的原因为竞争情报是一个实践性很强的领域，而新冠疫情影响了竞争情报实践活动，从而也影响了竞争情报研究的成果产出。

词频分析法是一种定量的文献计量分析方法。作为一种常见的文献数据分析方法，词频分析法已经成为情报研究常用的方法。① 词频分析可以帮助我们发现研究的热点领域和研究的新方向。本章使用 SATI 软件对国内竞争情报研究的 2530 篇文献的关键词进行分析，Top50 的关键词如表2-6 所示。

为进一步揭示国内竞争情报研究成果关键词之间的关系，本章利用CiteSpace 对国内竞争情报研究的前 50 个关键词进行聚类分析，获得了 13个聚类，每个聚类都可以认为是一个研究领域，如图 2-4 所示。

由图 2-4 可知，国内竞争情报研究主要聚焦于竞争情报、大数据、图书馆、知识管理、情报研究、中小企业（竞争情报）、竞争环境、（竞争情报）对策、专利分析、信息分析、商业模式等领域。

----

① 邓珞华：《词频分析——一种新的情报分析研究方法》，《大学图书馆通讯》1988 年第 2期，第 18~25 页。

表 2-6 Top50 国内竞争情报研究关键词

单位：次

序号	关键词	频次	序号	关键词	频次
1	竞争情报	1677	26	情报学	28
2	竞争情报系统	174	27	情报研究	27
3	企业	160	28	技术创新	25
4	高校图书馆	109	29	情报分析	25
5	企业竞争情报	108	30	文献计量	24
6	竞争情报服务	103	31	《竞争情报》	24
7	技术竞争情报	89	32	竞争策略	23
8	图书馆	84	33	运行机制	23
9	产业竞争情报	80	34	服务	23
10	大数据	78	35	应用	22
11	中小企业	73	36	社会网络分析	22
12	反竞争情报	66	37	案例分析	20
13	竞争情报研究	63	38	竞争环境	20
14	竞争情报工作	60	39	策略	19
15	情报服务	56	40	人际网络	19
16	竞争	54	41	竞争情报分析	19
17	情报	49	42	国家竞争情报	19
18	知识管理	48	43	统计分析	18
19	信息服务	43	44	中国	18
20	竞争对手	38	45	危机预警	18
21	科技情报学会	38	46	专利分析	18
22	企业竞争情报系统	33	47	企业竞争	17
23	竞争情报教育	31	48	人才培养	17
24	服务模式	30	49	现状	17
25	高校	29	50	模型	16

（2）国内竞争情报研究的定性分析。内容分析法是一种常用于定性研究的分析方法，是指对具体的文本内容进行定性分析来描述相关主题的本质事实和发展趋势。[①] 本章主要采用内容分析法对国内竞争情报的现有研究成果进行系统的阅读，理解和解读现有研究成果中所包含的竞争情报相关

---

① Neuendorf, K. A. *The Content Analysis Guidebook*. California：SAGE Publications Inc.，2002, pp. 1-320.

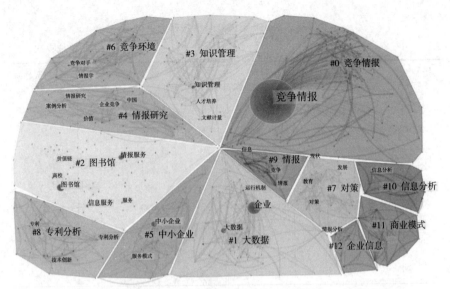

图 2-4　国内竞争情报研究关键词聚类

知识。从以下主题对竞争情报的研究现状进行定性的分析：竞争情报机制、竞争情报理论、竞争情报实践、竞争情报分析方法与技术以及竞争情报系统、竞争情报教育、网络竞争情报等。由于竞争情报只是本书的相关文献，考虑到篇幅和必要性，对于与本书关系比较密切的竞争情报机制研究主题，本书将进行比较详细的综述，其他研究主题将采用较为简洁的形式进行综述。

（一）竞争情报机制

关于竞争情报机制的研究不多，却是一个研究较为连续的领域，从 2001 年开始，陆续有学者开展了该领域的研究，代表性的论文如表 2-7 所示。

表 2-7　竞争情报机制研究代表性论文及其主要观点

学者	研究内容	研究方法	文章名	来源
蒋恺	对构建情报数据库入侵防护机制和金融竞争情报数据库加密保障机制两种机制来保护信息安全进行了研究	定性研究	《基于知识关联的金融竞争情报保障模式研究》	《情报科学》2022 年第 3 期
王艺、王克平、车尧	运用大数据思维，识别了小微企业风险类型并构建指标体系，构建了竞争情报预警机制，包括组织机制、运行机制、保障机制等，为小微企业的发展提供机制支持	问卷调查研究	《基于大数据思维的小微企业风险识别与竞争情报预警机制研究》	《情报杂志》2022 年第 2 期

续表

学者	研究内容	研究方法	文章名	来源
杨波、孙白朋	分析了风险生命周期视角下的反竞争情报流和反竞争情报工作过程,构建了基于风险生命周期的企业反竞争情报机制模型	定性研究	《基于风险生命周期的企业反竞争情报机制模型构建》	《现代情报》2019年第11期
李明、贺伟、丁本洲	通过网络协同、数据协同、服务协同、用户协同等多元协同机制,构建了基于S2B模式的小微企业竞争情报供给体系	定性研究	《基于S2B模式的小微企业竞争情报多元协同供给机制研究》	《情报科学》2018年第12期
郑荣、杨冉、周志强	构建了基于云服务平台的竞争情报服务联盟模型,分析了模型中的动力机制、联盟成员选择与信任机制、协同机制、风险管理机制等	定性研究	《基于云服务平台的竞争情报服务联盟的运行机制研究》	《情报理论与实践》2017年第4期
李宝虹、杨雨藤	研究发现具有敬业特质的竞争情报人员会给企业带来更多收益,也更关注隐性激励,管理者对其应采用以精神激励为主的策略	定性研究	《大数据背景下企业竞争情报人员激励机制研究》	《情报科学》2017年第8期
马林山、赵庆峰	重新构建了情报运行机制,构建了基于大数据、云计算技术的企业交互式竞争情报系统,试图寻找较为完善的企业竞争情报运行保障机制	定性研究	《大数据时代企业竞争情报运行保障机制建设研究》	《现代情报》2015年第7期
郑荣、刘永涛、朱平	较为系统地研究了竞争情报联盟运行的动力、控制协调、情报共享和支持保障等机制	定性研究	《协同视角下竞争情报联盟的运行机制研究》	《情报科学》2014年第8期
陈强、吴金红、张玉峰	提出了基于众包模式的竞争情报运行机制,从智力支持、控制成本、激发创新等方面描述了众包优缺点,从组织、系统、参与者角度阐明众包运行关键问题	定性研究	《大数据时代基于众包的竞争情报运行机制研究》	《情报杂志》2013年第8期
杨威	对虚拟企业竞争情报的9种运作机制,包括信任机制、利益分配机制、控制和风险防范机制、激励机制等进行了研究	定性研究	《虚拟企业的竞争情报运作机制》	《情报探索》2010年第11期

文献调查表明,国内关于竞争情报机制的研究已经初具规模,研究成果也较多,研究的连续性也较好。学者们不仅提出了较多的竞争情报机制,而且还构建了一些结合某些行业的竞争情报机制。这些研究不但可以

为本书第三章中的理论模型构建提供支持，而且可以为本书第四章中的运行模式构建提供支持。

（二）竞争情报理论

国内关于竞争情报理论的研究，主要有竞争情报的基本理论①、环境竞争情报②、竞争情报模式③、产业竞争情报用户服务④、大数据与竞争情报研究⑤、竞争情报部门设置⑥、竞争情报与博弈论⑦、竞争情报服务⑧、人际竞争情报⑨、竞争情报产业化理论⑩，以及移动电子商务与竞争情报⑪等。可见，竞争情报理论方面的研究领域一直都有着拓宽的趋势，将竞争情报应用到危机管理领域，研究竞争情报在危机管理中的应用与价值，符合竞争情报研究的趋势，有助于竞争情报研究领域的进一步拓宽，对于竞争情报的发展具有积极意义。

（三）竞争情报实践

文献调查表明，国内关于竞争情报实践方面的研究主要聚焦于以下几

① 包昌火、金学慧等：《论中国情报学学科体系的构建》，《情报杂志》2018年第10期，第1~11、41页；陈峰：《竞争情报概念及相关因素分析》，《图书情报知识》2003年第1期，第20~22页。

② 杨冰：《企业环境竞争情报的战略地位及其开发路径》，《情报杂志》2007年第5期，第90~92页。

③ 周九常：《连锁特许经营框架下的企业竞争情报模式》，《情报理论与实践》2010年第5期，第58~62页；王晓慧、李倩：《基于三螺旋理论的区域政府、产业、科研机构竞争情报协作模式研究》，《竞争情报》2021年第2期，第20~26页。

④ 郑荣、杨竞雄等：《多源数据驱动的产业竞争情报智慧服务研究》，《情报学报》2020年第12期，第1295~1304页；陈峰：《产业竞争情报用户需求识别方法》，《情报科学》2014年第4期，第126~130页。

⑤ 化柏林、李广建：《大数据环境下的多源融合型竞争情报研究》，《情报理论与实践》2015年第4期，第1~5页。

⑥ 毕振力、李纲：《企业集团竞争情报组织模式：一种混合型结构》，《情报杂志》2008年第6期，第29~31、34页。

⑦ 杨柳：《超模博弈下的竞争情报研究：基于资源观的视角》，《科技管理研究》2005年第11期，第239~243页。

⑧ 白冰、李登道：《企业竞争情报服务信息平台实现模式研究》，《情报理论与实践》2010年第4期，第94~96页。

⑨ 吴晓伟、李丹：《人际竞争情报研究主题分析》，《情报杂志》2008年第2期，第69~72页。

⑩ 施冬健：《竞争情报产业化理论探析》，《情报杂志》2006年第1期，第105~108页。

⑪ 黄晓斌、刘林青：《移动电子商务对企业竞争情报的影响》，《情报理论与实践》2014年第3期，第64~67页。

个方面：竞争情报在企业战略中的应用①、竞争情报在市场营销中的应用②、竞争情报在人力资源管理中的应用③、竞争情报在项目管理中的应用④、竞争情报在供应链管理中的应用⑤、竞争情报在企业品牌管理中的应用⑥、竞争情报在企业创新中的应用⑦、竞争情报工作案例分析⑧以及基于虚拟会展的企业竞争情报分析⑨等。可见，竞争情报在企业各种管理与经营活动实践中应用的研究还是比较多的，特别是近年来对国外竞争情报实践的分析还是比较重视的，将竞争情报应用到企业的危机管理中去也应该能够发挥其作用，以上研究有助于我们进一步了解竞争情报实践，为本书构建基于危机生命周期的企业竞争情报机制理论模型起到借鉴的作用。

（四）竞争情报分析方法与技术

众所周知，情报学学科自诞生以来，一直都有着浓厚的"技术传统"，因此可以认为技术也是竞争情报研究中开始较早且一直比较关注的研究领域之一。竞争情报分析方法则主要起源于经济学领域的博弈论和竞争理论、管理学领域的战略管理理论、数理统计领域的方法、社会科学的研究方法以及信息计量学方法等；而竞争情报技术主要是计算机、网络与

---

① 谢润梅、陈峰：《在线教育企业基于竞争态势分析制定竞争战略研究——以 A 企业为例》，《情报杂志》2016 年第 5 期，第 113～118 页；赵冰峰：《大国竞争环境下的中国企业情报战略转型》，《情报杂志》2020 年第 9 期，第 1～4、10 页。

② 宋新平、杨阳、李保珍：《市场营销员工参与市场营销竞争情报现状调查——Web 2.0下全员情报模式视角》，《情报理论与实践》2016 年第 3 期，第 36～41 页。

③ 梁娟红、郭德：《企业人力资源竞争情报影响因素研究》，《情报杂志》2008 年第 10 期，第 79～82 页。

④ 李钊、黄晓斌、陈劲松：《日本专利局支撑产业竞争的专利分析公共服务经验及其启示》，《情报工程》2021 年第 1 期，第 30～39 页。

⑤ 毋江波、李常洪：《供应链环境下的企业竞争情报增值运作模式研究》，《情报科学》2019 年第 10 期，第 146～157 页。

⑥ 彭靖里、刘建中、王洪林：《论竞争情报在企业品牌管理中的应用及其案例》，《现代情报》2005 年第 12 期，第 159～161、152 页。

⑦ 赵静杰、徐光磊等：《竞争情报活动-知识管理过程对企业创新绩效的影响机理研究》，《情报科学》2020 年第 11 期，第 56～63 页。

⑧ 陈峰：《竞争情报推动产业创新发展的案例分析》，《情报杂志》2020 年第 8 期，第 1～5、130 页。

⑨ 黄晓斌、何碧妍：《基于虚拟会展的企业竞争情报分析》，《情报理论与实践》2015 年第 5 期，第 66～70 页。

通信等传统信息技术以及大数据、云计算、移动互联网等新兴技术在竞争
情报领域的应用。文献调查表明，在国内当前竞争情报领域的研究中，关
于竞争情报分析方法的相关研究主要有 SWOT①、定标比超②、价值链分
析③、领域分析④、战争游戏法⑤、基于众包的企业竞争情报工作模式⑥
以及 URL 共现分析⑦等竞争情报分析方法；关于竞争情报技术的研究主
要有大数据⑧、移动互联网⑨、云计算⑩、人工智能⑪、本体模型⑫、专利
地图技术⑬以及 ShareNet 技术⑭等。以上关于竞争情报分析方法与竞争情
报分析技术的研究表明，竞争情报的研究成果已经比较丰富，将竞争情
报的方法与技术应用到企业危机管理实践中能够保证竞争情报效率的发
挥，促进企业危机管理问题的解决。这些研究成果为本书构建理论模型

---

① 谢润梅、陈峰：《在线教育企业基于竞争态势分析制定竞争战略研究——以 A 企业为
例》，《情报杂志》2016 年第 5 期，第 113~118 页。

② 陈峰：《产业竞争情报视角的国外风电装备制造标杆企业"走出去"的方法及启示》，
《情报杂志》2016 年第 1 期，第 27~31 页。

③ 王知津、张收棉：《企业竞争情报研究的有力工具——价值链分析法》，《情报理论与实
践》2005 年第 4 期，第 439~443 页。

④ 杨韬、邹永利：《领域分析方法在竞争情报工作中的应用》，《情报杂志》2008 年第 5
期，第 67~69 页。

⑤ 王知津、张收棉等：《基于战争游戏法的企业竞争情报作战室运行机制研究》，《情报学
报》2010 年第 3 期，第 524~533 页。

⑥ 吴金红、陈强、张玉峰：《基于众包的企业竞争情报工作模式创新研究》，《情报理论与
实践》2014 年第 1 期，第 90~93、115 页。

⑦ 邱均平、余厚强：《探究 URL 共现分析作为商业竞争情报研究的新方法》，《情报杂志》
2014 年第 6 期，第 22~27 页。

⑧ 宋新平、吕国栋：《大数据下中小企业竞争情报网络信息源使用行为研究》，《现代情
报》2021 年第 1 期，第 88~93、110 页。

⑨ 郭思月、魏玉梅等：《基于专利引用的技术竞争情报分析：以 5G 关键技术为例》，《情
报理论与实践》2019 年第 12 期，第 1~7 页。

⑩ 郑荣、杨冉：《基于云服务平台的竞争情报服务联盟构建研究》，《情报理论与实践》
2016 年第 8 期，第 54~59 页。

⑪ 唐晓波、郑杜、谭明亮：《融合情报方法论与人工智能技术的企业竞争情报系统模型构
建》，《情报科学》2019 年第 7 期，第 118~124、162 页。

⑫ 龚花萍、高洪新：《基于领域本体模型的情景分析法在中小企业竞争情报中的应用研
究》，《情报科学》2017 年第 10 期，第 99~102 页。

⑬ 汪满容、刘桂锋、孙华平：《基于专利地图的全球大数据技术竞争态势研究》，《现代情
报》2017 年第 1 期，第 148~155 页。

⑭ 李纲、叶光辉：《ShareNet 情景下的竞争情报组织模型研究》，《情报理论与实践》2014
年第 4 期，第 65~70、76 页。

及其运行模式、运用竞争情报提升企业危机管理效率提供了方法与技术
的支持。

（五）竞争情报研究的其他领域

国内竞争情报研究，除了以上归纳的研究主题外，还有一些研究数量
较少、研究连续性一般的研究主题。这些研究主题包括传统和新兴的竞争
情报相关研究主题，本章主要归纳如下：技术竞争情报[①]、竞争情报系
统[②]、竞争情报与知识管理[③]、人际网络竞争情报[④]、国家竞争情报[⑤]、
反竞争情报[⑥]、竞争情报绩效评估[⑦]、专利竞争情报[⑧]、竞争情报教育[⑨]、
竞争情报产业与职业[⑩]、竞争情报法律道德与伦理[⑪]、竞争情报作战室[⑫]
以及面向战略性新兴产业的竞争情报[⑬]、基于反竞争情报的企业危机预警
系统[⑭]等。这些竞争情报新兴领域的研究有助于拓宽竞争情报研究的领域

---

① 尹士、李柏洲、罗小芳：《基于前景理论和VIKOR法的技术竞争情报选择研究》，《情报科学》2018年第7期，第152~157、162页。

② 宋新平、梅强、王秀红：《基于CAS与动态竞争优势集成理论的中小企业竞争情报系统》，《情报理论与实践》2010年第2期，第46~49页。

③ 赵静杰、徐光磊等：《竞争情报活动-知识管理过程对企业创新绩效的影响机理研究》，《情报科学》2020年第11期，第56~63页。

④ 李霁友、曹如中：《企业人际情报网络研究：形成机理、分析框架和模式选择》，《情报杂志》2019年第4期，第52~59页。

⑤ 陈峰：《论国家关键核心技术竞争情报》，《情报杂志》2019年第11期，第1~5页。

⑥ 周海炜、刘闯闯等：《网络信息安全背景下的企业反竞争情报体系构建》，《科技管理研究》2019年第12期，第190~195页。

⑦ 刘杰：《公安情报分析人员绩效评估体系研究》，硕士学位论文，中国人民公安大学，2020，第1~87页。

⑧ 刘庆红：《中国环保物联网专利发展动态专利情报研究》，《情报科学》2016年第8期，第52~56页。

⑨ 任妍：《基于文本分析的我国竞争情报学科人才培养现状及对策研究》，《情报杂志》2020年第8期，第82~87页。

⑩ 陈思、赵宇翔、朱庆华：《基于技术链的产业技术竞争情报服务模式探析》，《情报理论与实践》2020年第5期，第31~37页。

⑪ 翟金金、周庆山：《企业竞争情报搜集中的伦理问题及解决措施》，《情报资料工作》2010年第1期，第107~110页。

⑫ 王知津、刘冰等：《我国企业竞争情报作战室构建影响因素实证研究》，《情报科学》2010年第2期，第161~166、181页。

⑬ 赵洁、马铮等：《面向战略性新兴产业的竞争情报服务：需求分析与体系构建》，《情报理论与实践》2014年第6期，第22~27页。

⑭ 王晓慧、成志强等：《基于反竞争情报的企业危机预警系统研究》，《情报杂志》2016年第7期，第122~125页。

与视野，对于全面了解竞争情报具有积极的作用，有利于提高竞争情报在危机管理实践应用中的效率。

第四节　国外相关研究现状述评

据可查资料，国外尚未出现直接关于基于危机生命周期的企业竞争情报机制的研究，本节将从危机生命周期、危机与竞争情报、风险与竞争情报、竞争情报研究主题进行回顾。

一　危机生命周期

相对而言，国外关于危机生命周期的研究已经比较成熟，很多著作中都有关于危机生命周期的论述，并已经形成了不同的危机生命周期模型。

（1）危机生命周期两阶段模型。1993年，L. Barton提出危机生命周期两阶段模型，包括危机预防（Crisis Preparation）和危机处理（Crisis Process）。[①]

（2）危机生命周期三阶段模型包括危机前阶段（Pre-crisis）、危机阶段（Crisis）、危机后阶段（Post-crisis），为很多学者所推崇。但它的提出者是一个有争议的话题，J. Birch和D. W. Guth等都持这种观点。[②]

（3）危机生命周期四阶段模型。1986年，S. Fink提出危机生命周期四阶段模型，包括征兆期（Prodromal）、发作期（Breakout or Acute）、延续期（Chronic）、痊愈期（Resolution）。[③] 美国联邦安全委员会将危机管理过程划分为缓和（Mitigation）、预防（Preparation）、反应（Response）和恢复（Recovery）四个阶段。罗伯特·希斯（R. Heath）则认为危机管理的过程可以分为缩减（Reduction）、预备（Readiness）、反应（Response）和恢复（Recovery）四个阶段。[④]

---

① 薛澜、张强、钟开斌：《危机管理——转型期中国面临的挑战》，清华大学出版社，2003，第45~47、56页。
② 董传仪：《危机管理学》，中国传媒大学出版社，2007，第28~30页。
③ 马文飞、刘凡儒等：《应急管理视角下图书馆韧性评估研究》，《图书馆学刊》2021年第10期，第29~38页。
④ 周永生编著《现代企业危机管理》，复旦大学出版社，2007，第13~15页。

（4）危机生命周期五阶段模型。1993 年，C. M. Pearson 和 Ian I. Mitroff 提出危机生命周期五阶段模型，包括信号侦测（Signal Detection）、准备/预防（Preparation/Prevention）、遏制/控制损害（Containment/Control of Damage）、恢复阶段（Recovery）、学习阶段（Learning）。①

（5）危机生命周期六阶段模型。2000 年，N. R. Augustine 将危机管理过程划分为六个阶段：危机的预防（Crisis Avoidance）、危机管理的准备（Preparation for Crisis）、危机的确认（Crisis Recognition）、危机的控制（Containing the Crisis）、危机的解决（Crisis Resolution）和从危机中获利（Profiting from Crisis）。

（6）危机生命周期七阶段模型。2000 年，J. Caponigror 将危机管理过程划分为七个阶段：识别和评价组织的弱点，防止弱点发展成危机，制订危机应对计划，及时确认危机发生并采取行动，危机发生时开展有效沟通，监控和评估危机并不断调整，通过加强组织声誉和信用行动减小危机对企业的影响。② 另外，也有一些学者对危机生命周期进行研究。2020 年，A. De Waele 等人调查了在危机中通过 CEO 的声音表达的悲伤如何在危机时刻影响公众的感知。研究发现，悲伤的声音增强了公众对 CEO 的同理心，从而导致对组织的积极态度，与此同时这种悲伤的声音会导致对组织的消极态度，因为它会让 CEO 显得没有那么强大；通过增加共情来表达悲伤的积极作用贯穿于危机生命周期的所有阶段，组织发言人不应害怕在危机时刻用他们的声音表达真实的情感。③ J. A. Parnell 和 W. R. Crandall 的研究提出了一个将行为经济学与危机生命周期相结合的决策框架，这为学者和实践者们提供了危机决策过程

---

① 李敏：《公共图书馆危机管理及策略》，《农业图书情报学刊》2009 年第 8 期，第 202～204、210 页。

② 杨琦龙：《供应链危机预警体系研究》，硕士学位论文，南京航空航天大学，2007，第 36～45 页。

③ De Waele, A., Schoofs, L., Claeys, A. S. The Power of Empathy: The Dual Impacts of an Emotional Voice in Organizational Crisis Communication. *Journal of Applied Communication Research*, 2020, 48 (3): 350-371.

的洞见，并解释了为什么"不理性"的决策方法经常出现在危机环境中。① 2016 年，L. Zhang 和 L. H. Wang 研究了中国企业的日常经营风险和危机，综合运用风险、预警、战略等管理理论，建立了中国企业日常经营风险预警系统。通过构建该系统，企业可以对企业管理的不同阶段进行动态跟踪，从而在危机前认识到风险，在危机中和危机后采取一些行动。② 2012 年，W. Johansen 等人讨论了关于 2011 年春天在丹麦公共和私人组织中进行的内部危机管理和危机沟通的大型调查（ICMCC 调查）的一些主要结果。该调查在 367 家最大的私营公司和 98 家公共组织中进行。总体目标是初步了解这些公司或组织在危机发生前、中、后如何感知、计划、协调和实施内部危机管理和危机沟通活动。研究发现，绝大多数组织有危机或应急计划，这些计划中的大多数包含一个内部维度，涉及危机期间的管理和与内部利益相关者的沟通；组织规模与危机管理之间存在较强的关系，组织规模越大，就越有可能制订危机应对计划。③ 以上关于危机生命周期理论及其应用的研究可以帮助我们了解危机生命周期理论的内涵、特征以及危机生命周期理论在实践中的应用及其应用过程中应该注意的问题，可以支持基于危机生命周期的企业竞争情报机制理论模型及其运行模式构建的研究。

二　危机与竞争情报

关于危机与竞争情报的研究主要有：2016 年，C. Obreja 和 G. Cucuteanu 的研究发现，在组织具有商业利益的国家，从阿拉伯语开放资源获得的商业智能产品可能在很大程度上有助于支持战略决策。此外，获取这类信息的成本相当高，因为必须翻译、分析和总结大量的信息。这

---

① Parnell, J. A., Crandall, W. R. The Contribution of Behavioral Economics to Crisis Management Decision-Making. *Journal of Management & Organization*, 2020, 26 (4): 585-600.

② Zhang, L., Wang, L. H. Risk Application Research on Risk Warning Mechanism in Organizational Crisis Management-Taking Vanke Real Estate Co. Ltd., as an Example. *Chaos, Solitons & Fractals*, 2016, 89 (8): 373-380.

③ Johansen, W., Aggerholm, H. K., Frandsen, F. Entering New Territory: A Study of Internal Crisis Management and Crisis Communication in Organizations. *Public Relations Review*, 2012, 38 (2): 270-279.

些活动需要使用合格和有经验的人员。① 2009 年，X. J. Zha 和 M. H. Chen 对中小企业竞争情报与危机响应之间的关系进行分析，研究发现，竞争情报完全可以实现危机预警的功能；在分析中小企业危机和危机源的基础上，他们还提出了面向危机预警的中小企业竞争情报过程，很多竞争情报方法被应用在这个过程之中，同时他们还提出了一些帮助中小企业提高危机预警能力的对策；研究还发现，在竞争情报的支持下，中小企业不但能够减小危机事件的负面影响，而且还很有可能赢得一些发展机遇。② 同年，C. Q. Deng 和 F. H. Xve 在介绍企业危机管理理论的基础上，从竞争情报视角分析企业危机管理；将竞争情报导入中小企业危机管理系统中，研究竞争情报技术在中小企业危机管理系统和危机管理过程不同阶段中的应用。③ 以上关于危机与竞争情报的研究，可以让我们更加深入地了解危机与竞争情报的关系、竞争情报对危机管理的支持作用、竞争情报是如何导入政府或企业危机管理过程中的以及竞争情报方法与技术是如何与危机管理有机结合起来的。这些现有的研究成果对于研究竞争情报在危机预警、危机应对、危机沟通、危机评估等危机管理行动中的作用，对于本书第三章理论模型的构建、第四章理论模型应用的运行模式的构建具有较为重要的参考价值。

三　风险与竞争情报

关于风险与竞争情报研究的专著有：2003 年，B. Gilad 提出，企业不需要意外，不期待尴尬和灾难的事情；为了避免墨守成规，企业必须开发竞争性预警系统（Competitive Early Warning System）。他从运用竞争情报

---

① Obreja, C., Cucuteanu, G. Perceived Usefulness of Open-Source Information in the Arabic Language for an Organization: A Case Study. *Review of Economic and Business Studies*, 2016, 9 (2): 281-290.

② Zha, X. J., Chen, M. H. Using Competitive Intelligence to Improve the Capabilities of SMB Crisis Pre-warning. 2009 International Forum on Information Technology and Applications (IFITA). New Jersey: IEEE, 2009: 639-642.

③ Deng, C. Q., Xve, F. H. Research on the Competitive Intelligence and Small and Medium Enterprise's Crisis Management. International Small and Medium Enterprise Forum on SME Growth and Sustainability. Orient ACAD Forum. New South Wales: Orient Acad Forum, 2009: 97-100.

预测市场变化、控制风险和制定有力的战略等方面研究早期预警。① 2009
年，作为美国第一家竞争情报公司建立者之一，S. Sharp 对竞争情报优势
和当地企业从竞争情报中的获益进行了专业的分析，提出竞争情报不但是
制定更佳业务决策的关键，而且可以减少制定战略时的风险，使决策更加
有效和失误更少。她从怎样最小化风险、避免意外以及在动态环境中让公
司成长等方面研究了竞争情报优势。②

关于风险和竞争情报研究的论文有：2018 年，T. Maungwa 和 I. Fourie
的研究采用方便抽样法和雪球抽样法，进行了深度半结构化个人访谈
（Skype、电话、面对面访谈），从信息行为的视角探索了竞争情报失败的
因素；研究发现了在竞争情报过程（如缺乏概念理解）和竞争情报活动
（如情报需求的表达）中因竞争情报失败而分类的因素以及可以减少竞争
情报失败风险的方法。他们的研究表明，图书馆情报学、信息行为学、问
题协商原则、参考面谈、信息需求确定和信息搜寻的先进知识可以帮助竞
争情报专业人员避免失败。③ 2015 年，M. Safa 等将竞争情报应用到建筑
行业，构建建筑承包商选择的竞争情报模型，以支持建筑承包商风险评
估，提高了建筑承包商选择决策的效率。④ 2013 年，R. C. Teixeira 和
R. R. Souza 的研究认为，竞争情报（CI）是在决策过程中减少风险的一种
工具；介绍了 CI 的概念、历史和过程；将专利文件作为技术信息检索的
重要信息源，从而成为 CI 实践的工具。他们分析了 2012 年 11 月公布的
米纳斯吉拉斯联邦大学（Federal University of Minas Gerais）在巴西和国外
提交的专利文件中保护的知识。⑤ 2011 年，K. Q. Xu 等认为，竞争情报是

① Gilad, B. *Early Warning*: *Using Competitive Intelligence to Anticipate Market Shifts*, *Control Risk*, *and Create Powerful Strategies*. New York: AMACOM, 2003, pp. 1-272.

② Sharp, S. *Competitive Intelligence Advantage*: *How to Minimize Risk*, *Avoid Surprises*, *and Grow Your Business in a Changing Worl*. New York: John Wiley & Sons, 2009, pp. 1-304.

③ Maungwa, T., Fourie, I. Exploring and Understanding the Causes of Competitive Intelligence Failures: An Information Behaviour Lens. *Information Research-An International Electronic Journal*, 2018, 23 (4): paper isic1813.

④ Safa, M., et al. Competitive Intelligence (CI) for Evaluation of Construction Contractors. *Automation in Construction*, 2015, 59 (11): 149-157.

⑤ Teixeira, R. C., Souza, R. R. The Use of the Information Contained in Patent Documents in the Competitive Intelligence Practices: A Study of the Patents of UFMG. *Perspectivas em Ciência da Informação*, 2013, 18 (1): 106-125.

企业风险管理的关键因素，构建了从客户评价中挖掘竞争情报的可视化模型，以便帮助企业发现新产品设计与市场战略中潜在的风险。[①] 以上关于风险与竞争情况的研究有助于我们了解风险与竞争情报的关系、竞争情报在风险识别和风险规避中的作用、竞争情报方法与技术怎样与风险管理相结合等，可以为后续研究探索竞争情报在风险识别、风险最小化、风险应对、风险评估等风险管理行动中的作用提供有力的支持。

四　竞争情报研究

国外文献中商务智能（Business Intelligence）和竞争情报（Competitive Intelligence）术语在不考虑其范围和目标的情况下被交替使用，因此在文献中造成了业务数据处理和外部信息处理之间的混淆。[②] 国外普遍认为商务智能是一个与 IT 领域联系密切的领域，而竞争情报与组织环境的联系更为紧密。[③] 竞争情报被认为是为改进决策而收集和分析外部数据和信息过程的解释性产品，通过在企业的管理过程、产品和服务中使用这些高价值的产品提高他们的竞争力。[④] 国外，竞争情报起源于政府情报和军事情报领域，在商业领域经历了多个发展阶段[⑤]，也是一个比较成熟的研究领域，研究成果也较为丰富，可以从宏观的视角通过文献计量分析来揭示国外竞争情报研究的全貌。本节将分别采用定量与定性的方法，在 SATI、CiteSpace 等工具的帮助下，对国外竞争情报的研究现状进行文献分析。

（1）国外竞争情报研究的定量分析。本节选择 Web of Science 的核心合集为数据来源，以"主题"为检索入口，以"competitive intelligence"为检索词，截止时间为 2021 年 10 月 30 日，共检索得到文献 1743 篇。去除无效

①　Xu, K. Q., et al. Mining Comparative Opinions from Customer Reviews for Competitive Intelligence. *Decision Support Systems*, 2011, 50 (4): 743-754.

②　Gilad, B. The Role of Organized Competitive Intelligence in Corporate-Strategy. *Columbia Journal of World Business*, 1989, 24 (4): 29-35.

③　López-Robles, J. R., Guallar, J., Otegi-Olaso, J. R., Gamboa-Rosales, N. K. El Profesional de la Información (EPI): Bibliometric and Thematic Analysis (2006-2017). *El Profesional de la Información*, 2019, 28 (4): e280417.

④　Calof, J., Arcos, R., Sewdass, N. Competitive Intelligence Practices of European Firms. *Technology Analysis & Strategic Management*, 2018, 30 (6): 658-671.

⑤　Gilad, B. Strategy Without Intelligence, Intelligence Without Strategy. *Business Strategy Series*, 2011, 12 (1): 4-11.

文献与重复文献后，得到有效文献 1677 篇，作为本次国外竞争情报研究现状分析的对象。国外竞争情报研究发文量的时间序列如图 2-5 所示。

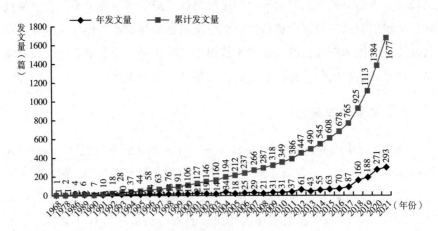

图 2-5　国外竞争情报研究发文量时间序列

由图 2-5 可知，文献的时间跨度为 1968～2021 年。以 "competitive intelligence" 为主题的第一篇文献出现在 1968 年。1968～1992 年，该主题研究每年发文量保持在 10 篇以下；1993～2011 年，该领域的单年度发文量处于一个较为稳定的状态，累计发文量趋近于线性缓慢增长的态势；2012～2017 年，单年度发文量有所增加，累计发文量比之前增长要快；2018～2021 年，单年度发文量始终保持在 100 篇以上，并且出现了倍数增长的情况，累计发文量呈现指数增长的趋势，说明竞争情报主题的研究在该阶段得到广泛关注。从整体来看，文献累计发文量呈现指数增长的规律，该领域在现在以及未来的一段时间将会保持高速发展。

词频是指某一个词在一定范围内的使用频率，关键词聚类是将所有的关键词按照研究主题的不同进行归类，词频分析与关键词聚类分析有利于发现当下的研究热点、了解人们感兴趣的主题方向，并且可以据此分析探究未来一段时间的热点研究领域与发展趋势。本节使用 SATI 软件对国外竞争情报研究的 1677 篇文献的关键词进行分析，Top50 的关键词如表 2-8 所示。

表 2-8　Top50 国外竞争情报研究关键词

单位：次

序号	关键词	频次	序号	关键词	频次
1	artificial intelligence	157	26	artificial	20
2	swarm intelligence	121	27	emotional intelligence	19
3	intelligence	97	28	management	18
4	optimization	93	29	swarm	18
5	competitive intelligence	61	30	text mining	17
6	machine learning	53	31	decision making	16
7	business intelligence	50	32	artificial neural network	16
8	neural network	48	33	information	15
9	big data	37	34	feature extraction	15
10	particle swarm optimization	36	35	networks	14
11	algorithm	33	36	internet of things	14
12	deep learning	33	37	analysis	14
13	metaheuristic	31	38	social media	14
14	computational intelligence	27	39	sustainability	14
15	learning	27	40	evolutionary algorithm	13
16	competitive advantage	26	41	competition	13
17	global optimization	25	42	data	13
18	classification	25	43	evolutionary algorithms	13
19	artificial bee colony	24	44	technology	13
20	performance	24	45	sentiment analysis	13
21	learning（artificial intelligence）	23	46	clustering	13
22	innovation	23	47	feature selection	13
23	data mining	22	48	differential evolution	13
24	competitive	22	49	business	13
25	genetic algorithm	21	50	numerical optimization	12

为进一步揭示国外竞争情报研究关键词之间的关系，本节利用 CiteSpace 工具对国外竞争情报研究的前 50 个关键词进行聚类分析，得到了 7 个聚类，每个聚类都能看作一个研究领域，如图 2-6 所示。

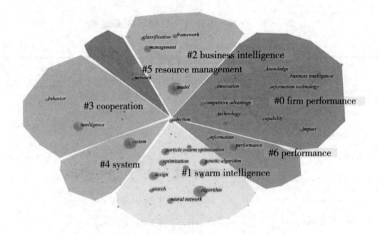

图 2-6　国外竞争情报研究关键词聚类

由图 2-6 可知，国外竞争情报研究主要聚焦于 firm performance（企业绩效）、swarm intelligence（集群智能）、business intelligence（商业情报）、cooperation（合作）、system（系统）、resource management（资源管理）、performance（绩效）等领域。

（2）国外竞争情报研究的定性分析。内容分析法是学者通过系统地阅读文献，理解和解读文献中所包含的知识内容。本节主要采用内容分析法，从竞争情报理论、竞争情报技术与方法、竞争情报实践、竞争情报系统、竞争情报源、竞争情报教育、反竞争情报以及复杂竞争情报等主题对国外竞争情报研究现状进行定性分析。

（一）竞争情报理论

竞争情报理论方面的代表性研究主要包括合作式竞争情报理论（Cooperative-Competitive Intelligence，CCI）①、国家竞争情报（National Competitive Intelligence）②、产业竞争情报（Industrial Competitive

①　Hristovski, R., Balague, N. Theory of Cooperative-Competitive Intelligence: Principles, Research Directions, and Applications. *Frontiers in Psychology*, 2020, 11: 2220.

②　Shapira, I. The Limited Influence of Competitive Intelligence over Corporate Strategy in Israel: Historical, Organizational, Conceptual, and Cultural Explanations. *Intelligence and National Security*, 2021, 36 (1): 95-115.

Intelligence)①、竞争情报与战略制定（Competitive Intelligence and Strategy Formulation）②、竞争情报搜集（Competitive Intelligence Collection）③、竞争情报分析（Competitive Intelligence Analysis）④、竞争情报传递（Competitive Intelligence Dissemination）⑤、CEO 和 CIO 视角的竞争情报（CEO and CIO Perspectives on Competitive Intelligence）⑥、竞争情报与政府政策（Competitive Intelligence and Government Policy）⑦、竞争情报过程（Competitive Intelligence Process）⑧、竞争情报集成（Infrastructure of competitive intelligence）⑨、竞争情报的成熟度（Level of maturity of the competitive intelligence）⑩、网络竞争情报（Network Competitive Intelligence）⑪、复杂竞

---

① Jeong, B., Yoon, J. Competitive Intelligence Analysis of Augmented Reality Technology Using Patent Information. *Sustainability*, 2017, 9 (4): 497.

② Cavallo, A., Sanasi, S., et al. Competitive Intelligence and Strategy Formulation: Connecting the Dots. *Competitiveness Review*, 2021, 31 (2): 250-275.

③ Li, X. J., Si, H. N., et al. Research of Enterprise Competitive Intelligence Collection System Based on Cross-Language Information Retrieval. Proceedings of the Second International Symposium on Electronic Commerce and Security. New Jersey: IEEE, 2009: 601-604.

④ Combs, R., Moorhead, J. Competitive Intelligence-Finding the Clues Online. *Database*, 2000, 13 (5): 15-18.

⑤ Marin, J., Poulter, A. Dissemination of Competitive Intelligence. *Journal of Information Science*, 2004, 30 (2): 165-180.

⑥ Vedder, R. G., Vanecek, M. T., et al. CEO and CIO Perspectives on Competitive Intelligence. *Communications of the ACM*, 1999, 42 (8): 108-116.

⑦ Bergeron, P. Government Approaches to Foster Competitive Intelligence Practice in SMES: A Comparative Study of Eight Governments. Proceedings of the 63RD ASIS Annual Meeting. New Jersey: Information Today Inc. 2000, 37: 301-308.

⑧ Saayman, A., Pienaar, J., et al. Competitive Intelligence: Construct Exploration, Validation and Equivalence. *ASLIB Proceedings*, 2008, 60 (4): 383-411.

⑨ Chen, Z. W., Yang, K. On the Rational Process Integration of Enterprise Competitive Intelligence. Proceeding of the Seventh International Conference on Information and Management Sciences. California: California Polytechnic State Univ, 2008, 7: 52-54.

⑩ Heppes, D, du Toit, A. Level of Maturity of the Competitive Intelligence Function Case Study of a Retail Bank in South Africa. *ASLIB Proceedings*, 2009, 61 (1): 48-66.

⑪ Zhao, J., Jin, P. Q. Conceptual Modeling for Competitive Intelligence Hiding in the Internet. *Journal of Software*, 2010, 5 (4): 378-386.

争情报（Complex Competitive Intelligence）①、竞争情报模型②、竞争性技术情报（Competitive Technology Intelligence, CTI）③、专利竞争情报（Patent Competitive Intelligence）④、竞争情报绩效评估（Competitive Intelligence Performance Evaluation）⑤、竞争情报法律与道德（Competitive Intelligence Law and Ethics）⑥ 等方面。以上研究可以帮助我们较为全面地了解国外竞争情报理论研究的动向，为机制理论模型及其运行模式的设计提供理论指导。

（二）竞争情报技术与方法

竞争情报技术与方法是国外竞争情报研究的另一个重要领域。1984年，M. L. Ainsworth 介绍了一个可以进行文本和数据挖掘的文件导航系统。⑦ 此后随着计算机技术、网络技术以及数据库技术的发展，相继出现了很多与竞争情报相结合的竞争情报技术研究。代表性研究成果主要有大数据与竞争情报（Big Data and Competitive Intelligence）⑧、文本的语义分析技术（Semantic Analysis of Text）⑨、数据挖掘技术（Data Mining）⑩、本体驱

---

① Štefániková, L. , Masárová, G. The Need of Complex Competitive Intelligence. *Procedia-Social and Behavioral Sciences*, 2014, 110（1）：669-677.

② Oraee, N. , Sanatjoo, A. , Ahanchian, M. R. The Competitive Intelligence Diamond Model with the Approach to Standing on the Shoulders of Giants. *Library & Information Science Research*, 2020, 42（2）：101004.

③ Ifan, H. K. , Dou, J. B. , et al. Developing Competitive Technical Intelligence in Indonesia. *Technovation*, 2004, 24（12）：995-999.

④ Shi, M. J. , Liu, D. R. , Hsu, M. L. Discovering Competitive Intelligence by Mining Changes in Patent Trends. *Expert Systems with Applications*, 2010, 37（4）：2882-2890.

⑤ Tian, Y. , Shen, J. J. Evaluation of Using Competitive Intelligence in Enterprises. *International Conference of Management Science and Information System*. New York：Scientific & Technical Development INC. , 2009：1511-1514.

⑥ Gordon, J. Competitive Intelligence-Law and Ethics. *Legal Information Management*, 2004, 4（1）：7-18.

⑦ Ainsworth, M. L. Competitive Intelligence Files. *National Online Meeting Proceedings*. New York：Learned Information, Inc. , 1984：5-8.

⑧ Ranjan, J. , Foropon, C. Big Data Analytics in Building the Competitive Intelligence of Organizations. *International Journal of Information Management*, 2021, 56：102231.

⑨ Fonseca, J. Web Competitive Intelligence Methodology. Macau University of Science and Technology, 2012.

⑩ Maisel, L. , Cokins, G. Why Analytics Will Be the Next Competitive Edge. *Journal of Corporate Accounting & Finance*, 2014, 25（5）：63-72, 10.

动的抽取技术（Ontology-driven Extraction）①、智能代理技术（Intelligent Agent）②、软件和系统（Software and System）③、情景方法（Scenario Method）④、内容辅助的网页共链分析（Content Assisted Web Co-link Analysis）⑤、专利趋势变化分析（Mining Changes in Patent Trends）⑥ 以及社交媒体竞争情报（Competitive Intelligence Based on Social Media）⑦ 等竞争情报分析技术与方法。以上研究可以帮助我们了解国外竞争情报技术与方法领域的研究现状，为后续研究竞争情报搜集、竞争情报分析、竞争情报应用等提供支持，提高竞争情报工作的效率，节省企业的人力、财力和物力，为基于危机生命周期的企业竞争情报机制理论模型的成功实施与运行提供技术与方法的支持和保证。

（三）竞争情报实践

竞争情报实践也是国外竞争情报研究的重要领域之一，主要涉及某国的竞争情报实践，如西班牙⑧、南非⑨等国家；竞争情报在具体行业企业

---

① Zhao, J., Jin, P. Q. Ontological Foundation for Enterprise Competitive Intelligence in the Web. Proceedings of the 2009 International Symposium on Information Processing. Oulu: Academy Publisher, 2009: 445-448.

② Pereira, S. H. Competitive Intelligence in the Internet: An Intelligent Agent-based Process. *Ciencia da Informacao*, 2003, 32 (1): 115-134.

③ Gilmore, J., Pagels, M., Palk, J. Project X: Competitive Intelligence Data Mining and Analysis. *Data Mining and Knowledge Discovery: Theory, Tools, and Technology III*. Bellingham: Society of Photo-Optical Instrumentation Engineers, 2001, 4384: 258-266.

④ Armstrong, H. L., Davey, J. Assembling Competitive Intelligence Using Classroom Scenarios. *Security Education and Critical Infrastructures*, 2003, 125: 159-167.

⑤ Vaughan, L., You, J. Discovering Competitive Intelligence by Mining Changes in Patent Trends. *Scientometrics*, 2008, 77 (3): 433-444.

⑥ Shih, M. J., Liu, D. R., Hsu, M. L. Discovering Competitive Intelligence by Mining Changes in Patent Trends. *Expert Systems with Applications*, 2010, 37 (4): 2882-2890.

⑦ He, W., Shen, J. C., et al. Gaining Competitive Intelligence from Social Media Data Evidence from Two Largest Retail Chains in the World. *Industrial Management & Data Systems*, 2015, 115 (9): 1622-1636.

⑧ Postigo, J. Competitive Intelligence in Spain: A Survey of Its Use by Spanish Exporters. *El Profesional de la Informacion*, 2001, 10 (10): 4-11.

⑨ Sewdass, N., Du Toit, A. Current State of Competitive Intelligence in South Africa. *Management*, 2014, 34 (2): 185-190.

的实践，如酒店行业①、航空公司②、餐饮行业③、法律事务行业④、医
疗行业⑤、中小企业⑥等；竞争情报案例研究⑦；竞争情报在市场中的应
用，如寻找新的市场机会、推进市场营销、增加市场份额等⑧；竞争情报
在决策制定中的应用⑨、竞争情报在供应链中的应用⑩以及竞争情报对企
业可持续发展的影响⑪等方面。以上关于竞争情报实践的研究可以让我们
了解国外竞争情报的应用情况，为后续竞争情报在企业危机管理实践中的
应用研究提供指导与支持。

① Salguero, G. C., Gamez, M. A. F., et al. Competitive Intelligence and Sustainable Competitive Advantage in the Hotel Industry. *Sustainability*, 2019, 11 (6): 1597.

② Sahin, M., Bisson, C. A Competitive Intelligence Practices Typology in an Airline Company in Turkey. *Journal of the Knowledge Economy*, 2021, 12 (3): 899-922.

③ He, W., Zha, S. H., Li, L. Social Media Competitive Analysis and Text Mining: A Case Study in the Pizza Industry. *International Journal of Information Management*, 2013, 33 (3): 464-472.

④ Schweyer, K. Competitive Intelligence Resources in Law Firms. *Searcher*, 2008: 30 - 34, 36-39.

⑤ Canongia, C., Chaves, H., Maffia, S. The Potentialities of Competitive Intelligence Tools for the Automatic Treatment of Information-Case Study: The Database of Brazilian Theses. *FID Review*, 1999, 1 (4-5): 8-18.

⑥ Tanev, S. Competitive Intelligence Information Management and Innovation in Small Technology-Based Companies. *Saratov Fall Meeting 2006: Optical Technologies in Biophysics and Medicine VIII*. Bellingham: Society of Photo-Optical Instrumentation Engineers, 2007, 6535: 53518-53518.

⑦ Priporas, C. V. Competitive Intelligence Practice in Liquor Retailing: Evidence from a Longitudinal Case Analysis. *International Journal of Retail & Distribution Management*, 2019, 47 (9): 997-1010.

⑧ Yu, H. D., Tang, W. H., et al. Analysis of Equilibrium in Competitive Intelligence Based on Game Theory. *Chinese Control and Decision Conference*. New York: IEEE, 2009: 3540-3543.

⑨ Rogojanu, A., Florescu, G., Badea, L. Competitive Intelligence-How to Gain the Competitive Advantage. *Metalurgia International*, 2010, 15 (6): 218-222.

⑩ Zha, X. J., Lu, S. J. Mode of Agile Supply Chain Based on Competitive Intelligence. *2006 International Conference on Service Systems and Service Management*. New York: IEEE, 2007: 1450-1454.

⑪ Stefanikova, L., Rypakova, M. Moravcikova, K. The Impact of Competitive Intelligence on Sustainable Growth of the Enterprises. *Procedia Economics and Finance*, 2015, 26 (1): 209-214.

（四）竞争情报研究的其他方面

竞争情报研究的其他方面主要有竞争情报系统（Competitive Intelligence System）①、竞争情报源（Competitive Intelligence Source）②、竞争情报与知识管理（Competitive Intelligence and Knowledge Management）③、竞争情报职业（Competitive Intelligence Profession）④、竞争情报教育（Competitive Intelligence Education）⑤、反竞争情报（Counterintelligence）⑥、高等教育部门的竞争情报实践⑦等。以上这些研究，可以进一步帮助我们了解国外竞争情报的研究现状，在运用竞争情报帮助企业解决危机问题的研究中更好地将竞争情报与危机管理相结合，构建出高效的竞争情报机制，为企业危机管理中的危机预警、危机预控、危机应对、危机沟通以及危机评估等行动提供可靠、及时、正确的专门的竞争情报支持，达到帮助企业解决危机问题的目的。

第五节　已有研究的主要贡献与不足之处

通过对国内外相关研究的文献调查与回顾，本节发现当前危机生命周期和企业竞争情报的研究已经取得了丰富的成果，为后续研究做出了一些

① Lutz, C. J., Bodendorf, F. Analyzing Industry Stakeholders Using Open-Source Competitive Intelligence—A Case Study in the Automotive Supply Industry. *Journal of Enterprise Information Management*, 2020, 33 (3): 579-599.
② Markovich, A., Efrat, K., et al. Competitive Intelligence Embeddedness: Drivers and Performance Consequences. *European Management Journal*, 2019, 37 (6): 708-718.
③ Chevallier, C., Laarraf, Z., et al. Competitive Intelligence, Knowledge Management and Coopetition: The Case of European High-Technology Firms. *Business Process Management Journal*, 2016, 22 (6): 1192-1211.
④ Effenberger, C., Hartmann, B., et al. Internal Marketing of Competitive Intelligence (CI) in Large Companies. *NFD Information Wissenschaft und Praxis*, 2007, 58 (2): 83-88.
⑤ Wang, C. J., Hoffman, F., et al. From Artificial to Emotional Intelligence: Integrating Five Types of Intelligence to Achieve Organizational Excellence. *International Journal of Management, Knowledge and Learning*, 2019, 8 (2): 125-144.
⑥ Riehle, K. P. A Counterintelligence Analysis Typology. *American Intelligence Journal*, 2015, 32 (1): 55-60.
⑦ Garcia-Alsina, M., Ortoll, E, Cobarsi-Morales, J. Enabler and Inhibitor Factors Influencing Competitive Intelligence Practices. *Aslib Proceedings*, 2013, 65 (3): 262-288.

贡献，如危机生命周期理论、竞争情报理论的研究已经比较成熟，有很多值得借鉴的地方，出现了一些直接将危机与竞争情报相结合进行的研究。但是，文献调查也表明，当前关于危机管理与竞争情报相结合的研究也存在一些局限与不足，主要体现在有关两者内在关系的研究不多、两者结合尚不够紧密、机制模型方面的研究非常少、研究的系统性不够强以及实证研究比较缺乏等方面。

一　主要贡献

（一）危机生命周期和竞争情报各自的研究比较成熟

综观国内外关于危机生命周期、危机与竞争情报以及竞争情报的相关研究，可以发现国内现有一些研究中有竞争情报机制、危机生命周期理论以及危机与竞争情报的相关研究，特别是关于竞争情报的研究很多，而国外也有一些关于危机生命周期、危机与竞争情报、风险与竞争情报以及竞争情报等相关的研究，竞争情报的研究成果也很丰富。危机生命周期和竞争情报两个领域各自的研究都比较成熟，且形成了较为系统的理论体系，可以为本书的研究提供很好的理论基础。

（二）危机管理过程和竞争情报过程各自的研究比较成熟

国内外相关研究的文献回顾表明，国内外有一些关于危机管理过程的研究，特别是国外已经形成了比较成熟的危机生命周期阶段模型理论，国内外关于竞争情报过程的研究也有不少，也有一些较为成熟的竞争情报过程模型。这可以帮助我们系统地了解危机管理工作和竞争情报工作的本质，可以帮助我们找到竞争情报过程与危机管理过程的结合点。

（三）运用竞争情报解决危机问题的研究处于初级阶段

国内外研究现状表明，当前研究中有一些关于运用竞争情报解决企业危机问题的初步研究，如竞争情报在危机预警中的应用、竞争情报在危机公关中的应用等，同时也有一些探索危机管理与竞争情报关系的相关研究。这些研究对基于危机生命周期的企业竞争情报机制理论模型及其运行模式的构建具有重要的借鉴作用。

（四）危机生命周期与竞争情报交叉研究也处于初级阶段

国内外研究现状表明，国内外有一些关于危机预警和竞争情报的研究，有少量关于危机应对与竞争情报、危机预控与竞争情报、危机诊断与竞争情报、危机评估与竞争情报、危机沟通与竞争情报的研究。这些研究与基于危机生命周期的企业竞争情报机制理论模型的相关度很高，对理论模型及其运行模式的构建具有重要的参考价值。

（五） 危机管理与竞争情报交叉的实证研究处于初级阶段

通过文献调查与回顾，可以发现在国内外现有的研究中，有关于竞争情报、竞争情报与危机预警、竞争情报与危机公关等的研究，其中介绍了一些竞争情报应用、运用竞争情报解决企业危机问题的案例，如以壳牌国际服务集团公司、Lexis-Nexis 集团、摩托罗拉公司、全聚德公司、海尔集团等为例的研究，也有一些综合运用问卷调查法和 SEM 等数理统计方法的实证研究。

二 不足之处

（一） 有关危机生命周期和竞争情报两者内在关系的研究不多

现有研究中关于基于危机生命周期的企业竞争情报机制理论模型的研究在国内外都很少。国内有一些关于竞争情报与危机预警、竞争情报与危机管理、竞争情报与危机公关以及竞争情报与品牌危机的研究，国外有一些关于危机与竞争情报、风险与竞争情报的研究。但是关于危机管理与竞争情报内在的本质关系的研究还非常少，尚未出现系统地研究危机生命周期与企业竞争情报内在关系的研究。

（二） 危机管理过程与竞争情报过程两者结合尚不够紧密

国内外将危机管理过程与竞争情报过程相结合的研究还不多，现有关于危机管理与竞争情报的研究中，两者的结合也还不够紧密，缺少从本质、机理层面对危机管理与竞争情报的结合点进行分析。另外，国内外现有研究尚缺乏对竞争情报在危机生命周期各阶段的关键危机管理行动（如危机诊断、危机预警、危机预控）中应用的研究。

（三） 面向危机管理的竞争情报机制模型方面的研究还非常少

很少有针对企业危机的成因、企业危机管理各阶段的特征和危机管理的关键任务，结合危机生命周期各阶段的危机诊断、危机预警、危机预控、危机处理、危机沟通、危机评估以及企业恢复等行动，运用专门的诊断竞争情报、预警竞争情报、预控竞争情报、环境竞争情报、对手竞争情报、沟通竞争情报、评估竞争情报以及恢复竞争情报来帮助促进企业快速地解决危机问题的研究；尚未出现针对危机管理各阶段的主要危机特征和关键危机行动，构建通用的具有指导意义的理论模型的研究。

（四）危机生命周期与竞争情报交叉的研究还不够系统

在国内外现有研究中研究的问题论域还比较分散，缺乏针对危机生命周期各阶段的危机管理特征和关键危机行动、使用竞争情报解决企业危机管理问题的一套可操作性强的系统的解决方案。因此，非常有必要增强危机生命周期与竞争情报研究的系统性，构建系统的基于危机生命周期的企业竞争情报机制相关理论体系，以便为运用竞争情报解决企业危机问题提供指导。

（五）危机生命周期与竞争情报交叉的实证研究有待进一步加强

以某公司为例，分析其危机管理过程中竞争情报在危机诊断、危机预警、危机预控以及危机沟通等危机管理行动中应用的案例研究还相对较少；综合运用问卷调查和因子分析提取竞争情报提高危机管理效率的影响因素的研究也不多见；而针对危机管理不同阶段，运用竞争情报解决危机问题的案例研究也较少。竞争情报与危机管理的内在关系、竞争情报在危机管理不同阶段的应用、竞争情报与危机生命周期理论相结合的实证研究有待进一步加强。

第三章
基于危机生命周期的企业竞争
情报机制理论模型

第二章相关理论回顾与研究现状述评表明，以往的研究对危机生命周期与竞争情报机制展开了一定程度的研究，形成了一些重要的研究成果，可以有力地支持本研究的开展。同时，文献回顾也表明，构建一个基于危机生命周期的企业竞争情报机制理论模型是指导企业利用竞争情报解决危机问题的有效途径。Clark 认为概念模型是思想的产物，是通过抽象的术语系统地描述事物。① 本章运用危机管理过程、竞争情报过程、危机竞争情报等抽象术语，系统地描述了企业运用竞争情报进行危机管理的过程，并试图构建一个理论（概念）模型。首先，回顾和梳理了危机生命周期的三阶段模型、Herring 竞争情报模型、制度理论、人员组成理论等相关理论和竞争情报与危机管理的技术。其次，参考现有研究，提出了竞争情报与危机管理的内在关系的研究假设，综合采用问卷调查法和 SEM 技术对研究假设进行了检验。再次，构建了企业竞争情报机制理论模型，在一定程度上保证了理论模型的信度。最后，阐述了理论模型的基本功能和特征。本章所构建的理论模型不仅可以为企业运用竞争情报解决危机问题提供理论指导，也可以为第四章理论模型应用的运行模式设计提供理论依据。

---

① Clark, R. M. *Intelligence Analysis: A Target-centric Approach (Sixth Edition)*. Thousand Oaks, California: CQ Press, 2020, pp. 1-458.

第一节　理论与技术基础

基于危机生命周期的企业竞争情报机制理论模型是以利用竞争情报帮助企业解决危机管理问题为目的的，为了实现这一目标，理论模型的设计必须以危机生命周期理论和竞争情报理论为基础（第二章介绍了这两个重要理论）。理论模型的运行需要建立适当的体制和制度来实现，因此制度理论也可视为理论模型构建的基础。人是实施理论模型的主体，分析危机生命周期和竞争情报过程、危机管理和竞争情报工作离不开专业人员，制度的设计和执行也离不开专业人员的参与，因此人员相关理论也是理论模型的主要理论基础之一。情报学传统上一直是现代技术应用的领先者，理论模型的有效实施也离不开技术的支撑，竞争情报工作目标的确定、竞争情报的搜集、竞争情报的分析和传递都离不开技术的支撑，因此技术也是理论模型的基础之一。需要注意的是，构建理想的理论模型，还需要考虑政策、环境、文化等其他因素。本节重点考虑危机管理与竞争情报过程理论、制度理论、人员理论与技术基础四个方面。

一　危机管理与竞争情报过程理论

通用汽车市场研究与规划前执行总监 V. P. Barabba 和哈佛商学院工商管理教授 G. Zaltman 认为，决策者往往无法清楚地描述决策过程，因为决策是一个较为复杂的过程，所以他们通常在事后检查决策的质量。竞争情报人员和管理决策者从不同的角度看待问题，竞争情报人员倾向于向决策者提供更多的数据和分析结果，而决策者需要有价值的信息。有效的竞争情报活动应从过程设计上加以改进，即提供清晰的竞争情报过程，使决策者能够看到该过程。同时，在决策者的参与或监督下分析和解决情报工作中的"关键情报课题"，为决策者提供有价值的决策解决方案。[①] 因此，我们可以说，过程是提高企业竞争情报和危机

---

① Barabba, V. P., Zaltman, G. *Hearing the Voice of the Market: Competitive Advantage through Creative Use of Market Information*. Cambridge: Harvard Buisiness School Press, 1991, pp. 1-250.

管理决策效率的关键。对于本书而言，过程理论是理论模型最基本、最核心的理论。

基于危机生命周期的企业竞争情报机制理论模型，通过利用竞争情报帮助企业解决危机问题，以帮助企业提高危机管理效率为最高目的，而其实施过程实际上就是危机管理决策人员在危机管理的各个阶段、各种危机行动前，在专门竞争情报的支持下所做出的一系列危机管理决策。因此，为了使所构建的理论模型更加有效，需要在理论模型构建前分析危机管理过程、竞争情报过程以及基于危机生命周期的企业竞争情报过程。

（一）危机管理过程

通过第二章相关理论的回顾，可以看出国外危机管理方面的研究成果比较丰富，是一个较为成熟的领域。危机生命周期的三阶段模型从宏观上划分了危机管理过程，简单明了，基本上可以覆盖其他危机管理模型划分的阶段，得到了多数学者的认可。本书也赞同危机生命周期的三阶段模型，但对于该模型三个阶段的中文名是一个值得商榷的问题。在中文语境中，前、中、后是位置名词和虚词，必须与实词结合才有意义，仅仅使用"危机前、危机中和危机后"不足以准确描述危机三个阶段的主要特征。[①]本书参考现有危机生命周期的相关研究成果，提出可以使用危机潜伏期、爆发期和平复期来描述危机管理的三个阶段，称为"修正的三阶段模型"。

危机潜伏期对应危机前阶段，危机爆发期对应危机阶段，危机平复期对应危机后阶段。F模型、P&M模型、三阶段模型与修正的三阶段模型的对应关系如图3-1所示。

由图3-1可知，F模型中的征兆期，P&M模型中的信号侦测、准备/预防、三阶段模型中的危机前阶段与修正的三阶段模型中的危机潜伏期相对应；F模型中的发作期、延续期，P&M模型中的遏制/控制损害和恢复阶段，三阶段模型中的危机阶段与修正的三阶段模型中的危机爆发期相对

---

① 徐芳：《基于危机生命周期的企业竞争情报机制理论模型构建》，《情报资料工作》2016年第4期，第45~50页。

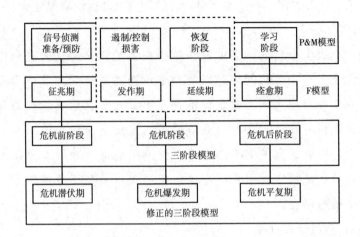

图 3-1　F 模型、P&M 模型、三阶段模型与修正的三阶段模型的关系

应；F 模型中的痊愈期、P&M 模型中的学习阶段、三阶段模型中的危机后阶段与修正的三阶段模型中的危机平复期相对应。

（二）竞争情报过程

关于竞争情报过程的研究成果较为丰富。典型的研究成果是，美国国家安全局前雇员 J. P. Herring 在摩托罗拉公司工作期间，将以往用于军事领域的以竞争情报循环（Competitive Intelligence Cycle）为基础的"国家安全模型"（National Security Model）修正后，提出的 Herring 竞争情报模型，如图 3-2 所示，其中 KITs（Key Intelligence Topics）指关键情报课题。

由图 3-2 可知，Herring 竞争情报模型从竞争情报人员视角，描述竞争情报工作的过程。Herring 竞争情报模型是面向决策者等用户的 KITs 竞争情报需求的，包括竞争情报规划（Planning & Direction）、信息处理和存储（Information Processing & Storage）、情报搜集和报告（Intelligence Collection & Reporting）、竞争情报分析与生产（Analysis & Production）以及竞争情报传递（Dissemination）五个阶段。理想情况下，竞争情报机构将竞争情报产品传递给决策者等用户，用户也会将其使用情报的经验反馈给竞争情报机构，竞争情报人员根据用户的反馈，对这五个阶段进行调

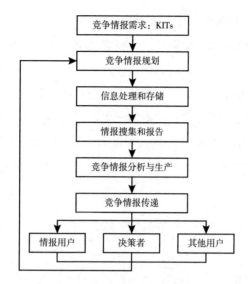

图 3-2　Herring 竞争情报模型

资料来源：根据 Herring, J. P. Key Intelligence Topics: A Process to Identify and Define Intelligence Needs. *Competitive Intelligence Review*, 1999, 10 (2): 4-14 整理。

整，以形成一个相对完整的竞争情报循环。①

需要注意的是，Herring 竞争情报模型在一定程度上保证了企业竞争情报工作的效率，但应该注意到该模型对竞争环境的关注不够，由该模型产生的竞争情报产品可能不具备适应动态环境的能力。在动态竞争环境下，为了保证竞争情报工作的效率和产品的质量，有必要在竞争情报过程的各个阶段加强对动态竞争环境和竞争对手的重新评价和定位，并及时补充最新的情报信息，从而提高竞争情报应对动态环境的能力。因此，建立适应动态、复杂和高度不确定环境的竞争情报模型是十分有必要的。笔者曾经根据情景分析法，结合 Herring 竞争情报模型，构建了基于情景分析法的竞争情报过程模型，试图优化竞争情报过程，提高竞争情报工作效率。②

---

① Herring, J. P. Key Intelligence Topics: A Process to Identify and Define Intelligence Needs. *Competitive Intelligence Review*, 1999, 10 (2): 4-14；徐芳：《基于危机生命周期的企业竞争情报机制理论模型构建》，《情报资料工作》2016 年第 4 期，第 45~50 页。

② 徐芳、陈全平、王树义：《竞争情报过程优化研究：情景分析法的运用》，《图书情报工作》2010 年第 22 期，第 16~19、24 页。

（三）基于危机生命周期的企业竞争情报过程

为了更好地理解过程要素对理论模型的重要性，生动地揭示危机管理过程中各个阶段的行动，如危机预警、危机预控、危机沟通以及危机评估等是如何在竞争情报的支持下解决危机管理过程中各阶段关键的危机问题的；同时，为了使危机管理行动中的决策者对利用竞争情报帮助企业解决危机问题的过程有更清晰的认识，本节从竞争情报人员和危机管理行动决策者的角度设计了基于危机生命周期的企业竞争情报过程，如图 3-3 所示。

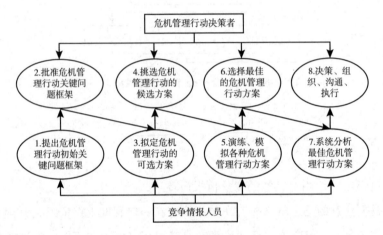

图 3-3　基于危机生命周期的企业竞争情报过程

从图 3-3 可以看出，竞争情报人员和危机管理行动决策者都有自己明确的工作流程。步骤 1、3、5、7 的组合是竞争情报人员的工作过程，步骤 2、4、6、8 的组合是危机管理行动决策者的工作过程。而两者之间存在密切的联系，后一步骤需要在前一步骤完成后进行，有序的 8 个处理步骤共同构成了基于危机生命周期的企业竞争情报过程。

基于危机生命周期的企业竞争情报过程主要有 8 个步骤。[①]

（1）在运用竞争情报解决危机问题的实践中遇到危机管理行动中的各种关键问题时，竞争情报人员提出危机管理行动中需要解决的关键问

---

① 徐芳：《基于危机生命周期的企业竞争情报机制理论模型构建》，《情报资料工作》2016 年第 4 期，第 45~50 页。

题，提出危机管理行动的初始关键问题框架。

（2）危机管理行动决策者运用各种定量或定性方法，如头脑风暴法、德尔菲法（Delphi）和层次分析法（Analytic Hierarchy Process，AHP）等对危机管理行动初始关键问题框架进行分析，并就各自关注焦点与竞争情报人员沟通，批准危机管理行动关键问题框架。

（3）竞争情报人员利用搜集到的环境竞争情报、对手竞争情报和各种专门的危机竞争情报（如预警竞争情报、诊断竞争情报等），制定危机管理行动的可选方案。

（4）危机管理行动决策者必须深入思考要解决的关键问题，从战略决策的角度综合考虑竞争情报人员提供的各种可选危机管理行动方案，选择危机管理行动的候选方案，这是危机管理行动决策者与竞争情报人员的第二次对话。

（5）竞争情报人员运用各种竞争情报技术和方法，如可视化技术、数据挖掘技术、战争游戏法、情景分析法等，制定各种模拟规则，设计各种可能的应用情景，进行演练和模拟，并通过可视化技术对结果进行展示。

（6）危机管理行动决策者可以参与演练和模拟的角色扮演，也可以作为仲裁者进行观察和思考，选择最佳的危机管理行动方案。

（7）在危机管理实践中，导致危机事件发生的原因很多，许多复杂问题一开始往往找不到最佳方案。因此，竞争情报人员需要在确定最佳方案后，系统地再次分析最佳危机管理行动方案。

（8）危机管理行动决策者就最佳危机管理行动方案的决策达成共识，并形成计划与组织其他成员进行沟通和决策，进入实施阶段。

基于危机生命周期的企业竞争情报机制过程将竞争情报工作与危机管理行动决策者的决策活动有机结合，决策者充分了解和监督或参与竞争情报活动的全过程，竞争情报人员还可以通过与危机管理行动决策者的对话，及时获取各种意见和建议，以便对危机管理行动方案做出调整，并尽快与危机管理行动决策者达成共识。危机管理行动决策者可以是专业的危机管理专家，也可以是来自企业各级管理部门的兼职决策者。为了保证竞争情报工作的效率，竞争情报人员应是受过正规竞争情报培训和训练的具有从业资格且经验丰富的人员。

二　危机管理与竞争情报制度理论

经济学家道格拉斯·C. 诺思在《经济史上的结构和变革》中提出，制度由一系列的规则组成，是受到程序和道德伦理约束的行为规范；制度的作用是提供人类互动的框架，使协作和竞争的关系得到确定，从而构成一个社会，特别是一个经济秩序。① 可以看出，通过制定适当的规则和规范，可以形成某种制度，一系列制度既可以形成社会秩序，也可以形成经济制度。

企业作为一个经济实体，需要建立一系列的制度来维持其经济秩序。作为社会的一部分，企业还需要建立一系列制度来维持一定的社会制度。现有的研究也表明，机制是由一系列的制度组成的，通过制定合适的制度可以形成某种机制。② 因此，可以认为理论模型也是由一系列的制度组成的，这些制度既包括社会秩序方面，也包括社会制度方面，与危机管理和竞争情报密切相关，其目的是确保危机管理和竞争情报工作的效率。由此可见，制度理论是理论模型的基本要素之一。

基于危机生命周期的企业竞争情报机制理论模型是以危机管理和竞争情报过程为基础的。因此，理论模型中的各种制度也应服务于危机管理和竞争情报过程，并与危机管理和竞争情报的工作直接相关。根据危机生命周期三阶段模型中的不同阶段，可以将制度分为四类，即危机潜伏期制度、危机爆发期制度、危机平复期制度和其他制度，每个类别的制度又包括多种具体的制度，危机竞争情报制度的分类如表 3-1 所示。

从表 3-1 可以看出，基于危机生命周期的竞争情报机制理论模型主要由十多种制度组成，包括危机预警工作小组管理制度、危机管理计划演练制度、员工危机意识培训制度、竞争情报工作人员制度、竞争情报质量监督制度、领导支持制度等。这一系列制度基本覆盖了危机管理各个阶段的各种危机管理行动和竞争情报工作的整个过程，为基于危机生命周期的企业竞争情报机制的运行提供了全面、系统的制度支持。

---

① 〔美〕道格拉斯·C. 诺思：《经济史上的结构和变革》，厉以平译，商务印书馆，1992，第 1~218 页。

② 徐芳：《基于危机生命周期的企业竞争情报机制理论模型构建》，《情报资料工作》2016年第 4 期，第 45~50 页。

表 3-1　危机竞争情报制度的分类

制度类别	制度名称	制度含义
危机潜伏期制度	危机预警工作小组管理制度	危机预警工作小组在执行危机预警行动时遵守的一系列规则
	危机预控工作小组管理制度	危机预控工作小组在执行危机预控行动时遵守的一系列规则
	危机管理计划演练制度	危机管理计划演练时必须服从的程序,如演练的时间周期、演练的规模以及演练的步骤等
	员工危机意识培训制度	员工危机意识培训必须服从的程序,如培训的时间周期、内容、计划以及方式等
危机爆发期制度	危机应对工作小组管理制度	危机应对工作小组在执行危机处理行动时遵守的一系列规则
	危机沟通工作小组管理制度	危机沟通工作小组在执行危机沟通行动时遵守的一系列规则
	新闻发言人制度	危机事件发生后,为了避免发言的不一致造成误会,使危机升级而采用的一种危机公关制度
危机平复期制度	危机评估工作小组管理制度	危机评估工作小组在执行危机评估行动时遵守的一系列规则
	企业恢复工作小组管理制度	企业恢复工作小组在执行企业恢复行动时遵守的一系列规则
其他制度	竞争情报工作人员制度	竞争情报工作人员遵守的一系列规则,如工作时间、工作注意事项等
	竞争情报质量监督制度	为了保证竞争情报的可靠性、正确性和及时性而采取的一系列措施
	领导支持制度	将领导支持制度化,确保项目自始至终能够得到领导支持的一种制度

三　危机管理与竞争情报人员理论

人员要素是企业经营活动中唯一发挥创新作用的因素,也是理论模型应用的主体。在基于危机生命周期的企业竞争情报机制理论模型中,人员要素的作用主要体现在三个方面:逻辑分析能力、合作/协作能力和想象力/创造力。基于危机生命周期的企业竞争情报机制理论模型中人员的三维能力空间如图 3-4 所示。

(1)逻辑分析能力。逻辑分析能力是企业竞争情报机制理论模型所

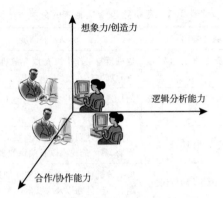

图 3-4　危机竞争情报人员的三维能力空间

资料来源：笔者整理。

要求工作人员具备的最基本能力。理论模型中的工作人员必须能够发挥自己的逻辑分析能力，运用现代的方法、工具和技术，结合竞争情报分析过程和决策过程，整合各种竞争情报，整合危机管理决策观和决策逻辑。理论模型中，工作人员逻辑分析的关键是将危机管理中的所有关键问题分解为子问题或要素，并对这些子问题或要素之间的本质、比例、功能和关系进行逻辑分析。竞争情报和危机管理人员在危机管理行动决策过程中清晰的逻辑思维模式需要各种专门的危机竞争情报（如预警竞争情报、沟通竞争情报等）的支持。因此，理论模型中的工作人员需要在技术和方法的支持下获取专门的危机竞争情报，通过将这些专门的危机竞争情报应用于不同情境下的不同危机管理行动中，运用科学的逻辑表达和视觉展示技术，将竞争情报与危机管理行动决策过程相结合，实现知识与智慧的交流和创造。

（2）合作/协作能力。合作/协作能力是由构成人类行为基础的各种因素在社会环境中形成的，它们以一定的方式相互作用、相互影响。理论模型中的工作人员的合作/协作能力不仅可以提高企业的凝聚力和团队精神，促进危机管理行动决策效率的提高，同时也有助于提高工作人员自身素质和能力。理论模型中的工作人员在危机管理行动的合作/协作过程中完成释放和吸收能量，并迅速传播这些能量，被其他工作人员吸收，以产生最大的效能，而分享和贡献等团队精神是合作/协作行动的基本保证。

理论模型中的工作人员发挥他们的合作和协作能力与危机管理人员进行协作，吸收危机管理行动决策者的反馈，调整危机管理行动方案，以便与危机管理人员达成共识，选择危机管理行动的最佳解决方案。

（3）想象力/创造力。想象力和创造力包含了人类大脑中所有真正的创造力，无论是直觉、幻想、想象还是灵感。创造的过程往往是超越理性的，但由意识激发的直觉和预感的支配，往往会产生探索性和实验性的想法。勤奋工作、开放思维和永不僵化的好奇心是想象力和创造力永不枯竭的源泉，因此，理论模型中的工作人员在危机管理行动决策中必须保持开放环境，激发工作人员的想象力和创造力。理论模型中的工作人员发挥想象力和创造力，设计各种情景和模拟规则，演练和模拟最佳的危机管理行动方案，解决复杂不确定环境中的各种危机问题。

总体来说，基于危机生命周期的企业竞争情报机制理论模型中的工作人员只有具备以上各维度的基本能力，在运用竞争情报进行危机管理行动决策的过程中才能超越事实和分析思考的领域，获得高质量的决策。

此外，J. P. Miller 在其书 *Millennium Intelligence*：*Understanding and Conducting Competitive Intelligence in the Digital Age* 中，描述了情报价值创造系统的人员组成。[①] 参考情报价值创造系统的人员构成，结合本书的目的和竞争情报与危机管理过程的特点，本书认为企业竞争情报机制理论模型中的工作人员主要应包括竞争情报搜集人员、竞争情报分析人员、竞争情报系统建设人员、危机管理行动方案研究人员、第三方专家，如表3-2所示。

表3-2　危机竞争情报人员的分类

人员类型	人员组成	人员职责
竞争情报搜集人员	调查人员、企业的员工、竞争对手的员工、合作伙伴、客户、第三方人员等	负责面向危机管理行动的竞争情报搜集工作,包括实地调查获取的一次竞争情报和二次、多次竞争情报

---

① Miller, J. P. *Millennium Intelligence*：*Understanding and Conducting Competitive Intelligence in the Digital Age*. New Jersey：Information Today, Inc. , 1999, pp. 1-276；徐芳：《基于危机生命周期的企业竞争情报机制理论模型构建》，《情报资料工作》2016 年第 4 期，第 45~50 页。

人员类型	人员组成	人员职责
竞争情报分析人员	行业分析人员、市场分析人员、竞争态势分析人员、危机竞争情报分析人员等	负责面向危机管理行动的竞争情报分析工作,包括对一次、多次竞争情报的分析,形成各种竞争情报产品,为研究人员提供支持
竞争情报系统建设人员	系统分析人员、系统设计人员、数据库设计人员、系统测试人员以及系统安全人员等	为企业提供获取和传播竞争情报产品与服务的技术服务,包括竞争情报系统的开发、系统使用的培训等
危机管理行动方案研究人员	危机管理工作人员、危机管理行动决策者、竞争情报经理、职能部门经理、CEO 等	在专门竞争情报的支持下,负责危机管理行动最佳方案的制定、实施与监督等方面的工作
第三方专家	法律顾问、公关专家、政府官员、学术界人员、咨询人员等	为危机管理行动方案研究人员提供宏观政策、环境、行业以及专门知识的支持,学术界人员和咨询人员还可以作为兼职人员直接参与到危机管理行动方案的研究中

从表 3-2 可以看出,由竞争情报搜集人员、竞争情报分析人员和竞争情报系统(Competitive Intelligence System,CIS)建设人员组成的竞争情报工作人员主要负责竞争情报收集、分析、系统建设和维护等日常任务,他们是理论模型实施的核心行动者,监测和参与危机管理的全过程,参与危机生命周期各阶段危机行动决策过程,直到与危机管理决策人员协调一致,得出危机管理行动最佳方案并付诸实施。危机管理行动方案研究人员是理论模型中的工作人员的重要组成部分,由竞争情报高层领导、竞争情报经理、企业 CEO、各职能部门的经理、危机管理行动决策者等组成,参与危机管理行动决策的全过程,直到确定并实施最佳的危机管理行动方案。当企业缺乏某方面的专业人才或者为了节约人才成本,对于某些职业化的专门人才,如律师、咨询专家等,企业可以考虑使用第三方专家资源。竞争情报工作人员、危机管理行动方案研究人员和第三方专家构成了理论模型中的工作人员。在实践中,还可以成立危机管理委员会之类的组织,接受企业最高层领导的直接指挥,提高组织的运行效率,更好地为理论模型的实施提供支持。

四　危机管理与竞争情报技术基础

如果说 1945 年布什的"As We May Think"是情报学的理想和目标,那么20世纪60年代以后计算机技术在情报学中的广泛应用所创造的辉煌成就，在很大程度上强化了这一理想和目标。技术被视为情报学的手段之一，情报学的技术传统应运而生，情报学也被许多人认为是一门应用技术科学。①第二章关于竞争情报研究现状的分析结果表明，技术也是竞争情报研究成果较多的领域之一。国内外学者对大数据技术、云计算技术、关联数据技术、移动互联网技术等在竞争情报领域的应用做了较多的研究。对于本书而言，这些应用于竞争情报搜集、分析、传递、展示等过程的各种信息技术，同样有利于提高竞争情报工作的效率，从而保证危机管理行动决策的效率，保证理论模型能够很好地发挥其功能，实现帮助企业解决危机问题的最终目的。

　　本节按照应用领域，将这些技术分为六大类：应用于竞争情报搜集的技术、应用于竞争情报分析的技术、应用于竞争情报传递的技术、应用于竞争情报产品展示的技术、应用于危机管理行动方案制定的技术、应用于危机管理行动方案实施的技术，如表3-3所示。

表3-3　危机竞争情报技术的分类

应用领域	技术	功能
竞争情报搜集	自动收集信息软件，如八爪鱼、Octoparse、WebCopy、Python自编程序等	根据用户设定的条件，自动收集各种信息
	定题推送信息服务软件，如借助AltaVista等搜索引擎提供这种服务的网站；WxPusher等微信信息推送	根据用户设定的偏好或条件，对互联网上的网页定期进行自动搜索，提供用户感兴趣的相关信息
竞争情报分析	统计分析软件，如SPSS、SAS等量化数据分析软件；NVivo和ATLAS.ti等质化数据分析软件	对各种原始数据或抓取的文本信息进行分析，以揭示其规律，支持竞争情报的生产
	大数据与知识发现技术，如OLAP、TextAnalyst、Hadoop、Storm、RapidMiner等软件	通过分析具体数据，发现隐含在数据中的概念、规则、规律、模式、趋势等有用知识
竞争情报传递	网络技术，如IM、QQ、WeChat、RSS、腾讯会议等软件	快速、方便地实现一对一、一对多的竞争情报传递

① 王知津、徐芳：《我国社会科学情报理论研究的进展与趋势——〈情报资料工作〉实例研究》，《情报资料工作》2008年第6期，第14~22页。

续表

应用领域	技术	功能
竞争情报产品展示	可视化技术,如 Inspiration、IBM Cognos Analytics 等大数据分析与展示技术	以可视化的图形界面方式组织分析后的竞争情报产品,实现与可视化工具之间的交互
	多媒体技术,如音频、视频等	形象、生动地展示竞争情报产品
危机管理行动方案制定	模拟技术,如专门的计算机模拟与仿真系统、系统动力学软件 Vensim PLE 等	将规则、脚本、情境、角色等设计成计算机程序,实现危机管理行动、商业过程和竞争过程的模拟
	虚拟现实技术,如 Quest3D、Eucalyptus、ConVirt 以及 XenServer 等虚拟化管理软件	利用计算机技术,对现实的运动进行模拟和声像演示,生成一个逼真的三维虚拟环境,演练危机管理行动方案
	决策支持技术,如 DSS 决策支持系统、ES 专家系统、ERP 系统等	跟踪模拟人的思维过程,提供图形化可视建模环境,构造决策背景信息,增强人类的分析问题能力
危机管理行动方案实施	模拟训练技术,如 OA 系统、DIS 作战指挥辅助决策系统等	对企业员工进行模拟训练,以便更好地实施危机管理行动方案

　　此外,在信息爆炸时代,面对海量信息,仅靠人力收集竞争情报是不现实的。因此,为了提高竞争情报搜集的效率,必须在竞争情报搜集过程中使用各种自动化软件进行信息搜集。随着竞争的加剧,动态竞争环境要求企业对自身决策的灵活性和准确性提出更高的要求。竞争情报分析软件的使用可以提高竞争情报分析的效率,提高情报分析结果的可靠性和准确性。移动网络技术等的应用可以提高竞争情报的传播效率,特别是微信、QQ 等社交媒体软件的出现,大大提高了情报的传播效率。可视化和多媒体技术在竞争情报工作中的应用,可以更形象地展示竞争情报产品,使危机管理行动方案的研究人员更加了解竞争情报。应用模拟技术、决策支持技术和虚拟现实技术,可以提高危机管理行动方案制定的效率和速度,为危机发生时实施危机管理行动赢得宝贵的时间。模拟训练技术的使用为危机管理行动方案的有效实施提供了支持。① 在企业竞争情报机制理论模型

----

① 徐芳、陈维军、赵超烨:《基于信号分析的企业竞争情报危机预警模式构建》,《情报理论与实践》2014 年第 5 期,第 46~50 页;徐芳:《基于危机生命周期的企业竞争情报机制理论模型构建》,《情报资料工作》2016 年第 4 期,第 45~50 页。

的构建和实施过程中，如果经济条件允许的话，企业应该尽可能地考虑使用现代的信息技术、自动化技术、多媒体技术、可视化技术、模拟与仿真技术、虚拟现实技术（Virtual Reality，VR）以及决策支持系统（Decision Supporting System，DSS）等，以便提高企业竞争情报机制理论模型的运行效率。

第二节　竞争情报与危机管理关系的实证研究

文献调查表明，目前国内外都有一些关于运用竞争情报解决企业危机问题的研究，如竞争情报在危机预警、危机公关以及品牌危机管理中的应用等；同时，也有一些将危机管理与竞争情报相结合进行的研究，如危机管理与企业竞争情报、危机生命周期各阶段的竞争情报模式等。但是也有一些不足之处，主要体现在关于竞争情报与危机管理两者内在关系的研究不多、实证研究比较缺乏、理论模型及其应用的运行模式等方面缺乏系统和深入的研究。本节将对竞争情报与危机管理之间的关系进行实证研究，为下一节企业竞争情报机制理论模型的构建提供支持。理论模型应用的运行模式将在第四章中介绍。

首先，本节根据危机管理三阶段模型等相关理论，提出危机管理与竞争情报关系的研究假设，构建危机管理与竞争情报之间关系的研究模型；然后，运用问卷调查法获取危机管理与竞争情报之间关系的相关数据，并使用 SPSS、AMOS 数理统计分析工具和 SEM 技术分析样本数据，检验本节提出的研究假设和研究模型。

一　研究假设与研究模型

如前文所述，关于危机生命周期的划分，本节赞同危机管理过程的三阶段划分方法。在借鉴现有研究成果的基础上，本节将危机生命周期分为潜伏期、爆发期和平复期三个阶段，即上文所述的"修正的三阶段模型"，如图 3-1 所示。根据现有研究成果可知，危机潜伏期的危机管理关键工作有危机预警、危机诊断和危机预控。

（1）危机预警。危机预警是指对潜在危机进行监测、识别、诊断和评估，从而对潜在危机受害者和企业决策者发出警报的危机管理活动。企业所发生的危机大多是有征兆的，造成企业经营活动失败或陷入危机的原因很多，但一般可以分为两个方面：内部原因和外部原因。前者主要有企业决策失误、组织机构需要优化、财务问题、产销问题、企业人才流失等；后者主要有外部环境的突然变化，如政治危机、政策危机、破坏性危机、企业公关危机等。① 有研究表明，利用竞争情报进行企业危机预警管理可以成为企业提高预警能力的有效途径。② 也有研究表明，竞争情报的预警功能可以帮助企业预测市场变化，控制风险，制定强有力的战略。③ 其他的研究成果也表明，竞争情报可以很好地支持危机预警工作。④

（2）危机诊断。危机诊断包括成立危机诊断工作小组，对企业的内外部业务活动情况进行调查分析，发现企业业务活动中存在的问题，确定诊断的课题，运用科学的方法对诊断课题进行专题分析，提出针对性的改进方案并实施。有研究表明，竞争情报不仅是做出更好的商业决策的关键，而且可以减少制定战略的风险，使决策更有效，减少失误。⑤ 也有研究表明，竞争情报在危机诊断中可以起到很好的支持作用。⑥

（3）危机预控。危机预控是指根据危机监测和危机预警分析的结果，对企业可能存在的各种潜在危机进行预先控制和预防，以避免所有可以避免的潜在危机，预防或减少不可避免的潜在危机爆发所造成的危害。一些

---

① 单业才：《企业危机管理与媒体应对》，清华大学出版社，2007，第 24~48 页；徐芳：《危机潜伏期的企业竞争情报预警机制研究》，《情报理论与实践》2012 年第 3 期，第 66~69 页。

② 王知津、徐日明：《面向企业危机预警的竞争情报运行机制研究》，《情报探索》2008 年第 9 期，第 7~12 页。

③ Zhang, L., Wang, L. H. Risk Application Research on Risk Warning Mechanism in Organizational Crisis Management-Taking Vanke Real Estate Co. Ltd., as an Example. *Chaos, Solitons & Fractals*, 2016, 89 (8): 373-380.

④ 郭小芳、王克平等：《大数据环境下新创企业竞争情报预警研究》，《情报科学》2020 年第 6 期，第 83~89、162 页。

⑤ Cavallo, A., Sanasi, S., et al. Competitive Intelligence and Strategy Formulation: Connecting the Dots. *Competitiveness Review*, 2021, 31 (2): 250-275.

⑥ 郭小芳、王克平等：《大数据环境下新创企业竞争情报预警研究》，《情报科学》2020 年第 6 期，第 83~89、162 页。

研究表明，危机预控工作离不开竞争情报的支持。①

　　根据现有研究成果可知，危机爆发期的关键危机管理工作有危机应对、危机沟通与危机公关。一般来说，爆发期的危机应对工作包括成立专门的危机处理小组、调查危机事件、全面分析危机以选择处理对策、实施分工协作方案、获取实施过程的反馈以及时纠正、危机管理的评估和总结等。一些早期的研究表明，竞争情报是应对危机的利器。② 近两年的一些研究也表明，竞争情报在企业危机应对中起到了积极作用。③ 另外，危机沟通是指在危机爆发时内部员工与外部客户、供应商和合作伙伴之间的"沟通"。皮尔逊（C. M. Pearson）和米特罗夫（Ian I. Mitroff）的研究表明"搜集、分析和传播信息是危机管理者的直接任务"。④ 其他的研究也表明，竞争情报对危机沟通和危机公关具有显著的支持作用。⑤

　　根据现有研究成果可知，危机平复期的关键危机管理工作有危机评估、企业恢复、利益相关者关系恢复以及社会心理恢复。危机评估是指通过对企业危机管理绩效的评价，对危机管理进行反思和总结，发现企业在危机预警、危机预控和危机沟通等行动中存在的一些不足和弱点，为企业恢复、利益相关者关系恢复、今后的社会心理恢复和危机管理工作提供支持。企业恢复工作包括制订企业恢复战略计划、选择企业恢复战略计划、实施企业恢复战略计划和控制企业恢复战略的实施。此外，危机管理工作还包括利益相关者关系的恢复、社会心理的恢复和企业形

---

① 杨波、孙白朋：《基于风险生命周期的企业反竞争情报机制模型构建》，《现代情报》2019 年第 11 期，第 30～37 页。

② 李纲、王庆：《基于竞争情报的企业危机管理》，《中国图书馆学报》2004 年第 6 期，第 37～40 页。

③ 郭小芳、王克平等：《大数据环境下新创企业竞争情报预警研究》，《情报科学》2020 年第 6 期，第 83～89、162 页。

④ 〔美〕罗伯特·希斯：《危机管理》，王成、宋炳辉、金瑛译，中信出版社，2001，第 19 页。

⑤ 赵刚、包昌火、刘筱雯：《企业危机公关与竞争情报》，《情报理论与实践》2004 年第 5 期，第 493～496 页；孙晓：《基于竞争情报的企业危机公关管理体系构建与评价研究》，硕士学位论文，南昌大学，2015，第 1～72 页；龚花萍、高洪新、孙晓：《基于竞争情报的企业危机公关管理体系评价研究》，《现代情报》2016 年第 5 期，第 27～34 页；王知津、范淑杰、卞丹：《企业危机公关中的竞争情报实施方案》，《图书馆工作与研究》2010 年第 5 期，第 4～11 页；朱君璐、郑建国、郭华：《竞争情报在企业公关危机中的应用机理及预警机制研究》，《湖南社会科学》2014 年第 2 期，第 179～182 页。

象的重塑。一些研究表明，竞争情报对企业的危机评估和企业恢复工作
都有显著的支持作用。①

在以上关于竞争情报与危机管理内在关系分析的基础上，本节提出了
如下 5 个假设。

H1：竞争情报对潜伏期危机管理有正向影响。

H2：竞争情报对爆发期危机管理有正向影响。

H3：竞争情报对平复期危机管理有正向影响。

H4：潜伏期危机管理对爆发期危机管理有正向影响。

H5：爆发期危机管理对平复期危机管理有正向影响。

基于以上假设，我们可以构建竞争情报与危机管理关系的研究模型，
如图 3-5 所示。

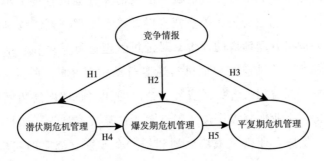

图 3-5　竞争情报与危机管理关系的研究模型

二　问卷设计与数据获取

(一) 变量测量与问卷编制

根据以上分析，我们可以归纳和总结竞争情报与危机管理关系的全部

---

① 徐芳：《危机平复期的企业竞争情报评估机制研究》，《情报资料工作》2013 年第 1 期，
第 42 ~ 46 页；Cavallo, A., Sanasi, S., et al. Competitive Intelligence and Strategy
Formulation: Connecting the Dots. *Competitiveness Review*, 2021, 31 (2): 250-275；杨波、
孙白朋：《基于风险生命周期的企业反竞争情报机制模型构建》，《现代情报》2019 年第
11 期，第 30~37 页；Zhang, L., Wang, L. H. Risk Application Research on Risk Warning
Mechanism in Organizational Crisis Management-Taking Vanke Real Estate Co. Ltd., as an
Example. *Chaos, Solitons & Fractals*, 2016, 89 (8): 373-380.

潜变量（即构念，Constructs）和观测变量，如表 3-4 所示。在表 3-4 的基础上，可以设计调查问卷、获取样本数据以及检验研究假设和研究模型。

表 3-4 竞争情报与危机管理关系的测量指标

潜变量	观测变量	问卷题项	来源
竞争情报（Competitive Intelligence, CI）	CI1:竞争环境	企业从竞争环境中获取的竞争情报质量的好坏	[1]刘冰:《动态环境下企业竞争情报力研究》,科学出版社,2019,第1~403 页。[2]查先进、陈明红、冯凤:《竞争情报与企业危机管理》,武汉大学出版社,2010,第1~240 页。
	CI2:竞争对手	企业获取的关于竞争对手的竞争情报质量的好坏	
	CI3:竞争情报系统	企业竞争情报系统的效率	
	CI4:竞争情报制度	竞争情报工作的监督制度是否完善	
潜伏期危机管理（Latent Crisis Management, LCM）	LCM1:危机预警	危机潜伏期危机预警工作效率的高低	[1]郭小芳、王克平等:《大数据环境下新创企业竞争情报预警研究》,《情报科学》2020 年第 6 期,第 83~89、162 页。[2]Cavallo, A., Sanasi, S., et al. Competitive Intelligence and Strategy Formulation: Connecting the Dots. *Competitiveness Review*, 2021,31（2）: 250-275.[3]杨波、孙白朋:《基于风险生命周期的企业反竞争情报机制模型构建》,《现代情报》2019 年第 11 期,第 30~37 页。
	LCM2:危机诊断	危机潜伏期危机诊断工作效率的高低	
	LCM3:危机预控	危机潜伏期危机预控工作效率的高低	
爆发期危机管理（Outbreak Crisis Management, OCM）	OCM1:危机应对	危机爆发时企业危机应对工作效率的高低	[1]王知津、范淑杰、卞丹:《企业危机公关中的竞争情报实施方案》,《图书馆工作与研究》2010 年第 5 期,第 4~11 页。[2]李纲、王庆:《基于竞争情报的企业危机管理》,《中国图书馆学报》2004 年第 6 期,第 37~40 页。
	OCM2:危机沟通	危机爆发时企业危机沟通工作效率的高低	
	OCM3:危机公关	危机爆发时企业危机公关工作效率的高低	

续表

潜变量	观测变量	问卷题项	来源
平复期危机管理（Calm Crisis Management, CCM）	CCM1:危机评估	危机平复期评估危机管理工作的效率	[1]徐芳:《危机平复期的企业竞争情报评估机制研究》,《情报资料工作》2013年第1期,第42~46页。 [2] Zhang, L., Wang, L. H. Risk Application Research on Risk Warning Mechanism in Organizational Crisis Management-Taking Vanke Real Estate Co. Ltd., as an Example. *Chaos, Solitons & Fractals*, 2016, 89（8）: 373-380.
	CCM2:企业恢复	危机平复期企业恢复管理工作的效率	
	CCM3:利益相关者关系恢复	危机平复期与利益相关者关系的恢复成效	
	CCM4:社会心理恢复	危机平复期社会心理恢复工作成效	

在上述测量指标体系的基础上，参考现有的研究成果和专家访谈结果，本节设计了初步的调查问卷。邀请了22名图书情报领域的专业教师和硕士、博士研究生进行了初步调查，并通过访谈获取了他们的反馈。根据他们的反馈结果修改了调查问卷，确定了用于大规模调查的正式问卷。本问卷采用Likert 5级等距量表，请调查参与者表达对问卷中的每个题项所描述的命题的态度。数字5、4、3、2、1分别对应的是非常重要、重要、一般、不重要以及非常不重要5种态度。

（二）数据收集与分析方法

本节分别于2010年和2021年开展了两轮问卷调查。第一轮调查在2010年5~9月，为了完成博士学位论文开展的调查。问卷调查的对象主要有竞争情报与危机管理领域的专家学者和企业管理人员。面向专家学者的问卷发放主要采用电子邮件、现场填表等方式，共向90名竞争情报领域和危机管理领域的专家学者发出调查邀请，最终回收问卷53份，其中有效问卷52份，有效回收率为57.78%。面向华为、联想等公司企业管理人员的调查主要采取"滚雪球式"的抽样方法（Snow Ball Sampling）发放问卷，发放问卷的时候综合考虑了消除企业的规模、企业所处的生命周期阶段等因素的影响，选择调查的企业或为成熟的大型企业或为刚起步的中小型企业，或为国有企业或为私有企业，保证调查的代表性和有效性，最终共收到有效调查问卷56份。第一轮调查共收到有效的调查问卷108份。

第二轮调查在 2021 年 10~12 月，为了补充样本数据，以便顺利完成国家社会科学基金后期资助项目。本次调查采用网络方式分发问卷，研究人员先将问卷上传到某免费的调查网站，然后生成在线调查问卷访问的网络地址。考虑到竞争情报实践性强的特点，本次调查的目的是补充企业管理人员的样本数据。采用方便抽样的方法，第一阶段请本校的 10 名在读研究生每人负责一对一地邀请 10 名左右企业管理人员参与调查；第二阶段请本校已经毕业的本科生共 40 多人，每人负责邀请 3~5 名企业管理人员参与调查。第二轮调查共获得样本 320 份。按照回答问卷时间少于 1 分钟、给所有题项打同样分数等数据原则，本节对收集到的数据进行了清洗，最终获得有效样本 260 份，其中意外地获取了 21 份来自科研人员的样本（原因可能是有少数问卷分发人员也邀请了科研人员参与调查）。由于数据填写完整，这 21 份问卷没有删除，经过两轮调查，共获得了有效的样本数据 368 份，用于后续的数据分析。参照 Westland 提出的方法①，本节的样本量超过了结构方程模型（SEM）要求的最小样本量 138 份。样本特征信息如表 3-5 所示，样本特征的详细介绍请见本书第五章的第二节。

表 3-5　样本的基本特征信息（$n = 368$）

单位：个，%

测量指标	项目	频数	占比
受教育程度	高中及中专	9	2.4
	大专	28	7.6
	本科	199	54.1
	硕士及以上	129	35.1
	其他	3	0.8
专业技术职称	初级	86	23.4
	中级	79	21.5
	副高级	18	4.9
	正高级	23	6.3
	其他	162	44.0
职业	教学科研人员	73	19.8
	企业管理人员	295	80.2

---

① Westland, C. J. Lower Bounds on Sample Size in Structural Equation Modelling. *Electronic Commerce Research and Applications*, 2010, 9 (6)：476-487.

在数据处理中，SEM 技术是一种多元统计技术，可以同时检测多个变量之间的关系，能够帮助研究人员判断在理论基础上构建的结构方程模型与样本数据之间的适配性。[①] 因此，本节主要采用 SEM 技术（具体为 AMOS 数理统计软件）来对样本数据进行分析，以检验本节提出的研究假设和研究模型，有时也采用 SPSS 作为数据的辅助处理工具。

三　结构方程模型检验及实证分析

（一）样本数据的正态分布、信度和效度检验

为了进一步揭示竞争情报与危机管理之间的关系，需要对样本数据进行正态分布、信度和效度的检验。本节采用 SPSS 对样本数据进行描述性统计分析，测量指标的均值、标准差、偏度值和峰度值如表3-6 所示。根据 Kline 的研究，偏度绝对值小于 3，峰度绝对值小于10，意味着样本数据符合正态分布，数据适合做路径分析。[②] 表 3-6 的数据显示，本节获取的样本数据是服从正态分布的，可以继续开展路径分析。

表 3-6　样本数据的描述性统计分析

潜变量	测量指标	均值	标准差	偏度值		峰度值	
				统计量	标准差	统计量	标准差
竞争情报（CI）	CI1	3.92	0.969	−0.662	0.127	−0.023	0.254
	CI2	3.85	0.991	−0.632	0.127	−0.028	0.254
	CI3	3.65	1.156	−0.643	0.127	−0.361	0.254
	CI4	3.79	1.007	−0.783	0.127	0.374	0.254
潜伏期危机管理（LCM）	LCM1	3.71	1.084	−0.537	0.127	−0.472	0.254
	LCM2	3.75	1.042	−0.726	0.127	0.050	0.254
	LCM3	3.77	1.067	−0.767	0.127	0.064	0.254

① 金小璞、毕新：《基于结构方程的移动图书馆用户体验满意度模型研究》，《情报科学》2017 年第 11 期，第 94~98、131 页。

② Kline, R. B. *Principles and Practices of Structural Equation Modeling (Fourth Edition)*. New York: The Guilford Press, 2015.

续表

潜变量	测量指标	均值	标准差	偏度值		峰度值	
				统计量	标准差	统计量	标准差
爆发期危机管理（OCM）	OCM1	4.13	0.962	−1.076	0.127	0.820	0.254
	OCM2	4.14	0.914	−0.908	0.127	0.308	0.254
	OCM3	3.68	1.114	−0.650	0.127	−0.162	0.254
平复期危机管理（CCM）	CCM1	4.12	0.907	−0.850	0.127	0.241	0.254
	CCM2	3.91	0.952	−0.633	0.127	−0.058	0.254
	CCM3	3.89	0.926	−0.606	0.127	−0.031	0.254
	CCM4	3.80	0.919	−0.598	0.127	0.190	0.254

　　信度（Reliability），也称可靠性，是指用同一方法对同一对象重复测量所得结果的一致性，一般用内部一致性来表示样本数据的可靠性。目前，克朗巴哈系数（Cronbach's Alpha）被广泛用于测试数据的可靠性。[1]效度（Validity），是指有效程度即有效性，比如一份问卷是否真实地得出想要的测量结果。研究模型效度的检验通常包括收敛效度（Convergent Validity）与区分效度（Discriminant Validity）的检验。[2] 收敛效度主要检测测量变量能否有效地代表潜变量，而区分效度则用来检测两个潜变量之间是否具有统计学意义上的差异。本节的潜变量、测量变量、标准化因子载荷、平均方差提取值（Average Variance Extracted，AVE）、组合信度（Composite Reliability，CR）以及克朗巴哈系数如表 3-7 所示。

表 3-7　标准化因子载荷、AVE、CR 以及克朗巴哈系数

潜变量	测量变量	标准化因子载荷	AVE	CR	Cronbach's Alpha
竞争情报（CI）	CI1	0.811	0.520	0.809	0.829
	CI2	0.813			
	CI3	0.646			
	CI4	0.585			

---

[1]　张绍勋：《研究方法》，沧海书局，2004，第 160~161 页。

[2]　Anderson, J. C., Gerbing, D. W. Structural Equation Modelling in Practice: A Review and Recommended Two-step Approach. *Psychological Bulletin*, 1988, 103 (3), 411-423.

潜变量	测量变量	标准化因子载荷	AVE	CR	Cronbach's Alpha
潜伏期危机管理（LCM）	LCM1	0.812	0.777	0.912	0.907
	LCM2	0.923			
	LCM3	0.905			
爆发期危机管理（OCM）	OCM1	0.835	0.587	0.808	0.782
	OCM2	0.800			
	OCM3	0.650			
平复期危机管理（CCM）	CCM1	0.756	0.645	0.879	0.878
	CCM2	0.824			
	CCM3	0.798			
	CCM4	0.832			

　　一般来说，在社会科学研究中 Cronbach's Alpha 系数达到 0.600 表明信度较好、0.700~0.800 表明信度相当好、0.800 以上表明信度非常好。[①] 本节的 Cronbach's Alpha 都超过了 0.700，这表明在本节中调查问卷的测量题项比较准确地反映了竞争情报、潜伏期危机管理、爆发期危机管理以及平复期危机管理这四个潜变量的特征，总体信度达到了 0.943，表明样本数据的总体信度非常好。

　　此外，表 3-7 的数据显示，本节数据的标准化因子载荷、AVE 和 CR 都大于 0.5，这表明量表具有较好的收敛性。[②]

　　研究模型的区分效度检验通常采用比较 AVE 的平方根和潜变量之间的相关系数的大小来判断。[③] 在本节中，AVE 的平方根与潜变量之间的相关系数如表 3-8 所示。

---

① 张绍勋：《研究方法》，沧海书局，2004，第 160~161 页。
② Bagozzi, R. P., Yi, Y. On the Evaluation of Structural Equation Models. *Journal of the Academy of Marketing Science*, 1988, 16（1）: 74 - 94; Fornell, C., Larcker, D. F. Evaluating Structural Equation Models with Unobservable Variables and Measurement Error. *Journal of Marketing Research*, 1981, 18（2）: 39-50.
③ 判断依据见 Straub, D. W., Boudreau, M. C., Gefen, D. Validation Guidelines for IS Positivist Research. *Communications of the Association for Information Systems*, 2004, 13（1）: 380-427。

表 3-8 AVE 的平方根与潜变量之间的相关系数

潜变量	CI	LCM	OCM	CCM
CI	*0.721*			
LCM	0.623	*0.881*		
OCM	0.487	0.544	*0.766*	
CCM	0.445	0.541	0.455	*0.803*

注：矩阵对角线上的斜体数字为每个潜变量的 AVE 平方根。

由表 3-8 可知，潜变量的 AVE 平方根的值均大于潜变量之间的相关系数，因此，我们可以认为测量模型具有较好的区分效度。[1] 此外，本节还对自变量之间的多重共线性进行了测试。结果表明，所有的独立变量的方差膨胀因子（Variance Inflation Factor，VIF）的范围为 1.787~1.994，小于阈值的 5.0[2]。因此，可以认为本研究不存在严重的多重共线性。共同方法偏差（Common Method Bias，CMB）的影响可能由多种因素导致，包括常用数据源的使用和项目特征。[3] 本节通过 SPSS 进行主成分因子分析，结果显示，第一主成分占方差的 36.118%，这表明该成分没有占大部分方差。本研究没有严重的 CMB 问题，适合采用 SEM 数理统计分析技术对样本数据做进一步统计分析。[4]

（二）验证性因子分析

为了判断本节根据竞争情报和危机管理理论分析所建立的结构方程模型是否理想、量表中的潜变量与观测变量之间的因果关系是否显著，本部分采用验证性因子分析法（Confirmatory Factor Analysis，CFA）分析样本数据，从而为后续的结构方程模型拟合和适配性检验提供支持。一般来说，对样本数据做验证性因子分析时，绝对拟合指标、相对拟合指标、

---

[1] 判断依据见 Fornell, C., Larcker, D. F. Evaluating Structural Equation Models with Unobservable Variables and Measurement Error. *Journal of Marketing Research*, 1981, 18 (2): 39-50。

[2] Belsley, D. A., Kuh, E., Welsch, R. E. *Regression Diagnostics: Identifying Influential Data and Sources of Collinearity*. N Y: John Wiley & Sons, 1980, pp. 85-172.

[3] Jakobsen, M., Jensen, R. Common Method Bias in Public Management Studies. *International Public Management Journal*, 2015, 18 (1): 3-30.

[4] Podsakoff, P. M., Organ, D. W. Self-reports in Organizational Research: Problems and Prospects. *Journal of Management*, 1986, 12 (4): 69-82.

调整拟合指标是判断接受或拒绝模型的主要依据。① 本节使用 AMOS 数理统计软件对样本数据进行了路径分析，得到结构方程模型适配指标的实际值如表 3-9 所示。

表 3-9　标准和实际的结构方程模型适配指标

适配指标	χ^2/df	GFI	AGFI	CFI	NFI	SRMR	RMSEA
推荐值	<3	>0.9	>0.8	>0.9	>0.9	<0.05	<0.08
实际值	2.82	0.93	0.89	0.97	0.95	0.04	0.07

注：χ^2/df 是 χ^2 和自由度的比值；GFI 是拟合优度指数（Goodness of Fit Index）；AGFI 是调整拟合优度指数（Adjusted Goodness of Fit Index）；CFI 是比较拟合指数（Comparative Fit Index）；NFI 是规范拟合指数（Normed Fit Index）；SRMR 是标准化残差均方根（Standardized Root Mean Square Residual）；RMSEA 是近似误差均方根（Root Mean Square Error of Approximation）。

结构方程模型的总体拟合度是通过一些适配指标来测量的。② 一般来说，卡方值 χ^2 越小，意味着样本数据与结构方程模型的拟合程度越好，卡方值与自由度的比值 χ^2/df 小于 3 表示模型拟合度较好；RMSEA 的取值范围在 0 和 1 之间，越接近 0 越好，低于 0.05 表示模型拟合结果较为理想，低于 0.08 表示拟合度可以接受；SRMR 的取值范围在 0 和 1 之间，越接近 0 越好，低于 0.05 表示模型拟合结果是理想的；GFI、CFI、NFI 的变化范围也在 0 和 1 之间，越接近 1 越好，大于 0.9 表示模型拟合结果是理想的；AGFI 的变化范围也在 0 和 1 之间，越接近 1 越好，大于 0.8 表示模型拟合结果是理想的。③

由表 3-9 可知，本节实际的结构方程模型适配指标都处于可以接受的范围之内，因此可以认为结构方程模型的拟合结果较为理想，结构方程模型与样本数据的适配性较好，研究结果具有较好的效度。

① 吴明隆：《结构方程模型——AMOS 的操作与应用》（第 2 版），重庆大学出版社，2010，第 40~53 页。
② MacCallum, R. C., Austin, J. T. Applications of Structural Equation Modeling in Psychological Research. *Annual Review of Psychology*, 2000（51）：201-226；侯杰泰、温忠麟、成子娟：《结构方程模型及其应用》，教育科学出版社，2004，第 184~192 页。
③ 汤志伟、彭志华、张会平：《公共危机中网络新闻可信度影响因素的结构方程模型研究》，《情报杂志》2010 年第 4 期，第 36~40 页。

（三）结构方程模型拟合及其修正

以上分析表明，本节构建的研究模型是合理的，可以用来求解竞争情报与危机管理关系的结构方程模型。利用 AMOS 对观测数据进行分析，通过适配检验，发现理论模型对观测数据较为适用，且理论模型存在修正空间。模型修改根据 AMOS 提供的修正指标数据进行，结构方程模型的各项拟合指标的实际值均符合推荐指标值的要求，本节最终获得了较为理想的结构方程模型拟合路径，如图 3-6 所示。

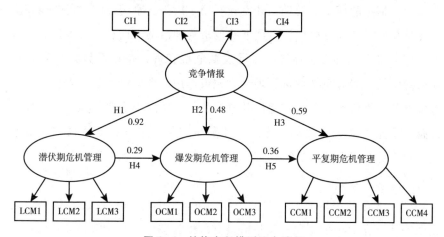

图 3-6　结构方程模型拟合路径

图 3-6 中，潜变量之间的回归系数称为路径系数，如竞争情报与潜伏期危机管理之间的路径系数为 0.92，表明竞争情报对潜伏期危机管理的效率具有重要的影响。图 3-6 的路径系数验证了本节建立的 5 个研究假设，如表 3-10 所示。

表 3-10　研究假设检验结果

研究假设	路径	路径系数	假设检验结果
H1	竞争情报→潜伏期危机管理	0.92 ***	支持
H2	竞争情报→爆发期危机管理	0.48 ***	支持
H3	竞争情报→平复期危机管理	0.59 ***	支持
H4	潜伏期危机管理→爆发期危机管理	0.29 ***	支持
H5	爆发期危机管理→平复期危机管理	0.36 ***	支持

注：*** p<0.001。

四 研究结果与讨论

通过以上分析可知，本节关于竞争情报与危机管理关系的 5 个假设全部得到了检验，且 5 个假设都非常显著，研究结果与讨论如下。

（1）竞争情报显著地影响了潜伏期危机管理，路径系数为 0.92，这说明竞争情报对潜伏期危机管理具有积极作用。企业危机管理人员在危机潜伏期的危机预警、危机诊断和危机预控实践中需要加强预警、诊断以及预控竞争情报的搜集、处理、开发和利用，用好竞争情报的预警功能和决策支持功能，从而更好地为潜伏期的危机管理活动提供有力的支持。

（2）竞争情报显著地影响了爆发期危机管理，路径系数为 0.48，这说明竞争情报对爆发期危机管理具有积极作用。企业危机管理人员在危机爆发期的危机应对、危机沟通以及危机公关等实践中需要加强沟通、环境以及对手竞争情报的搜集、处理、开发与利用，用好竞争情报的环境扫描、对手分析以及决策支持功能，从而更好地为爆发期的危机管理活动提供有力的支持。

（3）竞争情报显著地影响了平复期危机管理，路径系数为 0.59，这说明即使是在危机平复期，竞争情报对危机管理也具有非常积极的支持作用。企业危机管理人员在遭遇危机后的企业危机管理评估、企业形象的恢复、利益相关者关系的恢复以及社会心理恢复等实践中同样应该高度重视评估和恢复竞争情报对危机管理的积极支持作用。

（4）潜伏期危机管理显著地影响了爆发期危机管理，路径系数为 0.29，这意味着潜伏期危机管理是爆发期危机管理工作的基础，潜伏期危机管理工作做得好，可以避免一切可以避免的危机，将一些潜在的、小的危机消灭在萌芽期，可以阻止其爆发，从而减少爆发期危机管理的工作量。企业应该加强潜伏期的危机管理工作，尽可能从源头开始全面分析危机的诱因、危机发生的可能性，尽可能地将危机管理控制在潜伏期，实在无法避免的危机，应该及时向企业决策者做出预警。

（5）爆发期危机管理显著地影响了平复期危机管理，路径系数为 0.36，这说明爆发期企业危机管理工作效率将会直接影响到平复期危机管理工作效率。企业应该加强爆发期的危机应对、危机公关等工作，争取及时、有效地应对危机，乃至达到"化危为机"的危机管理最高境界。只有这样，平复期危机管理工作才能有效地顺利开展。

通过本节对竞争情报与危机管理内在关系的实证研究，发现竞争情报对潜伏期危机管理、爆发期危机管理、平复期危机管理都具有显著的正向影响，而潜伏期危机管理显著地影响了爆发期危机管理，爆发期危机管理显著地影响了平复期危机管理。企业在危机管理实践中，应充分认识竞争情报与危机管理的这种内在关系，成立专门的竞争情报中心，构建专业的竞争情报体系，完善竞争情报工作人员制度，以便提高竞争情报工作的质量，实现提高企业危机管理效率的最终目标。同时，企业也应该看到危机生命周期三个阶段之间的相互作用。潜伏期危机管理是企业危机管理的基础，爆发期危机管理是企业危机管理的关键。这两个阶段的危机管理工作效率将影响到平复期的危机管理。此外，由于应用竞争情报解决企业危机管理问题的研究尚处于初级阶段，目前还没有形成一个系统的理论体系。本节通过对现有危机管理和竞争情报机制研究成果的梳理和分析，选取了学术界普遍认可的危机生命周期三阶段模型和竞争情报作为潜变量，并选取了危机预警、危机诊断、危机预控、危机应对与危机公关等 14 个观测变量。采用问卷调查法，面向竞争情报和危机管理领域的科研人员和企业管理人员展开调查，获取了 368 份有效的样本数据，运用 SEM 技术和 SPSS、AMOS 数理统计软件，分析样本数据，证实了本节所提出的竞争情报与危机管理内在关系的 5 个研究假设。需要指出的是，本节没有考虑的竞争情报和危机管理的测量变量仍有很多，在加入测量变量后，结构方程模型将变得更加复杂，这将在后续的研究中进一步讨论。

第三节　理论模型的构建

本章第一节分析了过程、制度、人员理论和技术等理论模型的主要要素；第二节中竞争情报与危机管理关系的研究发现，竞争情报对危机管理的三个阶段（危机潜伏期、危机爆发期以及危机平复期）的危机管理工作都有显著的作用。在上述研究基础上，参考现有研究成果①，以"问题求解"（Problem Solving）思想为指导，以"危机生命周期过程"和"竞争情报过程"为主线，将危机生命周期各阶段的关键危机管理行动与预警、诊断、沟通等专门竞争情报相结合，构建了基于危机生命周期的企业竞争情报机制理论模型，如图 3-7 所示。

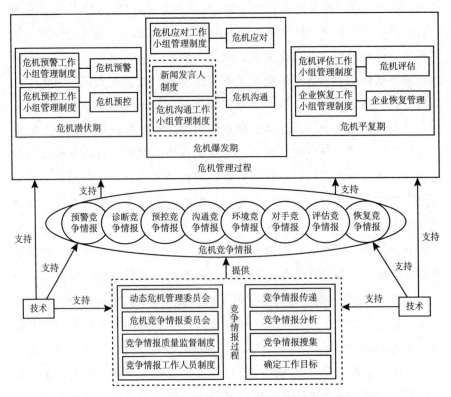

图 3-7　基于危机生命周期的企业竞争情报机制理论模型

根据前面"危机生命周期理论"部分的论述，本节采用的是"修正的三阶段模型"，因此，危机管理过程主要由危机潜伏期、危机爆发期以及危机平复期组成。危机潜伏期的竞争情报主要为潜伏期危机管理行动，

① Parnell, J. A., Crandall, W. R. The Contribution of Behavioral Economics to Crisis Management Decision-Making. *Journal of Management & Organization*, 2020, 26（4）: 585-600; 查先进、陈明红、杨凤:《竞争情报与企业危机管理》，武汉大学出版社，2010，第199~224 页。

如危机诊断、危机预警以及危机预控等提供支持，相应的竞争情报被称为预警竞争情报、诊断竞争情报以及预控竞争情报[①]；危机爆发期的竞争情报主要为爆发期的危机管理行动，如危机应对、危机沟通等提供支持，相应的竞争情报被称为沟通竞争情报、环境竞争情报和对手竞争情报等[②]；危机平复期的竞争情报主要为平复期的危机管理行动，如危机评估和企业恢复管理等提供支持，相应的竞争情报被称为评估竞争情报和恢复竞争情报[③]。

为了保证本节构建的理论模型能够正常运作，发挥它的功能，在具体的工作实践中，还应该根据企业的实际情况来设置关键危机行动相对应的工作小组管理制度、竞争情报质量监督制度、竞争情报工作人员制度等，配备动态危机管理委员会和危机竞争情报委员会中的人员以及支持竞争情报工作、危机管理行动决策和危机竞争情报的各种技术。

总体来看，基于危机生命周期的企业竞争情报机制理论模型主要由竞争情报过程、危机竞争情报和危机管理过程三个部分组成。以下将从这三个方面详细分析该理论模型的构成和工作原理。

一　竞争情报过程

图 3-7 中的竞争情报过程部分是企业竞争情报机制理论模型的基础，为危机竞争情报部分和危机管理过程部分的运行提供支持，其效率直接影响理论模型的效率。基于危机生命周期的竞争情报工作有别于一般的竞争情报工作，前者更具有针对性和问题求解的特征。在动态竞争的环境中，企业的竞争情报人员在动态危机管理委员会和危机竞争情报委员会的领导下利用各种技术开展竞争情报工作。其工作过程如下。首先，根据专门竞争情报支持的不同危机生命周期阶段的危机管理行动，结合企业的特点确定工作目标。危机生命周期中的行动主要包括危机预警、危机诊断、危机

[①]　徐芳：《危机潜伏期的企业竞争情报预警机制研究》，《情报理论与实践》2012 年第 3 期，第 66~69 页。

[②]　徐芳：《危机爆发期的企业竞争情报沟通机制研究》，《情报理论与实践》2010 年第 9 期，第 69~73、65 页。

[③]　徐芳：《危机平复期的企业竞争情报评估机制研究》，《情报资料工作》2013 年第 1 期，第 42~46 页。

预控、危机应对、危机沟通、危机评估等。竞争情报工作的目标是为这些危机管理行动提供支持。其次，以八爪鱼、Octoparse 等自动化信息收集技术为支撑，收集企业内外部竞争情报。一些竞争情报可能还需要通过调查等方法获得。再次，利用 SAS、NVivo 等分析软件和 RapidMiner 等知识发现技术对收集到的竞争情报进行分析，获得危机竞争情报，为危机管理行动决策提供支持。最后，在网络技术、多媒体技术和 Inspiration 等可视化技术的支持下，以危机管理行动决策者最容易理解的方式，将竞争情报产品传递给他们。[①]

动态危机管理委员会是理论模型中负责危机管理的主要部门。该委员会负责管理和指导危机管理过程中的竞争情报工作。动态危机管理委员会的组织结构和规模取决于企业自身的具体情况。需要注意的基本原则是：动态危机管理委员会强调企业各关键部门人员的参与和企业高层管理人员的直接领导。这样做的好处是：便于发现危机管理实践中的问题，避免拖延和纠纷，提高危机工作小组的执行力。动态危机管理委员会的人数并不是越多越好，一般在 6~9 人比较合适。在处理重大危机时，也可以在动态危机管理委员会下设立若干项目组，如新闻媒体联络小组、消费者咨询小组、危机公关小组等。[②] 巴顿（L. Barton）的研究发现，一个危机管理小组至少应该由一名律师、一名公关人员、一名数字技术专家、一名财务官员、一名通信经理、一名公共事务专家以及一名首席执行官或其代表组成。[③] 这些人员可以为企业内部的经理、部门负责人和企业外部临时聘请的专家等。考虑到动态危机管理委员会的特点和动态性，本节认为动态危机管理委员会采用动态组织结构较好；动态危机管理委员会成员也可以不固定，根据危机管理的需要调整，如当需要危机管理领域的某些专家时，可以随时聘请、动态调整，以提高企业危机管理的效率。

理论模型中的竞争情报质量监督制度和竞争情报工作人员制度能保证

① 徐芳：《基于危机生命周期的企业竞争情报机制理论模型构建》，《情报资料工作》2016年第 4 期，第 45~50 页。

② 周永生编著《现代企业危机管理》，复旦大学出版社，2007，第 184~185 页。

③ 周永生编著《现代企业危机管理》，复旦大学出版社，2007，第 185 页。

竞争情报的质量，确保为危机管理行动提供的预警、诊断、沟通等专门竞争情报是正确、可靠和及时的。基于危机生命周期的企业竞争情报工作，最终目的是帮助企业处理和应对业务活动中发生的危机。竞争情报的质量影响危机管理和应对工作的效率，有时甚至关系到企业的生存。因此，在危机生命周期各阶段的危机行动中，危机竞争情报的质量是不容忽视的。竞争情报质量监督制度的实施直接与制度实施人员的素质有关，企业可以设立竞争情报质量监督小组，由动态危机管理委员会负责人直接领导，以便进一步为危机竞争情报的质量把关。

二　危机竞争情报

理论模型中的危机竞争情报部分是以竞争情报过程部分为基础，旨在服务于危机管理过程部分。在将竞争情报应用于危机管理的实践中时，相关研究表明，在经济条件允许的情况下，企业应建立竞争情报系统来存储预警、诊断、预控、沟通、环境、对手、评估以及恢复等专门的危机竞争情报，使危机管理行动方案的研究人员能够更好地共享和利用这些专门的竞争情报。危机竞争情报的质量高低直接关系到危机生命周期中各阶段每个危机管理行动的成败，关系到整个危机管理过程的成败。在理论模型中，危机竞争情报部分的工作效率将直接影响理论模型的正常运行。理论模型正常运行的关键在于对企业经营管理活动中各种专门危机竞争情报的质量监督与控制。

理论模型中的危机竞争情报部分主要包括预警竞争情报、诊断竞争情报、预控竞争情报、沟通竞争情报、环境竞争情报、对手竞争情报、评估竞争情报与恢复竞争情报。预警竞争情报是指在危机管理过程中为危机预警行动提供决策支持的竞争情报。类似地，诊断、预控、沟通、评估和恢复竞争情报分别是支持危机管理过程中的危机诊断、危机预控、危机沟通、危机评估以及企业恢复等行动的竞争情报。环境竞争情报和对手竞争情报支持企业危机应对决策，预警竞争情报支持危机预警行动决策，诊断竞争情报支持危机诊断行动决策，预控竞争情报支持危机预控行动决策，沟通竞争情报支持危机沟通行动决策，评估竞争情报支持危机评估行动决策，恢复竞争情报支持企业恢复行动决策。①

　　总的来说，危机竞争情报是理论模型中竞争情报过程部分生产的产品，其功能是支持危机生命周期各阶段危机管理过程中的危机行动决策。在预警、诊断、沟通、恢复等专门竞争情报的支持下，危机生命周期各阶段的危机管理行动能够有效实施，从而保证了危机管理过程的效率。

三　危机管理过程

　　理论模型中的危机管理过程的各阶段工作效率将直接影响企业竞争情报机制理论模型的效率，学界对于危机管理过程的研究有很多，其中被广泛认同的危机管理过程模型有三种：P&M 模型、F 模型和三阶段模型。②可见，对危机管理过程的监测和控制是提高危机管理效率的关键。

（一）危机潜伏期

　　危机潜伏期的危机管理行动主要包括危机预警和危机预控。在危机潜伏期的危机管理实践中，企业可以设置危机预警工作小组和危机预控工作小组，由动态危机管理委员会直接领导。在理论模型危机竞争情报部分输出的预警竞争情报、诊断竞争情报和预控竞争情报的支持下，两个工作小组利用 Vensim PLE 等仿真模拟技术、Eucalyptus 等虚拟现实技术以及 DSS 等决策支持技术，开展危机预警和危机预控工作。③ 预警竞争情报主要用于支持危机诱因分析、环境监测、危机诊断和危机预警的全过程。预控竞争情报支持着危机诊断和危机预案制定等危机管理的行动决策。危机预警工作小组管理制度和危机预控工作小组管理制度设计的目的是保证危机预警和危机预控工作小组的效率，确保危机潜伏期的危机管理行动决策科学，"避免一切可以避免的潜在危机，降低不可避免的潜在危机的危害性"，及时向企业负责人等发出预警。

---

① 徐芳：《基于危机生命周期的企业竞争情报机制理论模型构建》，《情报资料工作》2016 年第 4 期，第 45~50 页。
② 薛澜、张强、钟开斌：《危机管理——转型期中国面临的挑战》，清华大学出版社，2003，第 45~47 页。
③ 徐芳：《基于危机生命周期的企业竞争情报机制理论模型构建》，《情报资料工作》2016 年第 4 期，第 45~50 页。

（二）危机爆发期

危机爆发期的危机管理工作主要包括危机应对和危机沟通。在危机爆发期的危机管理实践中，企业可以考虑设置危机应对工作小组和危机沟通工作小组，由动态危机管理委员会直接领导和负责。在理论模型危机竞争情报部分输出的沟通竞争情报、环境竞争情报和对手竞争情报的支持下，两个工作小组利用各种网络和社交媒体技术、多媒体技术、Vensim PLE等仿真模拟技术、模拟训练技术、ConVirt等虚拟现实技术以及DSS等决策支持技术，开展危机应对和危机沟通工作。沟通竞争情报则支持危机爆发期与企业内部职员、受害者、公众媒体等的危机沟通行动决策；而环境竞争情报和对手竞争情报主要支持危机爆发期的危机应对等危机管理行动决策。危机应对工作小组管理制度、危机沟通工作小组管理制度和新闻发言人制度设计的目的是保证危机应对和危机沟通工作小组的效率，确保危机爆发期的危机应对和危机沟通等危机管理行动决策的科学合理，支持危机爆发期的危机管理工作顺利进行。

（三）危机平复期

危机平复期的危机管理工作由危机评估和企业恢复管理组成。在危机平复期的危机管理实践中，企业可以考虑设置危机评估工作小组和企业恢复工作小组，由动态危机管理委员会领导和负责。在理论模型危机竞争情报部分输出的评估竞争情报的支持下，危机评估工作小组利用各种网络和社交媒体技术、Vensim PLE仿真模拟技术、DSS等决策支持技术以及竞争情报系统，开展对危机潜伏期的危机预警、危机诊断以及危机预控，危机爆发期的危机应对和危机沟通等危机生命周期中的危机管理行动及其决策进行评估，发现危机管理实践中存在的各种问题，提出具体的危机管理改进建议。同时，在理论模型危机竞争情报部分输出的恢复竞争情报的支持下，企业恢复工作小组负责制定企业恢复、利益相关者关系恢复、社会心理恢复、重塑企业形象的战略并付诸实施，以便帮助企业快速地从危机事件中恢复过来。①

---

① 徐芳：《基于危机生命周期的企业竞争情报机制理论模型构建》，《情报资料工作》2016年第4期，第45~50页。

第四节　理论模型的功能

基于危机生命周期的企业竞争情报机制理论模型的功能主要包括危机管理、竞争情报搜集、竞争对手分析和竞争环境监测等。分析企业竞争情报机制理论模型的功能，不仅有助于对理论模型形成更全面和深入的理解，以便提高理论模型的应用效率，同时有助于为危机生命周期不同阶段的关键危机管理行动制定理论模型应用的运行模式提供理论支持。这样可以更加充分地发挥理论模型在指导运用竞争情报帮助企业解决危机管理问题实践中的价值。

一　危机管理功能

目前，在复杂多变、高度不确定的动态竞争环境中，企业始终面临着各种危机的威胁，如产品、价格、人才、信息、财务、信誉等危机，危机已成为企业的一种常态。相关数据显示，45.2%的中国企业处于一般危机状态，40.4%处于中度危机状态，14.4%处于高度危机状态。[①] 这些危机是许多企业特别是中小企业倒闭的主要原因。《财富》2016年数据显示，世界500强企业中，中国民营企业的平均寿命只有15.23年，中小微民营企业的平均寿命更低。[②] 显然，危机管理已经成为刻不容缓的课题。竞争情报专家的工作是帮助企业领导人了解现在，预测未来，赢得未来。企业竞争情报机制理论模型是一个利用竞争情报帮助企业解决危机问题的抽象化了的理论模型，危机管理行动研究者在竞争情报的支持下，制定多种具有预见性的危机管理行动方案，对危机进行有效的管理。因此，可以说企业竞争情报机制理论模型具有危机管理的功能。

本章构建的理论模型的危机管理功能主要体现在以下四个方面。

第一，竞争情报活动对竞争环境、竞争对手以及与具体危机管理行动

---

① 莫海燕：《不知道也为过——2005企业危机管理现状调查》，《职业》2005年第8期，第34~35页。
② 陆拥俊、江若尘：《中国企业寿命与经济可持续发展问题的研究——基于2016〈财富〉世界500强的数据》，《管理现代化》2016年第6期，第52~54页。

相关的信息的敏感能力、分析能力和反应能力，使竞争情报成为危机管理的基础，为危机管理行动决策提供支持。

第二，危机潜伏期，在网络技术、WebCopy 等自动信息收集技术等各种技术的支持下，竞争情报人员对企业内外部环境和竞争对手进行全面监测，通过收集和分析企业竞争中关于商业实践活动的优势、劣势、机会和威胁的竞争情报来发现潜在的问题，分析预警、预控竞争情报，为危机预警和危机预控等提供支持，实现危机潜伏期的危机管理功能。

第三，危机爆发期，在 RapidMiner 等数据挖掘、Inspiration 等可视化技术、Vensim PLE 模拟仿真等各种技术的支持下，利用竞争情报的决策支持、对手分析、环境监测等功能，为企业危机管理的危机应对和危机沟通等行动决策提供环境竞争情报、对手竞争情报以及沟通竞争情报的支持，实现危机爆发期的危机管理功能。

第四，危机平复期，在竞争情报系统（CIS）、DSS 决策支持技术等的支持下，利用竞争情报的决策支持功能，为企业危机管理的危机评估和企业恢复管理行动决策提供评估竞争情报和恢复竞争情报的支持，实现危机平复期的危机管理功能。

二 竞争情报搜集功能

企业竞争情报机制理论模型是以问题解决为导向的，其目的是为危机管理过程中的危机预警、诊断、预控、沟通、评估以及企业恢复管理等行动提供危机竞争情报的支持，从而提高危机管理的效率，帮助企业解决危机问题。因此，理论模型具有搜集竞争情报的功能。理论模型根据所支持的危机管理行动来制定竞争情报的搜集范围和内容。一般竞争情报的搜集范围包括危机管理的行动，如危机预警、诊断、预控、应对、沟通、评估等相关的专门竞争情报，企业自身、竞争环境相关的竞争情报，销售规模、市场战略等竞争对手相关的竞争情报以及供应商、经销商等第三方相关的竞争情报。竞争情报的搜集工作还包括对所搜集与获取到的初步信息的加工、整理和预处理。竞争情报的准确性、全面性和及时性将会影响理论模型的效率。

竞争情报源主要有内部情报源、公开情报源和灰色情报源。内部情报源是企业竞争情报工作获取企业内外信息的首选，也是最可靠的情报来源之一。戈登指出，企业情报分析所需的信息多达 80% 来自企业内部。[①] 公开情报源主要有正式出版物、非正式出版物以及网络情报等。企业在竞争情报工作中，对于一些对时效性要求较低的历史性资料和信息，可以考虑选择正式出版物作为获取信息的来源以便提高情报分析产品的质量，非正式出版物是正式出版物情报源的补充。网络情报源是企业竞争情报工作中使用最多的情报源之一，它具有快捷性、方便性、实时性的特点。但是网络情报源也存在信息量大、质量参差不齐、分辨真假信息不易等缺点，企业在开展竞争情报工作时应该慎用这种情报源，否则很容易造成"垃圾信息进、劣质情报出"的现象。企业在开展竞争情报工作的过程中使用此类情报源时，可以考虑采用一些科学的方法来辨别信息的真伪，如通过信息来源判断、多种来源同类信息的相互印证等。灰色情报源是处于公开情报源和内部情报源之间的情报源，常见的有人际网络等。当企业在开展竞争情报工作中遇上时效性很高的信息时，可以考虑选择人际网络渠道来获取。应该注意的是，人际网络渠道处于"竞争情报工作"与"工业间谍"的灰色地带，在实践工作中应该注意遵守竞争情报工作的职业道德。人际网络的成员主要包括企业的员工、竞争对手的员工、客户、第三方专家等。

三　竞争对手分析功能

如前所述，当前企业处于动态竞争环境中，危机已经成为企业的一种常态，而危机管理也应该成为企业的一种常态管理。为保证企业的正常运行，企业在对处于危机状态下的那部分经营活动进行危机管理的同时，需要对处于正常情况下的其他企业经营活动进行管理。因此，作为一种全新的企业管理理念与思想，基于危机生命周期的企业竞争情报工作还需要考虑为处于正常状态下的企业经营活动提供决策支持，需要具备分析竞争对手的功能，当然对竞争对手进行分析也是危机管理行动决策的基础。对竞争对手及其行为的分析是企业竞争情报工作关注的焦点。分析竞争对手的

---

① 沈固朝：《国外企业的竞争情报源及其搜集方法》，《情报杂志》1996 年第 1 期，第 12～13 页。

目的是了解竞争对手在市场竞争中可能采取的战略行动，洞察竞争对手对其他竞争行动可能做出的反应，从而支持企业发现可能的机遇和威胁。[①]战略管理专家 M. E. Porter 在其 1980 年出版的《竞争战略》（*Competitive Strategy*）一书中提出了竞争对手分析模型，认为竞争对手分析的内容主要包括竞争对手在现行战略、未来目标、竞争实力和自我假设四个方面的行为和反应模式。[②] 企业竞争情报机制理论模型中分析竞争对手的功能主要体现在：对竞争对手的现行战略进行分析，分析竞争对手当前做什么和未来会做什么以及竞争对手目前可能采取的反应对策，从而调整企业危机管理的策略和经营策略；分析竞争对手的未来目标，分析是什么驱动竞争对手前进，竞争对手可能采取的发展策略等，从而调整企业危机管理和经营活动的决策；分析竞争对手企业的竞争实力，分析竞争对手的强势和弱势，找出竞争对手的弱点，调整企业的危机管理和经营活动策略；分析企业自身的行业特征和优势与劣势，为企业危机管理行动决策和经营活动决策提供支持。

四　竞争环境监测功能

监测竞争环境是竞争情报的功能之一，理论模型中的环境竞争情报支持竞争环境的监测。监测竞争环境的主要目的是随时了解企业当前所处的竞争环境的发展态势，以便为企业决策人员分析行业的竞争态势、把握竞争对手的发展动态、战略决策的制定提供正确、及时、可靠的环境竞争情报支持。企业想在动态竞争环境中保持自身的竞争优势，击败竞争对手，取得市场竞争的胜利，需要全面、准确的环境竞争情报的支持。身处动态竞争环境，企业只有适应了行业竞争环境的变化，做出了积极正确的决策，才能获得持续的竞争优势，处于行业领先的地位，求得生存与发展的空间。在企业危机管理过程中，一方面，企业需要利用竞争情报的环境监测功能了解竞争环境的动态变化，支持处于危机状态下企业经营活动和企业危机管理策略的制定及调整；另一方面，支持处于正常状态下的企业经

[①]　王知津、陈婧等：《企业竞争情报作战室功能设计与实例分析》，《情报杂志》2010 年第9 期，第 67~72、88 页。

[②]　Porter, M. E. *Competitive Strategy*. New York：Free Press, 1980, pp. 1-396.

营活动决策的制定，需要对企业的竞争环境进行监测。因此，作为一种全新的企业管理理念，企业竞争情报机制理论模型必须具备监测竞争环境的功能。

　　一般来说，竞争环境可以分为宏观竞争环境和行业竞争环境。前者主要包括政治、经济、社会、文化、法律、科技、自然等宏观环境因素。后者则包括现有的竞争对手、潜在竞争对手、供应商、客户和替代品等行业环境因素。企业竞争情报机制理论模型需要保证能够随时监测到企业的宏观环境、行业环境等相关信息，为企业危机管理人员的决策提供正确、及时、可靠的环境竞争情报支持，以便帮助企业赢得长期的竞争优势。同时，企业还需要关注微观的环境信息，即企业内部各部门的业务与管理活动相关的环境信息。从事环境监测时搜集和捕捉信息的模式可分为操作要素型和操作规程型两种。其中，操作要素型是指根据波特的行业竞争力模型，将行业竞争结构划分为潜在进入者、消费者、供应商、行业内竞争对手、替代品五种力量，并采用市场信号监测的方法来监视这五种力量的动向。①

第五节　理论模型的特征

　　本书构建的理论模型有很多特征，本节主要分析模型的开放性、动态性、交互性、系统性、竞争性、战略性等特征。模型特征的分析有助于理解理论模型的运行过程和所具备的功能，从而促进理论模型应用效率的提升；同时，基于危机生命周期的企业竞争情报机制理论模型的特征分析还有利于指导危机生命周期各阶段理论模型应用的运行模式的设计，以便更好地运用竞争情报帮助企业解决危机生命周期各阶段的危机问题。

一　开放性

　　1961 年，T. Burns 和 G. M. Stalker 在 *The Management of Innovation* 一书中描述了开放模型的主要特征：组织需要完成不稳定情况下的非常规任务；

---

① 王知津主编《竞争情报》，科学技术文献出版社，2005，第 233 页。

管理强调目的而不是手段；组织内部的冲突是由同事之间的互动来调解，而不是由上级来裁决；强调"责任的轮替"（Shedding of Responsibility）；组织被看成一个流动式的网络结构（Fluidic Network Structure）；组织中人员之间的互动可以是纵向的也可以是横向的；互动模式包括了最为明显的上下级服从关系；强调工作成果和出色地完成任务，有时以牺牲对上级的服从等为代价。①

　　本书构建的理论模型也具有开放性的特征，主要体现为：它是以完成不稳定环境下出现的非常规任务为目的的，只有具备开放性特征的理论模型才能够指导企业在动态竞争环境下运用竞争情报帮助企业解决危机问题；危机发展的不确定性要求危机管理组织结构也应该是流动式的网络结构，只有在这种危机管理组织机构的领导下才能够在竞争情报的支持下应对具有动态特征的危机；由于危机受害者不但有企业内部各级职员，还有外部的供应商、客户等合作伙伴，危机沟通和交互方式不仅是纵向的还是横向的，只有具有开放性特征的理论模型才能够做好爆发期的危机公关和危机沟通等工作；由于危机的紧迫性，危机管理工作小组的领导具有绝对的权力，而所有危机管理工作小组和竞争情报工作小组的人员必须无条件地服从，没有讨价还价的余地；危机管理工作小组和竞争情报工作小组的人员应该具有主动解决问题的素质，紧急情况下可以为了顺利解决各种危机问题采取"先行动后汇报""边行动边汇报"等方式。

二　动态性

　　在动态竞争环境中，企业内部和外部环境都具有不确定性。在危机潜伏期，企业管理者所面临的环境也处于一系列不连续的变化中，具有很大的不确定性。当危机爆发时，这种动态特征更加明显。因此，本书构建的理论模型必须具有动态性。同时，由于危机本身不是静态的、不可变的，而是随着竞争环境、竞争战略和企业危机管理的有效性而变化，所以要提高危机管理的有效性，理论模型需要动态管理、分阶段管理的思想，确保

---

　　①　〔美〕尼古拉斯·亨利：《公共行政与公共事务》（第 8 版），张昕等译，中国人民大学出版社，2002，第 102~103 页。

企业危机管理工作小组的人员能够随时观察到企业内外部环境的变化，并及时为危机生命周期不同阶段的危机管理行动提供有效的管理模式。有效的理论模型需要反映危机的阶段性和动态性特征，调整竞争情报工作的目标，为危机管理过程提供及时、有效、准确的危机竞争情报支持，从而为危机管理不同阶段的危机行动提供有效的决策支持，达到利用竞争情报帮助企业解决危机问题的最终目的。

"动态模型"常用于描述系统的过程和行为，例如，描述系统从一种状态到另一种状态的转换，以及转换过程中发生的改变与特征等。本书构建的理论模型以危机生命周期（潜伏期—爆发期—平复期）和竞争情报过程（确定工作目标—竞争情报搜集—竞争情报分析—竞争情报传递）为主线，需要描述企业竞争情报机制的基本工作过程以及过程之间的转换情况，因此必然也会具有动态模型的特征。本书构建的理论模型的动态性特征体现在运用竞争情报解决企业危机问题的危机生命周期各阶段的危机管理行动实践（如危机诊断、危机应对等）过程中。

三　交互性

危机管理的动态性、连续性等特征要求理论模型具有交互性，因此，交互性是危机生命周期的企业竞争情报机制理论模型的主要特征之一。理论模型的交互性特征主要体现在竞争情报过程与危机管理过程之间的危机竞争情报交互，危机预警、诊断、预控、沟通、评估以及企业管理恢复等行动和工作小组之间的危机竞争情报交互，危机管理工作小组和竞争情报工作小组之间的交互，各种危机管理工作小组和竞争情报工作小组与动态危机管理委员会和危机竞争情报委员会之间的交互，以及竞争情报过程与外部动态竞争环境的交互等方面。

本书构建的理论模型能够把危机生命周期各阶段的主要危机管理行动，如危机预警、危机诊断、危机预控、危机应对、危机沟通、危机评估以及企业恢复管理等置于交互、关联的工作环境中。这样可以促进危机管理工作小组和竞争情报工作小组以及企业其他部门的工作人员进行结构化的、半结构化的或非结构化的访谈以及头脑风暴，以提供最好的形式来激发参与者的创新动力，提供新颖、独特的观点和解决方法，做出明智的危机管理行动决策。本书构建的企业竞争情报机制理论模型的交互性使得企业能够与外界动态竞争环境进行危机竞争情报的有效交互，从而帮助企业危机管理工作小组及时、有效、成功地完成危机预警、诊断、预控、沟通、评估以及企业管理恢复等危机生命周期各阶段的危机管理行动，最终达到运用竞争情报帮助企业提高危机管理效率的目标。

四　系统性

理论生物学家 L. V. Bertalanffy 提出的系统论的基本思想是把研究和处理的对象作为一个系统，分析系统结构和功能，研究系统、要素、环境之间的相互关系和变化规律；从优化系统的角度来看，世界上一切事物都可以被视为一个系统，系统是普遍存在的。[①] 同样，企业也可以看作一个系统。而基于危机生命周期的企业竞争情报机制理论模型就是以企业为研究对象，以运用竞争情报帮助企业解决危机问题为目标的，因此，本书构建的理论模型也具有系统性特征。

本书构建的理论模型的系统性特征主要体现在：竞争情报过程和危机管理过程之间是相互作用、相互影响以及相互促进的，某一环节的处理效果直接影响其他环节；危机管理过程的危机预警、诊断、预控、沟通、评估以及企业恢复管理等行动之间也是相互作用、相互影响以及相互促进的；在危机生命周期中，危机潜伏期工作的效率和质量直接影响危机爆发期和危机平复期工作的进展和效率，危机爆发期工作的效率和质量也会影响危机平复期的工作，而危机平复期的危机管理经验和改进策略也会促进危机潜伏期和爆发期工作效率的提高。

理论模型基本上包括了危机生命周期各阶段的主要危机行动，采用全局的观念，使危机管理工作小组和竞争情报工作小组以及企业其他部门的管理者通过结构化的实施步骤、标准化的过程以及先进的技术手段来应对动态竞争环境下的危机问题；同时，理论模型也可以看作一种全新的系统性的企业管理思想。

---

① 王若梅：《试析制定高等教育人才培养战略规划的理论依据》，《陕西理工学院学报》（社会科学版）2010 年第 4 期，第 70～75 页。

五　竞争性

随着经济和社会全球化发展趋势的加剧，市场中各企业主体的依赖和关联程度日益复杂化，企业所面临的竞争环境也体现出动态和不确定的特点。如联合国工业发展组织所言，对于企业而言，任何外部宏观环境的变化，包括技术、经济、政治等，都可能对企业的发展甚至生存产生重大的影响。如果我们能够通过搜集竞争情报来了解早期的危机预警信号，并尽可能多地发现和预测这些预警信号可能发生的变化，我们就可以利用危机爆发前所剩余的时间提前采取适当的危机预防措施，避开可能的威胁，寻求其他的发展机遇。在当前的动态竞争环境中，这种能力对企业而言是非常重要的。[①]处于危机状态的企业，在处理危机的同时需要面对企业的竞争对手，在企业危机管理的过程中，竞争对手和竞争环境也同样是不容忽视的方面，因此，本书构建的企业竞争情报机制理论模型具有竞争性的特征。

理论模型的竞争性特征主要体现在危机竞争情报的搜集、分析、传递与利用过程中。企业在搜集、分析、传递与利用预警、诊断、沟通、恢复等专门竞争情报的时候，没有任何一个对手会愿意配合，竞争对手会采取各种可能的手段阻止竞争性信息的泄露。同时竞争对手也有可能会故意泄露一些迷惑的虚假信息。因此，在搜集、分析各种专门危机竞争情报的过程中需要考虑危机预警、诊断、预控、沟通、评估以及恢复竞争情报的竞争性特征，在竞争情报分析之前，要对竞争性信息的正确性和可靠性进行分析。同时，企业也要时刻关注竞争对手和竞争环境的变化，以便及时地调整竞争情报搜集与分析的策略，保证竞争情报的质量，更好地为企业的各种经营活动决策提供支持；否则有可能会掉入竞争对手设计的陷阱之中，留下隐患，给企业带来潜在的危机。

六　战略性

危机具有破坏性、连锁反应的特征，任何危机管理环节的细微失败都

---

① 张晓翙、张玉峰：《基于 Multi-Agent 的竞争情报智能采集模型研究》，《情报科学》2006年第 12 期，第 1776~1781 页。

可能导致企业无法顺利地应对危机，有时甚至会给企业带来毁灭性的灾难或导致企业破产。因此，危机管理应该具有战略性的特征，危机管理工作必须站在战略的高度才能取得最优的成效。而本书构建的企业竞争情报机制理论模型是为企业的危机管理行动决策提供支持，以帮助企业解决危机问题为最终目的，所以它也应该具有战略性的特征。

　　本书构建的理论模型为企业危机管理过程提供的是经过智力分析后的、具有支持战略决策功能的危机竞争情报。企业竞争情报工作小组站在战略的高度，根据危机管理行动的要求，开展企业危机时期的竞争情报工作。在企业危机管理工作小组的领导下，深入了解企业所处的危机生命周期的阶段，以及企业危机管理涉及的业务类型、企业发展阶段、企业文化传统等，并全面掌握企业所处的政治、经济、文化等宏观竞争环境的动态。企业危机管理工作小组从战略的视角出发，根据危机竞争情报工作的目标，如预警、诊断、预控、沟通、评估等危机管理行动，通过监测竞争对手的战略规划、市场战略和核心竞争能力，为企业危机管理各阶段的各种经营活动的战略决策提供包括竞争对手、竞争环境、竞争情报过程以及危机管理过程在内的全景视图。理论模型的战略性特征还体现在危机竞争情报的搜集、分析过程中，要想让危机竞争情报成为企业战略决策者的"千里眼""顺风耳""预警器""领航标"等，必须重视竞争情报工作的战略性特征。

第四章

理论模型的运行模式

模式（Pattern）是指可以用于解决某类问题的方法论，通过将具体方法抽象为理论而形成。① 模式具有可操作性强的特点，是联系理论与实践的桥梁，是管理领域最佳实践的体现。② 第三章中构建的基于危机生命周期的企业竞争情报机制理论模型的应用涉及操作层面，需要设计一些融合过程、制度、人力以及技术等因素的运行模式来支持。本章运用"病毒式"和"滚雪球式"传播理论，以及"蝴蝶效应"③、"温水煮青蛙"④和"弱信号"⑤ 等理论，分析危机生命周期潜伏期、爆发期以及平复期三个阶段各自主要的危机特征和危机管理的关键任务，构建了保证理论模型应用的三个关键运行模式：危机潜伏期的企业竞争情报预警模式、危机爆发期的企业竞争情报沟通模式以及危机平复期的企业竞争情报评估模式。这三个模式以丰富的企业危机管理案例（9 个）为基础，经过对案例的分析与提炼，归纳模式的关键成功要素，将案例的经验上升到理论的高度，进而指导企业竞争情报与危机管理工作的实践，为本书构建的理论模型的应用提供支撑。

---

① 陆岷峰、张兰：《构建多元化中小企业融资模式的战略思考》，《企业研究》2010 年第 7 期，第 50～53 页。
② 林立强、陈守明：《中西比较视域下的中国企业史管理学范式研究》，《东南学术》2020 年第 1 期，第 184～200、248 页。
③ 韩立新、霍江河：《"蝴蝶效应"与网络舆论生成机制》，《当代传播》2008 年第 6 期，第 64～67 页。
④ 岳贤伦：《危机向动物学生存的企业管理法则》，武汉大学出版社，2009，第 14～15 页。
⑤ Ansoff, H. I. *Implanting Strategic Management.* New York：Prentice Hall Inc.，1984，pp.1- 510.

需要注意的是，本章仅仅是针对危机生命周期三个阶段的关键任务设计了企业竞争情报预警、沟通和评估三个模式，危机生命周期各阶段更多的企业竞争情报模式的设计，例如危机潜伏期的企业竞争情报诊断模式、企业竞争情报预控模式等，危机爆发期的企业竞争情报应对模式、企业竞争情报公关模式等，有待后续进一步研究。

第一节　危机潜伏期的企业竞争情报预警模式

在企业日常的各种业务活动中，由于市场中各利益主体的价值取向不同，企业与客户和员工之间、企业之间，以及企业与政府部门等其他机构之间不可避免地会存在各种利益冲突。经过日积月累，这些冲突终会有爆发的一天，企业危机事件随之发生，给企业内部管理和外部业务活动带来负面的影响。根据"零点调查"公司的调查数据：我国沿海发达地区企业中高层管理者的危机识别和危机应对能力现状为，72.7%的受访者属于"低"危机识别者，18.4%的受访者属于"中等"危机识别者，只有9.1%的受访者属于"高"危机识别者，具有较高的危机识别和应对能力。[1] 由此可见，国内企业普遍缺乏危机识别和预警能力，如何提高企业管理者的危机识别、预控和预警能力，已成为迫切需要解决的问题。

危机潜伏期是危机生命周期的第一个阶段。潜伏期危机管理工作的效果，将会直接影响到企业在业务活动中能否减少所有不可避免的危机的影响，避免所有可避免的危机。危机一旦爆发，给企业带来的损害和损失是不可估量的，有时甚至是毁灭性的，因此危机潜伏期的危机诊断、危机预控和危机预警等危机管理行动非常重要。危机潜伏期的工作做好了，可以对企业的危机事件起到"防微杜渐"的作用；反之，它会给企业埋下隐患，后患无穷。构建危机潜伏期的企业竞争情报预警模式，不仅可以帮助企业识别危机、制订危机预控计划，还可以帮助企业诊断危机、进行危机

---

① 彭靖里、周勇胜等：《基于竞争情报的危机预警体系构建及其应用研究》，《情报理论与实践》2009 年第 6 期，第 46~50 页。

预警，这是企业在危机潜伏期管理危机的一种有效方法。[①] 危机潜伏期的企业竞争情报预警模式构建的研究思路为：首先，分析危机潜伏期危机的主要特征和危机管理行动的关键任务；然后，依据匹配性案例选择原则，参考危机潜伏期的危机预警、危机监测以及危机预控等关键的危机管理行动，分别选择了"华为海外行贿"风波事件（危机预警的诱因分析不够全面）、2019 年"联想撤出中国"谣言事件（危机监测不力）、2020 年的"TikTok 事件"（危机预控成功）等案例进行研究；最后，在案例研究基础上，参考现有研究成果，构建了理论模型在危机潜伏期应用的运行模式，为潜伏期的危机管理行动提供具有可操作性的方法。

一 危机潜伏期的危机特征与处理

危机潜伏期的危机特征在一定程度上决定了企业竞争情报预警模式关注的关键问题和所要实现的功能，而危机潜伏期的危机处理过程也在一定程度上决定了企业竞争情报预警模式的过程。因而，对危机潜伏期危机的主要特征和危机管理行动的关键任务进行分析，可以为危机潜伏期的企业竞争情报预警模式的构建提供支持。

（一）危机潜伏期的危机特征

通常，危机在危机生命周期的潜伏期或多或少会出现一些迹象或信号，但这些迹象或信号往往具有隐蔽性或弱信号的特征，不容易被未经专门训练的企业管理人员发现，运用一般的情报分析方法也很难捕捉到。同时，危机潜伏期也可以看作危机诱因（如管理、制度、经济、技术等）的积累过程。这些危机诱因相互作用，积累了破坏性的能量。当这些破坏性能量达到一定程度时，它们就会爆发，危机也就爆发了。

本节运用"蝴蝶效应"、"温水煮青蛙"以及"弱信号"等理论对危机潜伏期的危机特征进行分析，归纳为隐蔽性、不确定性、无序性、关联性等。[②]

---

① 徐芳：《危机潜伏期的企业竞争情报预警机制研究》，《情报理论与实践》2012 年第 3 期，第 66~69 页。

② 徐芳：《危机潜伏期的企业竞争情报预警机制研究》，《情报理论与实践》2012 年第 3 期，第 66~69 页。

1. 隐蔽性

危机往往隐藏在企业的日常经营或管理活动中，这种类型的危机也可以称为潜在危机。例如，2019 年的"联想撤出中国"谣言事件，危机隐藏在美国 CNBC 有线电视新闻台对联想首席财务官（CFO）黄伟明的采访报道中。危机的隐蔽性特征使危机的预防变得困难，但同时也使危机诱因分析、危机诊断、危机预警和危机预控等成为可能。如果我们可以用科学的方法和手段识别危机、诊断危机，建立危机预警指标体系和危机预控方案，就能够在危机爆发之前对其进行预警和预控，减小危机对企业的影响，甚至将一些危机在本阶段消除，帮助企业避免一切可以避免的危机。

2. 不确定性

有些危机在开始时只会出现"微弱信号"，往往很少引起危机管理者的注意，但最终导致了意想不到的后果，这就是危机的不确定性。危机的不确定性还表现在危机潜伏期无法获得足够的有针对性的竞争情报来预测危机的性质和未来的发展，这给企业的竞争情报工作带来了新的挑战。

3. 无序性

有些危机的发生是突然的，在企业中首次发生，因此一开始就难以把握，例如，2020 年的 TikTok 事件，美国总统特朗普突然签署行政令，声称 TikTok 威胁到了美国国家安全，将在 45 天后禁止美国人或实体与其发生的任何交易。这次危机事件使字节跳动创始人张一鸣措手不及，连续写了 3 封公开信，直至第三封信才找到了正确的危机应对方法。危机的无序性表现在两个方面。首先，这种危机以前从未发生过。一旦发生，人们会感到措手不及，这是一个非程序性的决策问题，问题求解没有规律可循。其次，危机会由于一些因素的变化而处于动态发展过程之中，没有有章可循的发展方向，需要根据竞争对手和竞争环境的动态变化采取相应的危机应对策略。

4. 关联性

有些危机是由多种因素引起的，企业面临的危机往往是综合性的、互相关联的，具有"蝴蝶效应"的特点。企业发生的一种危机可能会导致另一种危机的发生，有时同一种危机可能是由两种或者两种以上原因导致的。例如，企业的财务危机可能会导致人力资源危机，企业重要人员的跳槽可能会导致企业各个方面的危机；企业市场危机可能同时跟生产和销售有关等。危机的关联性使企业危机管理体现出高不确定性、动态性和复杂性的特点。

（二）危机潜伏期的危机处理

危机生命周期各阶段的工作重点不同。潜伏期危机管理的关键在于危机诱因分析、危机预警、危机诊断和危机预控（见图4-1）。其中，对潜在危机进行危机预警是潜伏期危机管理过程中效益最高的危机管理行动。[①]

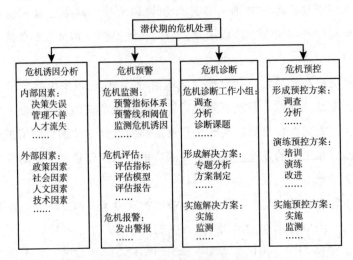

图4-1　危机潜伏期的危机处理

1. 危机诱因分析

危机诱因分析是潜伏期危机管理的基础，其准确性直接关系到潜伏期危机管理工作的成效。企业管理和业务活动中所发生的危机事件大多是有征兆的，造成企业业务活动失败或管理危机产生的原因有很多。企业决策失误、组织机构的缺陷、财务问题、产销问题、企业人才流失等内部原因和政治危机、政策危机、破坏性危机和企业公关危机等外部原因[②]都可能导致危机事件的发生。危机诱因分析是在企业内外部竞争情报的支持下，

① 郭小芳、王克平等：《大数据环境下新创企业竞争情报预警研究》，《情报科学》2020年第6期，第83~89、162页；董传仪：《危机管理学》，中国传媒大学出版社，2007，第73~131页。

② 唐钧：《新媒体时代的应急管理与危机公关》，中国人民大学出版社，2018，第65~82页。

针对企业自身的特点和战略关注的焦点，找出企业关注的内外部危机诱因，为危机潜伏期的危机监测、识别和预控工作提供依据。

2. 危机预警

危机预警是指对潜在危机进行监测、识别、诊断和评估，从而对潜在危机受害者和企业决策者进行预警的管理活动。[①] 危机预警系统通常由危机监测、危机评估和危机报警三个子系统组成。危机监测子系统根据危机诱因分析结果，建立预警指标体系，设定预警线和阈值，监测危机诱因和危机征兆，获取企业内外部竞争情报。危机评估子系统对监测子系统获得的企业内外部竞争情报进行整理、分析和评估，跟踪潜在危机的发展趋势，预判潜在危机的危害程度和爆发的可能性。危机评估是整个危机预警系统中的重要环节，对危机预警的有效性起着至关重要的作用，主要包括评估指标的设定、评估模型的选择和评估报告的形成。危机报警子系统根据危机评估结果，向组织及利益相关者报告危害程度较大的潜在危机，以便他们采取预防措施。危机预警的方法主要包括头脑风暴法、问卷调查法、情景分析法、战争游戏法、SWOT 分析法、PEST 分析法等。危机预警需要竞争情报的支持，支持危机预警工作的竞争情报可以称为预警竞争情报。

3. 危机诊断

危机诊断是使危机管理预案与企业现状吻合，确保危机管理能够高效执行的一项重要工作。[②] 危机诊断的过程包括：建立危机诊断工作小组，对企业的内外部情况进行调查分析，发现企业存在的问题，确定诊断的课题，运用科学的方法对诊断课题进行专题分析，提出改进方案，并实施改进方案。在各种专题诊断提出的改进方案基础上，可以制定危机管理预案，而制定一项科学、合理的危机管理预案是企业危机管理工作的第一步，是所有危机管理工作的基础。危机管理预案的制定包括原则、目标、功能的确定，前期准备以及预案的制定、演练与实施等环节。需要注意的是，对于不同原因产生的危机需要制定不同的预案，如针对企业内部原因

---

① 徐芳：《危机潜伏期的企业竞争情报预警机制研究》，《情报理论与实践》2012 年第 3 期，第 66~69 页。

② 董传仪：《危机管理学》，中国传媒大学出版社，2007，第 73~131 页。

可能引发的潜在危机，可以建立管理机构与制度的调整等间接控制与防范预案；针对企业外部原因（竞争环境、对手和合作伙伴等）可能引发的潜在危机，则可以建立直接的控制和防范预案；针对一些企业内外部原因共同引发的潜在危机，则可以建立直接与间接相结合的控制与防范预案。危机诊断工作的开展需要竞争情报的支持，我们可以将支持危机诊断的竞争情报称为诊断竞争情报。

4. 危机预控

危机预控的基本原则是尽可能帮助企业消除所有可以在本阶段消除的潜在危机，尽可能地减小不可消除危机对企业的影响。危机预控是指根据危机监测和危机预警的情况，对企业的各种潜在危机进行预先控制和预防，以预防或避免所有可以避免的潜在危机，或减少不可避免的潜在危机爆发所造成的危害。[①] 危机预控是潜伏期危机管理的最后一道关卡，是潜伏期危机管理工作是否成功的最后保证。危机预控的失败意味着危机的爆发，危机管理进入爆发时期。危机管理预案的制定与实施是危机预控工作的基础和核心，危机管理预案的制定和实施过程也需要专门竞争情报的支持，才能保证制定出有效的危机管理预案，才能保证危机管理预案制定与实施过程的效率。可见，专门竞争情报对危机预控的支持是非常重要的，同样我们也可以将支持危机预控的竞争情报称为预控竞争情报。

（三）竞争情报在危机潜伏期的运行

以上对危机潜伏期危机特征与危机处理过程的分析表明，危机潜伏期的企业危机诊断、危机预警和危机预控等危机管理行动都需要竞争情报的支持。只有在这些专门竞争情报的支持下，才能够制定出高效率的危机管理行动方案，从而提高潜伏期危机管理行动的效率，促进危机问题的解决。

危机潜伏期的竞争情报工作需要区别于以往的竞争情报工作，不管是预警竞争情报、诊断竞争情报还是预控竞争情报，都是以预警、诊断和预控为目的的竞争情报，具有目的明确、针对性强、及时性和质量要求高的特征，这种类型的竞争情报的搜集、分析工作需要危机预警、诊断、预控

---

① 徐芳：《危机潜伏期的企业竞争情报预警机制研究》，《情报理论与实践》2012 年第 3 期，第 66~69 页。

工作人员的参与并接受相关专家的指导与监督。另外，在运用竞争情报解决危机问题的实践中还需要注意将竞争情报的监测、预警、决策等功能和危机潜伏期的危机特征与危机处理过程紧密结合，从而优化危机潜伏期竞争情报工作的过程，提高竞争情报的质量，保障竞争情报工作的有效性，为危机潜伏期的企业危机管理工作提供高质、及时、针对性强的竞争情报支持，达到帮助企业将不可避免的潜在危机"化大为小"、尽可能地杜绝可以避免的潜在危机的目的。

二 案例研究

在建立危机潜伏期的企业竞争情报预警模式之前，需要对模式构建应该注意的问题进行分析，以提高所构建模式的信度。本节采用案例研究的方法，选择"华为海外行贿"风波事件、2019年的"联想撤出中国"谣言事件、2020年的"TikTok事件"等案例进行研究，系统地了解华为、联想、字节跳动等公司的危机预警工作过程，为危机潜伏期的企业竞争情报预警模式的构建提供支持，同时也为第五章理论模型的主要影响因素分析提供支持。

（一）案例介绍

"华为海外行贿"风波事件、"联想撤出中国"谣言事件、字节跳动的"TikTok事件"的案例概要介绍如下，详细的案例资料见附录二。

1. "华为海外行贿"风波事件

1987年，华为技术有限公司（Huawei Technologies Co., Ltd.）创立于深圳，其愿景与使命是"把数字世界带入每个人、每个家庭、每个组织，构建万物互联的智能世界"。华为是全球领先的ICT（信息与通信）基础设施和智能终端提供商。2022年，华为约有20.7万名员工，业务遍及170多个国家和地区，服务全球30多亿人口。截至2022年底，华为在全球共持有有效专利超过12万件。[①]

关于"华为海外行贿"风波事件的过程如下。2005年7月5日，孟加

---

① 华为官网，https://www.huawei.com/cn/corporate-information，最后访问日期：2023年11月17日。

拉国的第一大报 *The Daily Star* 报道了一则新闻：孟加拉国电报电话局（Bangladesh Telegraph and Telephone Board，BTTB）主席 N. Islam 涉嫌受贿。文中提到该主席负责的一个移动电话项目合同没有包含售后服务，导致该项目需要多花费 3700 万美元。西门子（Siemens）和华为中标了这个项目的设备合同。该事件被国内的某些网络论坛转发，引发了舆论事件。有论坛发布《华为踢爆惊天大案　孟加拉涉嫌巨额行贿》帖子，声称 N. Islam 被审查的原因是华为和西门子在这个项目中涉嫌行贿。2005 年 7 月 17 日，斯里兰卡的第二大报 *Sunday Leader* 报道了现任总理涉嫌受贿，被国内的 BBS 论坛广为转发。帖子《华为假借海啸捐款巨款贿赂斯里兰卡现总理》提到，该国总理的银行账户记录中，华为 2005 年 3 月 2 日从渣打银行账号汇入 10 万美元。① 面对此次危机事件，华为的新闻发言人与公众媒体进行了沟通，还邀请了《IT 时代周刊》等媒体协同调查。②

　　关于"斯里兰卡总理受贿"的调查显示：斯里兰卡有关部门给现任总理定的最大的罪行是违反内阁规定和没有在中央银行开设统一赈灾账户而私自公布个人海啸基金账户（Helping Hambantota），并涉嫌挪用该基金。文章中两次出现"HuaWei Technology"，是为了说明华为以赈灾者的身份向"Helping Hambantota"账户中存入 10 万美元，并未提到华为涉嫌行贿。根据中国驻斯里兰卡大使馆的一位机要秘书对媒体的回信，华为捐赠时已经知会了使馆，当地并未发现华为有行贿行为的证据。③ 关于"孟加拉国 BTTB 主席受贿"的调查显示：有关 BTTB 前主席 N. Islam 受审文章中并没有提到华为行贿 N. Islam，"BTTB 移动电话项目也不是 N. Islam 被审查的最大导火索"，是孟加拉国另外一个光网络项目导致了 N. Islam 受审。作为招标委员会的领导人，N. Islam 选择了报价最高的西门子，而没有选择报价最低的 Nortel。2005 年 4 月，孟国拉国命令对招标委员会中包括 N. Islam 在内的 6 位官员进行审查，其中对 N. Islam 负责的所有招标

---

① 董传仪、葛艳华：《危机管理经典案例评析》，中国传媒大学出版社，2009，第 153~156 页。
② 徐芳：《危机潜伏期的企业竞争情报预警机制研究》，《情报理论与实践》2012 年第 3 期，第 66~69 页。
③ 何旭东、许敏：《华为真的在海外行贿了吗?》，《IT 时代周刊》2005 年第 15 期，第 20~26 页。

项目进行了审查，自然也包括 BTTB 移动电话项目。[①]

2. "联想撤出中国"谣言事件

1998 年，联想集团成立于中国，是一家业务覆盖全球 180 个市场的全球化科技公司，服务全球超过 10 亿用户。2019 年，联想提出智能变革战略，围绕智能物联网（Smart IoT）、智能基础架构（Smart Infrastructure）、行业智能与服务（Smart Verticals & Services）三个方向成为行业智能化变革的引领者和赋能者。[②]

根据 2019 年 5 月 28 日联想集团在其官方微信公众号上刊登的题为《"联想撤出中国"谣言诞生始末》的文章，联想集团撤出中国谣言事件经过大致如下。

2019 年 5 月 24 日，联想集团的首席财务官（Chief Financial Officer, CFO）黄伟明在财务发布会后接受了美国全国广播公司（National Broadcasting Company，NBC）环球集团持有的全球性财经有线电视卫星新闻台美国消费者新闻与商业频道（Consumer News and Business Channel, CNBC）的采访。CNBC 在报道的采访文章之前增加了 "Key Points"，即 "Lenovo said that it could shift production away from China if U. S. slaps additional tariffs on Chinese products"（联想表示，如果美国对中国产品征收额外关税，它可能会将生产从中国转移出去）。但是，在采访中黄伟明的实际回答是 "We have definitely the ability to shift some of the production……"（我们绝对有能力将一些生产……）。

此后，网络上出现了许多将 CNBC 的这个错误理解当成联想集团接受采访时 CFO 黄伟明对美国增加关税应对的表态。例如，风闻社区的网友"黑海的海魂衫"把 CNBC 的标题《科技巨头联想表示已"做好充分准备"应对美国继续征收关税》改成了《中国联想：一旦关税有变，我们就将生产线搬出中国》[③]。新浪微博的某大 V 在微博上转发了 CNBC 该报

---

① 何旭东、许敏：《华为真的在海外行贿了吗?》,《IT 时代周刊》2005 年第 15 期，第 20~26 页。

② 《联想是谁》，https://brand.lenovo.com.cn/about/indroduction.html，最后访问日期：2021 年 10 月 11 日。

③ 黑海的海魂衫：《中国联想：一旦关税有变，我们就将生产线搬出中国》，https://user.guancha.cn/main/content? id = 119651&s = fwzxfbbt，最后访问日期：2021 年 10 月 11 日。

道的截图，并且配上了一段文字"……——嗯，有点意思"。该大 V 的微博将黄伟明在接受采访时说的"shift some of the production"（转移部分产品），错误地翻译成了"把生产线转移"。这条微博推动了大量媒体开始报道联想将因美国关税问题而撤出中国。一时之间，关于联想集团撤出中国的谣言四起，给联想集团树立了"汉奸""逃跑者"的负面形象。

联想集团选择了以 CFO 黄伟明个人身份就"相关表述不准确，造成媒体和公众的误读"道歉，以平息不断升级的谣言。2019 年 5 月 28 日，联想集团在其官方微信公众号上刊登了题为《"联想撤出中国"谣言诞生始末》的文章，否认其 CFO 接受 CNBC 采访时说过"联想撤出中国"。而此时，CNBC 也将采访联想集团 CFO 黄伟明的报道前面的"Key Points"中的"shift production"改成了"shift some production"。

3. 北京字节跳动科技有限公司的 TikTok 事件

2012 年 3 月，北京字节跳动科技有限公司（以下简称"字节跳动"）成立，是较早地将人工智能技术应用于移动互联网场景的企业之一。"技术出海"是该公司全球化发展的核心战略，公司的产品和服务已覆盖全球 150 个国家和地区。① 2016 年 9 月，面向国内用户的抖音短视频上线。2017 年 5 月，字节跳动收购了在美国影响力巨大的 musical. ly（有几千万用户），推出了面向国外用户的 TikTok。2020 年，TikTok 进入了 30 多个国家，获得了全球 10 多亿用户，迅速上升到国际短视频行业的首位。2021 年上半年，TikTok 排名非游戏 App 下载量和营收额的首位。② TikTok 的美国用户数量在 2021 年将突破 5000 万人。③

字节跳动的 TikTok 事件经过大致如下。2019 年 12 月初，美国海军（United States Navy，USN）和国防部（Department of Defense，DOD）声称 TikTok 有网络威胁问题，要求士兵不能安装这款应用，已经安装的要立即删除；2020 年 1 月，美国陆军以危及美国国家安全为由，也宣布禁

---

① 字节跳动官网，https：//www. bytedance. com/zh/，最后访问日期：2021 年 10 月 15 日。

② 《全球 APP 报告发布，疫情和国际形势影响巨大》，https：//guba. sina. com. cn/？bid = 9904&s = thread&tid = 3130，最后访问日期：2021 年 10 月 18 日。

③ 《TikTok 美国用户规模有望在 2021 年突破 5000 万人》，https：//baijiahao. baidu. com/s？id = 1659934392511407939&wfr = spider&for = pc，最后访问日期：2021 年 10 月 18 日。

止士兵在政府拥有的手机上使用 TikTok；2 月，美国运输安全管理局也要求员工停止使用 TikTok；7 月，美国国务卿迈克·蓬佩奥（M. Pompeo）、美国总统唐纳德·特朗普（D. Trump）、白宫贸易顾问彼得·纳瓦罗（P. Navarro）和经济顾问拉里·库德罗（L. Kudlow）、白宫幕僚长马克·梅多斯（M. Meadows）、美国战略与国际研究中心（Center for Strategic & International Studies）科技专家詹姆斯·刘易斯（J. Lewis）纷纷就封禁 TikTok 发表了公开言论，众议院通过了一项禁止联邦雇员在政府设备上使用 TikTok 的法案，参议院国土安全和政府事务委员会投票通过"禁止在政府设备上使用 TikTok 法案"；8 月，唐纳德·特朗普称将计划动用行政命令禁止在美国使用 TikTok 并反对微软收购，字节跳动同意剥离 TikTok 美国业务，美国中央情报局（Central Intelligence Agency，CIA）表示没有证据显示中国政府获取 TikTok 用户数据，TikTok 声称正在起诉美国政府；9 月，甲骨文公司（Oracle）被选为 TikTok 美国业务的买家。[①] 字节跳动的 TikTok 事件的最终结果为：美国总统批准甲骨文与 TikTok 的合作协议，新一轮融资后，字节跳动将继续掌握 TikTok 的控制权，甲骨文和沃尔玛则分别获得 TikTok12.5% 和 7.5% 的股份。

（二）案例分析：危机潜伏期的环境监测与有效预警

通过分析以上案例可以知道，虽然案例介绍中的三家公司在危机事件发生后都主动、及时地采取了企业相关当事人和领导人高度重视、邀请媒体协同调查，乃至诉诸法律等有效的危机应对措施，较为成功地处理了这三次危机事件，使由网络媒体报道失实、错误理解等原因而引发的危机事件不攻自破，体现了这三家公司良好的危机管理能力；但是进一步分析这三家公司危机潜伏期的危机预警、危机监测、危机预控等工作过程，便可以发现其在危机预警、危机监测和危机预控过程中还是存在一些问题，如危机发生时缺少专门的危机预警机构、对潜在危机诱因分析不够全面、对环境竞争情报的关注不够等。这些均在一定程度上影响了这三家公司的危

---

① 杨飞：《抖音海外版 Tik Tok 遭遇华为式待遇，美国竟然惧怕中国社交软件？》，https：//baijiahao. baidu. com/s？ id = 1673907984286485183&wfr = spider&for = pc，最后访问日期：2021 年 10 月 20 日；《TikTok 事件时间线梳理 是逆风翻盘还是顺风转舵？》，https：//www.ebrun.com/20200918/402768.shtml，最后访问日期：2021 年 10 月 20 日。

机预警、危机预控行动效率。

　　本部分将从以下几个方面来对华为公司、联想集团以及字节跳动在处理这三次危机事件过程中表现出来的问题进行分析，从而在一定程度上揭示企业危机预警阶段的危机特征和危机处理过程，以便为危机潜伏期的企业竞争情报预警模式的构建提供实践经验的支持，提高本书构建的危机潜伏期的企业竞争情报预警模式的信度。①

　　1. 缺少专门危机预警工作小组的支持

　　华为公司、联想集团在遭受网络媒体失实报道（错误翻译）引起的危机事件后，马上由公司的领导人员、事件当事人作为新闻发言人主动与媒体沟通、澄清事实。联想集团撤出中国谣言事件由于主要原因涉及语言翻译问题，在官方微信公众号上发布的《"联想撤出中国"谣言诞生始末》文章中，还一起发布了专门聘请的来自北京外国语大学、广东外语外贸大学、对外经济贸易大学的三位翻译专家对事件当事人的英文发言的权威翻译、网络不实报道的证据图片和 CNBC 采访报道文章中 "Key Points" 文字修改前后的图片等，表明联想集团较强的危机事件应对能力。但是从制度角度来看，这三家公司当时可能尚缺乏专门的危机预警工作小组的支持，没有专门机构或组织的保障，就不能快速、准确、专业地处理危机预警阶段的问题。另外，在华为公司应对此次危机事件的过程中，还可以发现华为公司当时危机预警制度、新闻发言人制度尚不够完善，如在此次危机事件发生后，不但有华为公司的领导人傅军出来担当新闻发言人的角色，而且华为驻孟加拉国的代表张胜兴和 BTTB 招标项目的负责人也曾出来和媒体进行过沟通。这是很危险的事情，容易由于所处职位不一样、出发点不一样而造成口径的不一致，引起媒体的误会，不准确的报道将会引发次生危机，使危机事件升级，给企业带来进一步的灾难与损失。为了避免口径的不统一，企业在应对危机的时候应该严格按照新闻发言人制度由公司领导层委派固定的人员出面担当新闻发言人的角色，而不是涉及哪个环节就换哪个相关人员接受采访。由此可见，建立专门的危机管理组织

---

① 徐芳：《危机潜伏期的企业竞争情报预警机制研究》，《情报理论与实践》2012 年第 3 期，第 66~69 页。

是企业危机管理中最基本的部分，应该引起企业的高度重视。

2. 潜在危机诱因分析不够全面

根据前面关于危机潜伏期的危机管理过程的分析结果可知，企业危机预警的前提是识别企业潜在的危机诱因，只有通过危机诊断找到危机监测的目标才能做到有的放矢，从而使危机监测和危机预警指标体系的构建更具针对性。因此，在危机预警工作开始之前需要对企业潜在的各种危机进行诱因分析。危机诱因分析的方法包括 SWOT 法、PEST 法、"五力模型"分析法以及关键成功因素法等。通过分析企业成功的主要影响因素和面临的威胁，可以寻找企业潜在危机的诱因，使其成为危机监测的重点对象。联想集团在 2019 年 5 月 28 日发布在微信公众号上的《"联想撤出中国"谣言诞生始末》文章中提供了 5 月 24 日国内风闻社区的网友"黑海的海魂衫"发布的《中国联想：一旦关税有变，我们就将生产线搬出中国》、5 月 24 日新浪微博某大 V 的博客截图、5 月 24 日和 28 日 CNBC 关于该采访报道的修改前后的截图。但是，联想集团却未能在自己的 CFO 接受 CNBC 采访后跟进 CNBC 的采访报道，第一时间发现该报道 "Key Points" 中存在报道不准确、有误导受众的潜在危机。这表明联想集团的危机监测工作存在问题，对潜在危机的诱因分析不够全面。同样，华为在国内网站出现"华为海外行贿"事件两天后做出回应，表明华为具有一定的危机意识和危机监测机制，但当时缺乏对海外媒体的关注。因为孟加拉国第一大报 *The Daily Star* 早在 2005 年 7 月 5 日就报道称，BTTB 主席 N. Islam 涉嫌受贿，这预示着潜在的危机。然而，华为直到半个月后才从国内网站上发现该危机。这不仅说明华为当时并没有将海外与华为业务合作的相关新闻作为潜在的危机诱因进行监测，还可以看出华为危机诱因分析的范围不够全面，环境竞争情报的获取不够及时。相比较而言，字节跳动由于其"技术出海"全球化发展战略，危机诱因分析工作（特别是海外的）是比较全面的。早在 2020 年 TikTok 事件发生之前的 2019 年初，字节跳动就采取了一系列的措施来将国内的抖音和 TikTok 业务剥离，由不同的团队负责两个产品的业务。甚至还采取停止中国用户使用、招聘美籍核心高管等方式，期望最大限度地实现 TikTok 的"去中国化"。

3. 潜在危机监测工作不力

根据前面关于危机潜伏期危机处理过程的研究可知，危机监测工作是危机预警工作的基础，危机监测工作的效率直接影响危机预警工作的成效。虽然2005年7月20日国内网站首次出现有关"华为海外行贿"事件报道后，不到两天华为公司的新闻发言人就主动与媒体联系进行了相关问题的澄清，这表明华为公司对国内环境竞争情报的监测还是比较及时的；但是海外环境情报的监测工作就显得比较迟钝，事实上海外媒体早在2005年7月5日和17日孟加拉国和斯里兰卡的当地媒体报道高层管理人员涉嫌受贿文章中，华为的名字就出现了。华为的名字与孟加拉国和斯里兰卡两国高层管理人员受贿新闻同时出现，这是一个较为强烈的潜在危机信号，但它没有引起华为管理者的重视，表明华为当时的危机管理工作对海外潜在危机的监测是不够全面的。如前所述，联想集团未能第一时间发现美国CNBC对公司CFO采访报道中"Key Points"中的错误，及时联系美国CNBC进行更正，给了国内的网络用户将这个"错误"放大的机会，最终酿成了这次联想集团撤出中国的谣言事件，其原因也与潜在危机监测不力有关。相反，字节跳动的潜在危机监测工作要出色一些。例如，2020年8月1日，美国总统唐纳德·特朗普称将计划动用行政命令禁止TikTok在美国运行，同日字节跳动就采取了行动，表示同意剥离TikTok美国业务。这表明字节跳动基本可以实时地监测潜在危机，并做出快速的反应。当然，这可能与危机事件发生时这些公司尚未建立专门的危机预警工作小组有关，但是最为关键的还是企业缺少面向危机管理的竞争情报模式，对预警竞争情报的关注不够，危机管理工作不够系统，无法保证企业危机竞争情报工作的质量，无法发挥竞争情报的危机预警功能。

4. 预警竞争情报工作范围不够广泛

从前面构建的基于危机生命周期的企业竞争情报机制理论模型可知，环境竞争情报与对手竞争情报、预警竞争情报、诊断竞争情报等一样，是危机预警行动必不可少的支持之一。华为公司监测到国内网站有关"华为海外行贿"报道和联想集团监测到国内网站的"联想集团撤出中国谣言事件"，并快速地对危机事件做出了回应，说明华为公司和联想集团对于国内的环境竞争情报是高度重视的。然而，上述分析也表明，华为在

15 天后的调查才开始关注海外环境竞争情报，这在一定程度上表明华为当时预警竞争情报工作的范围还不够广泛。如果孟加拉国和斯里兰卡高管受贿新闻报道中出现华为名字后，华为的海外竞争情报工作人员可以迅速将该环境竞争情报传回公司的危机管理部门，危机管理部门一直跟踪这个事件的发展趋势，进一步分析其产生危机的可能性，提前制定危机管理计划和发布声明，当失实报道出现在国内网站上时，这些报道将会不攻自破，可以将这次危机事件的影响降到最低的程度。① 同样，联想集团也是在国内网络出现了"联想集团撤出中国谣言事件"后才关注到 CNBC 关于联想 CFO 采访的报道，未能在第一时间发现 CNBC 采访报道"Key Points"中存在的可能引发危机的问题。相较而言，字节跳动对海外环境的监测几乎是实时的，这可能与其"技术出海"全球化发展战略有关。

5. 危机管理预案工作不是很到位

从以上分析可以看出，华为和联想都是在国内网站的虚假报道导致危机发生后才采取行动，在危机发生后才开始调查海外的危机。它们没有意识到之前海外相关报道的潜在危机，并制定相应的危机管理预案。在某种程度上，这表明华为和联想集团当时的危机管理预案工作没有做好。当然，这与当时华为和联想集团可能没有专门的危机预警工作小组、对潜在危机原因分析不到位、对竞争情报预警监测不够有关。相比之下，字节跳动对"Tiktok 事件"的响应更快。由此可见，企业的危机预警和危机预控过程是一项系统工程，每一个环节的质量将直接影响整个系统危机处理的效率。企业建立系统的危机预警和危机预控体系与制度来应对潜在危机是非常有必要的。

（三）案例总结：危机潜伏期预警模式成功的关键

以上研究表明，在危机潜伏期需要通过构建有效的运行模式来提高企业竞争情报的效率，帮助企业解决危机问题。竞争情报的环境监测、危机预警、对手分析和策略制定功能可以帮助企业解决危机潜伏期的危机问题。同时，研究发现，为了保证预警的成功，需要注意影响模式成功的因

---

① 徐芳：《危机潜伏期的企业竞争情报预警机制研究》，《情报理论与实践》2012 年第 3 期，第 66~69 页。

素和一些关键的问题。本部分对"华为海外行贿"风波事件、"联想撤出中国"谣言事件以及字节跳动的"TikTok事件"进行了案例介绍和案例分析，总结的具体研究结果与讨论的问题如下。

1. 注意个案的差别

虽然以上介绍的三个案例都最终成功地应对了各自的危机事件，但是这三家公司在危机潜伏期的预警工作是有较大差别的。字节跳动由于其"技术出海"全球化发展战略，对公司的海外环境监测做得非常好，基本上实现了对海外环境的实时监测，这是字节跳动成功地应对这次危机事件的关键。而同样是由于网络媒体失实报道引发的华为公司和联想集团的危机事件，其响应速度也因公司的制度不同而有所差异。总的来说，危机潜伏期的竞争情报预警模式能否成功运作，需要注意个案的差异。根据具体问题具体分析的原则，不同的企业危机产生的原因可能大致相同，但每种危机产生原因的重要性肯定是有差异的。因此，在进行危机诱因分析时，应根据企业的具体情况对危机诱因的重要性进行确定。在进行潜在危机和危机征兆监测时也应该注意企业个案的差异，重点关注与企业战略密切相关的、对企业的发展起重要作用的关键的危机诱因。这是潜伏期危机管理的关键。此外，企业在进行危机诊断和制定危机预案时也需要注意个案差异的特点。

2. 加强危机预案的演练

加强危机预案的演练是保证潜伏期的企业竞争情报预警模式成功的关键。危机预案的制定是在危机诱因分析、危机预警和危机诊断的结果基础上进行的有计划的工作，是危机管理的基础。① 其实施效果仍有待危机预控实践来检验。在危机预案的实施过程中，由于危机工作人员对危机预案的不熟悉和经验不足，往往会出现一些人为失误。危机预案的演练不仅可以提高企业危机工作人员对危机预案的熟悉程度，还可以增加企业危机工作人员对潜在危机的警惕性和危机处理经验。危机预案演练是保证危机预案实施效率的有效途径和关键所在。企业在制定危机预案后应该加强危机

---

① 郭小芳、王克平等：《大数据环境下新创企业竞争情报预警研究》，《情报科学》2020年第6期，第83~89、162页。

预案的演练，因为让企业危机工作人员了解和熟悉危机预案比制定危机预案本身更加重要，也只有当企业危机工作人员对危机预案熟悉时，才能够更好地发挥危机预案的作用，才能够有效地提高企业危机预控工作的效率，保证预警模式的成功。如果华为公司和联想集团都有比较完备的危机预案演练活动，应该能够及时地发现其危机管理制度中存在的忽视海外环境监测的问题，从而完善其危机预案，提高对由海外原因导致的网络不实报道引起的危机事件的监测能力。

3. 专门危机预警工作小组的设置

"华为海外行贿"风波事件、"联想撤出中国"谣言事件以及字节跳动的"TikTok 事件"的案例分析结果告诉我们，专门的危机预警工作小组设置的重要性。有专门的危机预警工作小组和专业的危机预警工作者，企业的危机预警工作才有了组织和人员的保障，才能全方位地识别和监测企业潜在的危机诱因，评估潜在的危机并及时通知相关的决策者、潜在的受害者，做好危机的预防与预控工作。企业一般会成立专门的危机管理委员会，接受企业领导的直接管理，委员会下面会设置危机诊断工作小组、危机预警工作小组、危机预控工作小组、危机应对工作小组以及危机评估工作小组等，全面地负责危机生命周期各阶段危机的管理工作。可见，专门危机预警工作小组的设置将会影响危机潜伏期的危机预警模式的成功。

4. 设置诊断、预警、预控竞争情报质量的监督制度

危机潜伏期的诊断、预警和预控等专门竞争情报与以往的竞争情报工作相比，在竞争情报的及时性、正确性和可靠性方面要求更高。因为不及时、不正确和不可靠的竞争情报不但不能够帮助企业识别危机、对危机进行预警，反而可能导致危机管理行动决策者做出错误的决策，刺激危机的爆发，产生相反的效果。因此，有必要建立危机潜伏期的竞争情报质量监督制度，确保危机潜伏期专门竞争情报的质量。[①] 如果华为和联想建立了竞争情报质量监督制度，应该能够在危机发生前发现现有竞争情报工作覆盖范围不够广泛等问题，并采取相应的措施，完善企业的危机预警指标体

---

① 徐芳：《危机潜伏期的企业竞争情报预警机制研究》，《情报理论与实践》2012 年第 3 期，第 66~69 页。

系，及时地监测海外潜在危机的信号。另外，竞争情报质量监督制度还可以帮助企业提高其竞争情报工作的效率。因此，诊断、预警、预控等竞争情报质量监督制度的设置，也将是危机潜伏期的竞争情报预警模式成功的关键要素之一。

5. 加强对潜在危机的诱因分析，保证覆盖企业经营活动的各方面

从华为和联想的危机事件中可以看出，危机诱因分析的全面性很重要，华为公司和联想集团都将国内网站的环境竞争情报作为监测的对象，在监测到国内网络上出现的危机事件后都采取了快速的响应。但是国外的环境竞争情报监测工作就做得不理想，因而在国外出现了潜在危机信号时没有监测到，使企业错过了更多的时间来对该危机事件进行预防与预控。如果联想集团加强对海外竞争环境的监测，就可以第一时间发现 CNBC 采访文章前面的"Key Points"将黄伟明在接受采访时说的"shift some of the production"（转移部分产品）错误地写成了"把生产线转移"这个问题，及时地敦促 CNBC 修改过来，这或许可以避免这次谣言事件。

综上，危机潜伏期危机管理过程各环节的工作效率会直接影响危机潜伏期的危机预警模式的成功。

三　危机潜伏期企业竞争情报预警模式构建

怎样才能构建一个有效的模式来保证危机潜伏期竞争情报的质量，使其在企业中的传递畅通无阻，提高竞争情报帮助企业进行危机预警与预控工作的效率，保证危机潜伏期企业决策的正确性，减少由于潜在危机的隐蔽性、不确定性等特征给企业带来的损失，尽可能地避免可以避免的潜在危机，尽量地减少不可避免的潜在危机的破坏性？这是摆在竞争情报从业者和研究人员面前的一个难题。本节首先从"华为海外行贿"风波事件、"联想撤出中国"谣言事件以及字节跳动的"TikTok 事件"的案例分析中提炼出构建危机潜伏期企业竞争情报预警模式需要注意的一些问题，然后从竞争情报的功能和预警的特征两个方面对危机潜伏期企业竞争情报预警模式构建的可行性进行分析，最后在借鉴国内外相关理论研究成果和案例分析实践经验的基础上构建了危机潜伏期企业竞争情报预警模式。

（一）案例启示

通过对"华为海外行贿"风波事件、"联想撤出中国"谣言事件以及字节跳动的"TikTok事件"等案例进行分析，我们可以得到如下一些关于危机潜伏期企业竞争情报预警模式构建的启示。

1. 以危机潜伏期的危机管理行动为核心

"华为海外行贿"风波事件、"联想撤出中国"谣言事件以及字节跳动的"TikTok事件"案例研究的经验告诉我们，危机潜伏期的危机管理行动决策需要诊断、预警以及预控等专门竞争情报的支持。因此，构建危机潜伏期企业竞争情报预警模式必须以危机潜伏期的危机诊断、危机预警以及危机预控等危机管理行动为核心。这样才能实现运用专门竞争情报支持潜伏期的危机管理行动决策，从而有效地帮助企业化解危机的目的。

2. 需要设置专门的危机预警工作小组

从以上三个案例研究的结果可知，建立专门的危机预警工作小组是提高企业危机预警效率的组织基础和保障。在专门的危机预警工作小组的指导下，企业的领导和管理层的主要负责人参与到小组中，企业的危机预警工作才能够有序地推进，从而实现企业危机预警的目的。因此，危机预警工作小组应成为危机潜伏期竞争情报预警模式的重要组成部分之一。

3. 需要建立专门的危机管理制度

从"华为海外行贿"风波事件、"联想撤出中国"谣言事件以及字节跳动的"TikTok事件"案例研究的结果可知，华为和联想虽然很好地处理了这次危机事件，但是这两家公司的危机管理效率有待提升，危机预警、危机预控以及危机应对措施与制度方面尚存在可以改进的地方。因此，在构建危机潜伏期的企业竞争情报预警模式时，建立一套专门的危机管理制度，可以确保潜伏期危机管理行动的效率。

4. 需要建立专门的竞争情报制度

从以上三个案例研究的结果可知，华为公司和联想集团的竞争情报质量的保证缺乏有效体系的支持，导致国外环境竞争情报的收集范围不够完整，漏掉了一些重要的环境竞争情报。这是这两家公司此次危机事件发生的主要原因。为了给危机潜伏期的危机管理行动提供可靠、正确、及时的竞争情报支持，在构建危机潜伏期的企业竞争情报预警模式时，应该考虑建立专门的竞争情报制度来保证危机潜伏期竞争情报工作的质量。

（二）可行性分析

竞争情报的功能很多，一般认为竞争情报有六大功能：环境监测、市场预警、技术跟踪、对手分析、策略制定、信息安全。[①] 企业处于危机潜伏期时，竞争情报对危机处理过程的支持主要体现在环境监测、市场预警以及对手分析和策略制定等方面。

危机潜伏时期，竞争情报的环境监测功能是指通过对企业内外部环境的监测来获取诊断竞争情报和预警竞争情报，为危机潜伏期的危机诊断和危机预警提供支持，具体而言，主要用于支持危机预警过程中的危机成因分析、危机诊断过程中的课题查找以及危机预控过程中的预案实施控制与反馈。竞争情报的环境监测功能可以帮助企业寻找危机的诱因，确定这些诱因的影响程度并对其等级进行排序；可以帮助企业了解企业内外部的现状，确定危机诊断的课题；可以帮助企业了解危机管理预案的实施情况和危机发展的态势，提高危机预控的效率。危机潜伏时期，竞争情报的市场预警功能是指企业在发展过程中，需要不断分析市场形势，把握市场动态，提高市场占有率，增加产品产量，正确把握产品涨跌可能性、产品营销范围、产品出口的可能性以及新产品品种、质量、价格、服务等方面的短板和不足，以确定企业的下一步发展战略。[②] 竞争情报的市场预警功能主要体现在对企业危机预警过程的支持。企业危机预警包括监测、识别、诊断与评价等活动，竞争情报的预警功能可以为企业潜伏期危机管理人员的预警工作提供支持。危机潜伏时期，竞争情报的对手分析和策略制定功能是指对竞争环境和竞争对手进行分析，及时、准确地搜集预控竞争情报、诊断竞争情报、预警竞争情报等，以便支持危机预警、危机诊断以及危机预控等危机管理行动方案的制定和实施。

对预警的原理与方法进行分析，可以知道竞争情报是否能够在预警的

① 李国秋、吕斌编著《企业竞争情报理论与实践》，清华大学出版社，2011，第176~193页；沈固朝等编著《竞争情报的理论与实践》，科学出版社，2008，第35~37页；王知津主编《竞争情报》，科学技术文献出版社，2005，第54~56页。
② 石安雄：《机械制造企业竞争情报网络系统研究与应用》，硕士学位论文，重庆大学，2007，第37~59页。

过程中起到支持的作用，竞争情报是否能够与预警过程进行紧密的结合，以便充分发挥竞争情报在预警等危机管理行动中的作用。预警具有相关性、相似性、统计规律性和持续追踪等原理，预警的原理及其解释如表4-1所示。

表4-1 预警的原理及其解释

预警原理	解释
相关性原理	通过检查和评估一些重要的危机事件征兆信号,预测危机事件发生的可能性,推测危机的性质以及危机事件可能的后果
相似性原理	根据危机事件的相似性,从以往的危机事件中总结该类危机事件的规律、征兆和发展态势变化,从而有针对性地控制可能导致该类危机爆发的各种条件
统计规律性原理	分析大量危机案例数据,使用概率论和数理统计方法,归纳危机事件发生的统计规律性特点,为危机管理者预测危机事件的发生概率提供支持
持续追踪原理	危机的不确定性特点使得危机预警的准确性不会太高。为了及时发出预警警报,危机预测人员既要对可能发生的危机事件进行动态的监测与分析,又要对危机事件进行长期的跟踪和分析,及时发现新的情况,对危机管理预案进行及时的调整

资料来源：徐芳《图书馆危机预警管理系统构建研究》，硕士学位论文，天津工业大学，2007，第15~16页。

预警的方法主要有定性预测法、定量预测法以及定性与定量相结合的方法，如表4-2所示。

表4-2 预警方法的分类

类型	解释	预警方法
定性预测法	根据个人经验和判断能力,对危机事件的未来发展趋势做出判断,然后综合预警竞争情报预测危机的发展	德尔菲法、头脑风暴法、主观概率法、调查访问法、情景预测法等
定量预测法	以以往的危机事件数据为基础,采用概率论与数理统计方法,揭示危机事件的影响因素之间的关系与规律,预测危机事件的未来发展和变化	移动平均法、指数平滑法、回归分析法等
定性与定量相结合预测法	危机预测的定性与定量相结合的方法	层次分析法和模糊综合评判法等

资料来源：徐芳《图书馆危机预警管理系统构建研究》，硕士学位论文，天津工业大学，2007，第16页。

　　以上分析表明，竞争情报能够为危机潜伏期的危机预警、危机诊断和危机预控等危机管理行动的决策过程提供支持，而预警的原理和方法则保证了危机预警的可行性。因此，无论是从理论的角度还是从实际操作的角度来讲，构建一种可操作性强的、有效的竞争情报模式来为潜伏期危机管理行动提供竞争情报的支持都是可行的，也是非常有必要的。

（三）模式构建

　　预警是对可能发生的极端异常情况或风险进行总结、分析和衡量，并在此基础上预测异常情况或风险的时空范围和危害程度，之后发出警报和提出预防或消除措施。① 危机潜伏期的企业竞争情报预警模式需要通过某种体制或者建立一定的制度来保障危机爆发期企业竞争情报的高质、有效传递，为潜伏期的危机管理行动，如危机预警、危机诊断和危机预控提供竞争情报的支持。本节在分析潜伏期危机的特征与危机管理过程的基础上，借鉴"华为海外行贿"风波事件、"联想撤出中国"谣言事件以及字节跳动的"TikTok事件"的案例分析的经验和现有相关研究成果②，构建了危机潜伏期的企业竞争情报预警模式，如图4-2所示。

　　由图4-2可知，危机潜伏期的企业竞争情报预警模式的工作原理主要包括三个方面。①危机潜伏期的预控、诊断以及预警等专门竞争情报工作小组与危机预警和危机预控工作小组的工作人员一起，在八爪鱼、Octoparse、Python自编程序等自动信息收集技术，TextAnalyst、Hadoop、RapidMiner等知识发现技术的支持下，开展危机潜伏期的竞争情报搜集与

---

① 黄冠胜、林伟等：《风险预警系统的一般理论研究》，《中国标准化》2006年第3期，第9~11页；杨波、孙白朋：《基于风险生命周期的企业反竞争情报机制模型构建》，《现代情报》2019年第11期，第30~37页。

② 郭小芳、王克平等：《大数据环境下新创企业竞争情报预警研究》，《情报科学》2020年第6期，第83~89、162页；彭靖里、周勇胜等：《基于竞争情报的危机预警体系构建及其应用研究》，《情报理论与实践》2009年第6期，第46~50页；Parnell, J. A., Crandall, W. R. The Contribution of Behavioral Economics to Crisis Management Decision-making. *Journal of Management & Organization*, 2020, 26 (4): 585-600；查先进、陈明红、杨凤：《竞争情报与企业危机管理》，武汉大学出版社，2010，第199~224页；Sharp, S. *Competitive Intelligence Advantage*: *How to Minimize Risk, Avoid Surprises, and Grow Your Business in a Changing Worl*. New York: John Wiley & Sons, 2009；王晓慧、成志强等：《基于反竞争情报的企业危机预警系统研究》，《情报杂志》2016年第7期，第122~125页。

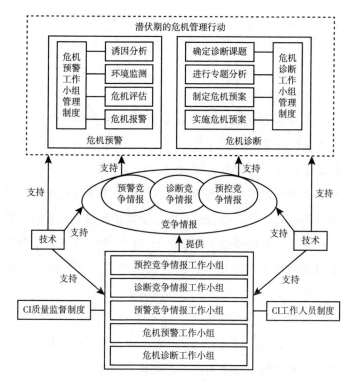

图4-2　危机潜伏期的企业竞争情报预警模式

分析工作，支持危机潜伏期的危机预警、危机诊断以及危机预控等危机管理行动决策。① ②竞争情报质量监督制度和竞争情报工作人员制度是为了保证危机潜伏期的竞争情报质量而制定的。企业危机预警工作小组在预警竞争情报支持下，运用调查、头脑风暴等方法和技术分析企业的危机诱因，寻找威胁企业的潜在危机因素，确定这些危机诱因的地位与级别。同时，在预警竞争情报的支持下，识别企业潜在的危机，进行危机评估，判断危机是否会发生，进行危机预警，通知潜在受害者，为危机应对做好准备。③危机诊断工作小组在诊断竞争情报的支持下，对企业进行危机诊断，确定诊断课题，进行专题分析，制定危机管理预案并演练，必要时实施这些危机管理预案。

---

① 刘若昕：《基于危机生命周期理论的直销企业危机管理模式研究》，硕士学位论文，河北经贸大学，2020，第1~63页；徐芳：《危机潜伏期的企业竞争情报预警机制研究》，《情报理论与实践》2012年第3期，第66~69页。

　　危机潜伏期的企业竞争情报预警模式主要由危机竞争情报工作委员会、危机预警工作小组以及危机诊断工作小组等机构和竞争情报质量监督制度、竞争情报工作人员制度、危机诊断工作小组管理制度以及危机预警工作小组管理制度等制度组成。①

　　（1）预警竞争情报工作小组。企业最好设置独立的危机竞争情报工作委员会，直接受决策层的领导和指挥，这样可以提高危机管理过程中企业竞争情报工作和危机管理工作的效率，有利于帮助企业解决危机问题。预警竞争情报工作小组是危机竞争情报工作委员会下属的组织，负责企业预警竞争情报的搜集、整理与分析工作。预警竞争情报工作小组的成员由竞争情报工作人员、危机预警工作小组的成员、相关职能部门负责人、危机预警专家以及其他专家等组成，这些人员可以是全职的也可以是兼职的。在预警竞争情报工作小组成员的共同努力下，搜集、整理和分析企业内外部的竞争情报，为危机预警工作小组提供预警竞争情报的支持。另外，由于企业的危机预警可能会遇到一些专业性很强的问题，有时预警竞争情报工作需要相关领域专家的参与，比如，财务竞争情报的搜集与分析需要财务领域专家的支持，法律竞争情报的搜集与分析需要法律领域专家的支持等。

　　（2）诊断竞争情报工作小组。诊断竞争情报工作小组也是危机竞争情报工作委员会下属的组织，负责企业危机诊断竞争情报的搜集、整理、分析与传递工作。诊断竞争情报工作小组的成员主要由竞争情报工作人员、危机诊断工作小组的成员、相关部门负责人、危机诊断专家以及其他领域的专家组成，同样这些工作人员既可以是全职的又可以是兼职的。在诊断竞争情报工作小组成员的共同努力下，搜集、整理与分析企业内外部的竞争情报，为危机诊断工作小组的工作提供诊断竞争情报的支持。同样，企业在危机诊断的过程中也会遇到一些专业性很强的问题，所以也需要相关领域专家的参与，如危机诊断过程中遇到的财务、法律、统计、人力资源等问题同样需要这些领域专家的支持。

----

① 徐芳：《危机潜伏期的企业竞争情报预警机制研究》，《情报理论与实践》2012 年第 3 期，第 66~69 页。

（3）预控竞争情报工作小组。预控竞争情报工作小组也是危机竞争情报工作委员会下属的组织，负责企业危机预控竞争情报的搜集、整理与分析工作。预控竞争情报工作小组的成员主要由决策人员、竞争情报工作人员、危机预控工作小组的成员、相关部门负责人、危机预控专家以及其他领域的专家组成。在企业决策人员的领导和预控竞争情报工作小组成员的共同努力下，搜集、整理与分析企业内外部的竞争情报，为危机管理预案的实施、控制、反馈工作提供危机预控竞争情报的支持。同样，企业在危机预控的过程中也会遇到一些专业性很强的问题，所以也需要相关领域专家的参与，如危机预控过程中遇到的财务、法律、统计、人力资源等问题同样需要这些领域专家的支持。

（4）危机预警工作小组管理制度。危机预警工作小组的职责是在危机预警竞争情报的支持下，分析潜伏期潜在危机的成因，确定这些危机诱因的级别，监测企业内外部主要危机诱因的动态，通过建立危机预警指标体系来对企业危机状态进行评估，据此向相关潜在受害者发出警报。危机预警工作小组管理制度是为了保证危机预警工作小组工作绩效而设置的，主要包括危机预警工作小组成员的工作原则、工作时间的规定、工作责任的承担、工作质量验收标准以及工作的奖惩制度等方面。

（5）危机诊断工作小组管理制度。危机诊断工作小组的职责是在危机诊断竞争情报的支持下，分析企业内外部的现状，确定危机诊断的课题，然后对这些课题进行专题分析，发现其中存在的问题，提出潜在危机问题解决的方案并实施，据此制定危机管理预案。危机诊断工作小组管理制度是为了保证危机诊断工作小组的工作绩效而设置的，同样也主要包括危机诊断工作小组成员的工作原则、工作时间的规定、工作责任的承担、工作质量验收标准以及工作的奖惩制度等方面。

（6）竞争情报质量监督制度。预警、诊断和预控竞争情报的质量如何直接关系到是否能够尽可能地避免可以避免的潜在危机，将不可避免的潜在危机的不利影响降到最低。正确、及时、可靠的预警、诊断和预控竞争情报能够帮助企业解决潜伏期的危机问题，错误、不及时、不可靠的预警、诊断和预控竞争情报不但不能帮助企业解决潜伏期的危机问题，反而可能会成为潜在危机的"催化剂"，因为对潜在危机状态的误解会导致潜在危机情况的恶化，最终导致危机的爆发，给企业带来灾难。一种制度的功能如何取决于操作者的素质，潜伏期竞争情报质量监督制度应该由预警、诊断和预控竞争情报工作小组共同制定、实施和监督。潜伏期的竞争情报质量监督制度应该以保证危机竞争情报质量为中心，监督预警、诊断和预控竞争情报的搜集、整理和分析的全过程，发现这些过程中存在的问题，优化竞争情报搜集、整理与分析过程。具体而言，竞争情报质量监督工作主要包括检查竞争情报来源是否合法、全面，从源头保证竞争情报的质量；检查竞争情报分析的方法是否正确；竞争情报的分析过程是否可以优化等。

（7）竞争情报工作人员制度。危机潜伏期的竞争情报工作由预警竞争情报、诊断竞争情报和预控竞争情报组成，对竞争情报的质量、及时性、可靠性和正确性要求都非常高。因此，非常有必要制定有针对性的潜伏期竞争情报工作人员制度。潜伏期竞争情报工作人员制度也包括竞争情报工作人员的工作原则、工作时间的规定、工作责任的承担、工作质量验收标准以及工作的奖惩制度等方面。

第二节　危机爆发期的企业竞争情报沟通模式

在危机生命周期的三个阶段中，危机爆发期对企业的影响最直接。危机一旦爆发，将会给企业带来巨大的损失。在危机潜伏期控制和扼杀危机是危机管理的最佳策略。然而，有些危机（特别是外部环境引起的危机）是不可避免的，当它们爆发时，应该采取有效的措施来应对。由此可见，构建有效的模式帮助企业在爆发期有效地应对危机，是危机爆发期企业危机管理的核心和关键。

同时，需要注意的是，现有的爆发期危机管理研究大多重点关注危机爆发后企业的危机应对之策，而忽略了危机爆发期企业管理中的竞争问题。实际上，企业危机的爆发将会给竞争对手带来机会。此时，企业的竞争尤为激烈，不仅要密切跟踪竞争环境的动态变化，应对已经爆发的危机，还要应对竞争对手对其他正常运营的业务或市场的进攻，制定综合的反应策略。①

危机爆发期的企业竞争情报模式，不但需要帮助企业应对各种危机，而且要在危机爆发时帮助企业应对竞争对手的各种竞争活动，应该是企业危机爆发时期一种有效的、理想的管理模式。危机爆发期的企业竞争情报沟通模式的研究思路是：首先，分析危机爆发期的主要危机特征和危机管理行动的关键任务；然后，依据匹配性案例选择原则，参考危机爆发期的危机应对、危机沟通等关键的危机管理行动，选择中美史克公司的 PPA 风波事件（危机应对和危机沟通成功的典范）、2019 年的格力举报奥克斯空调事件（危机应对和危机沟通失败的教训）和 2020 年的海底捞涨价道歉事件（危机应对和危机沟通失败的教训）等进行案例研究，为模式构建提供支持；最后，在案例研究的基础上，借鉴国内外已有的研究成果，设计一种运用竞争情报帮助企业解决爆发期危机管理问题的模式。希望建立有效的竞争情报沟通模式，帮助企业提高危机爆发期的竞争情报工作效率，支持危机爆发期的危机沟通、危机公关等危机管理行动。

一　危机爆发期的危机特征与危机处理

危机爆发期的危机特征在一定程度上决定了危机爆发期的企业竞争情报沟通模式所关注的关键问题和所要实现的功能。危机爆发期的危机处理过程也在一定程度上决定了危机爆发期企业竞争情报沟通模式的过程。因此，对危机爆发期危机的主要特征和危机管理行动过程的关键任务进行分析，可以为危机爆发期的企业竞争情报沟通模式的构建提供支持。

（一）危机爆发期的危机特征

危机爆发期是指从企业开始感知到危机造成损失到不再感知到危机造成明显损失的时期。本节运用"病毒式"② 与"滚雪球式"③ 传播理论对

---

① 徐芳：《危机爆发期的企业竞争情报沟通机制研究》，《情报理论与实践》2010 年第 9 期，第 69~73、65 页。
② 张强：《病毒式网络传播特点及一般规律》，《当代传播》2012 年第 2 期，第 84~86 页。
③ 张学荣、徐大建、贺金社：《企业形象信息传播的"滚雪球效应"》，《管理工程师》1996 年第 4 期，第 14~17 页。

危机爆发期的危机特征进行分析，总结出破坏性、不确定性、突发性、紧迫性等各种特征。①

危机爆发后，危机的发展是非常迅速的，就像病毒一样会迅速蔓延，这就要求危机决策人员在危机发生之初做出快速的反应，将危机造成的损失降到最低；企业的危机决策人员在面对突如其来的危机时，如果不及时采取应急措施，就会像滚雪球一样，影响越来越大，随着危机的升级，必然会造成财产损失、企业声誉受损，体现出危机的破坏性特征。例如，2019 年的格力举报奥克斯空调事件，最终宁波市场监督管理局于 2020 年 4 月 10 日就奥克斯空调通过能源效率标识进行虚假宣传处罚 10 万元，给奥克斯集团的声誉带来了严重的影响。

危机的不确定性主要体现在危机发生的时间和地点，危机的类型和程度也具有不确定性的特征。此外，危机发生前的量变过程很容易被忽略。当危机爆发时，企业最初的秩序和格局将会被打破，因此人们通常在危机发生时觉得很突然，这就是危机的突发性特征。危机的紧迫性主要体现在危机爆发后，需要第一时间应对。当危机爆发时，企业不仅要面对具有不确定性特征的危机，还需要应对瞬息万变的竞争对手和竞争环境。只有这两方面的工作都处理好了，才能使企业的经营活动得以持续发展。②

危机爆发时期，企业需要面对竞争环境纷繁复杂、竞争对手落井下石、高度不确定性的危机状态、竞争情报沟通机制瘫痪的危险与挑战。在危机成为企业一种常态的今天，企业的各种潜在危机随时都有可能发生，这就迫切需要设计一种针对危机爆发期的危机特征的有效的竞争情报模式，以帮助企业运用竞争情报应对危机爆发期的危机。

（二）危机爆发期的危机处理

一般来说，危机爆发期的危机处理程序包括建立危机处理专门机构、对危机事件进行调查、分析危机以确定危机处理对策、分工协作与实施危

---

① 唐钧：《新媒体时代的应急管理与危机公关》，中国人民大学出版社，2018，第 148 ~ 153 页。
② 徐芳：《危机爆发期的企业竞争情报沟通机制研究》，《情报理论与实践》2010 年第 9 期，第 69 ~ 73、65 页。

机应对方案、危机应对的反馈与纠偏、危机管理工作的评估和总结等。①其中，建立危机处理专门机构，既可以在危机潜伏期完成，也可以在危机爆发期进行；危机管理工作的评估和总结，可以在危机爆发期进行，也可以在危机平复期再次评估和总结，以优化危机处理程序。

本书认为，危机爆发期的危机处理步骤主要包括成立专门危机处理小组、调查危机事件、制定危机处理方案、实施危机处理方案、跟踪与反馈五个方面，如图4-3所示。

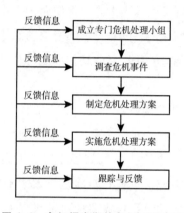

图4-3 危机爆发期的危机处理步骤

（1）成立专门危机处理小组阶段。为了提高危机处理的效率，企业应该成立专门的危机处理机构，如动态危机管理委员会、各种危机处理工作小组等。此外，企业的最高负责人还应担任危机处理小组的负责人，以赢得领导对危机管理工作的支持和帮助。危机处理小组的其他成员至少应包括公司法律顾问、公关顾问、管理顾问、业务负责人、行政负责人、人力资源负责人、小组秘书和后勤人员等。②这些人员可以是全职的，也可以是兼职的，取决于企业的具体情况。通常，动态危机管理委员会在必要时可分为两个小组，即核心任务组和响应小组。核心任务组主要由企业最高负责人、法律专家、公关专家等决策和智囊人士组

———————————

① 向荣、岑杰主编《企业危机管理》，电子工业出版社，2016，第55~68页。

② 周健华：《试论企业商业秘密危机管理机制》，《呼和浩特经济》2006年第2期，第44~47页。

成，响应小组由行政负责人、业务负责人、人力资源负责人和其他后勤人员组成。① 其中，核心任务组的任务是执行谈判、协商、决策和协调等任务，而响应小组则负责实施危机问题解决方案和提供后勤资源保障。

（2）调查危机事件阶段。在危机发生后，获取来自企业内外部的危机竞争情报，了解客观事实是做出正确的危机处理行动决策的前提和基础。调查范围包括危机事件的基本情况、事件的现状和发展趋势、事件的起因和影响，导致事件发生的当事人和责任人、公共对象的认定，竞争对手、合作伙伴和公共媒体的态度和竞争环境的动态。② 调查的方法包括访谈、沟通会、头脑风暴等方法，目的是在最短的时间内尽可能地获取危机事件相关的一手信息。

（3）制定危机处理方案阶段。这一阶段的任务主要是应对危机影响的部分企业的经营活动的危机，并保证企业其他部分的经营活动不受危机影响而正常运行。一方面，危机处理小组针对危机涉及的不同对象，制订危机处理计划，以应对危机，消除危机的影响，促进危机的顺利解决。另一方面，危机处理小组还需要应对危机爆发期竞争对手的进攻和竞争环境的急剧变化，包括社会形态、人们的情绪、舆论导向等，制定综合的企业管理对策，从而保证未受到危机影响的部分业务的正常运作。

（4）实施危机处理方案阶段。这是危机处理工作的关键。在危机处理小组的领导下，积极组织现有资本、人力资源等，实施危机潜伏期制定的危机预案，应对竞争对手和竞争环境的动态变化。在危机处理方案的实施过程中，获得危机处理对象的信任和好感，保持危机处理的高效率、动态性和灵活性，是确保危机处理方案顺利实施的关键。

（5）跟踪与反馈阶段。这个阶段的关键任务是跟踪危机事件的新动向和发展趋势，对危机处理行动的效率进行快速评估，并将评估结果及时

---

① 陈海亮：《质量管理体系增加产品安全管理过程的研究》，硕士学位论文，同济大学，2006，第56~61页。

② 徐芳：《危机爆发期的企业竞争情报沟通机制研究》，《情报理论与实践》2010年第9期，第69~73、65页。

地反馈给危机管理工作小组。这样它就可以及时地调整危机应对策略，纠正危机处理的偏差，从而确保企业危机事件的尽早解决，尽可能地降低企业的损失。

由此可见，危机的爆发导致企业处于危机状态之中，危机爆发期是企业竞争最为激烈的时期，也是对竞争情报工作要求最高的时期。危机爆发期，企业需要的不是同样充满不确定性的信息，也不是针对性不强的情报，而是专门针对危机状态和竞争环境与竞争对手的竞争情报。整个危机爆发期的危机处理过程也需要来自企业内外部竞争情报的支持，这些竞争情报不仅包括专门针对企业的危机状态并且与危机相关的竞争情报（危机竞争情报），而且包括企业内部、竞争对手、竞争环境的竞争情报。危机竞争情报和企业原来面向竞争对手和竞争环境的竞争情报构成了危机爆发期企业竞争情报工作的对象。

（三）竞争情报在危机爆发期的运行

以上研究表明，危机爆发时期，为了顺利地应对危机，有效地与社会公众和媒体、合作伙伴等进行沟通，企业迫切需要环境竞争情报、对手竞争情报、沟通竞争情报等的支持。尤其是危机爆发后，沟通成为危机管理的第一要务，渗透到危机爆发期危机管理的危机应对、危机沟通、危机公关等行动中，沟通竞争情报成为支持该阶段危机管理的主要因素。

那么，怎样才能够保证竞争情报的作用在危机爆发期的危机管理行动中得到最大程度的发挥？这需要考虑以下几个方面的问题。

首先，危机爆发期的竞争情报工作需要不同于一般的竞争情报工作，这是因为危机爆发后企业正处于危机状态，此时企业所面临的竞争环境是高度不确定的，只有针对性的竞争情报才能消除这种高度的不确定性，帮助企业决策者做出正确的决策。

其次，危机爆发期的竞争情报模式应反映危机的特点和危机的处理程序。危机爆发期危机的特点和危机处理的过程，要求企业的竞争情报工作处于高度有序的状态。危机爆发时，企业竞争情报工作的中心应该是危机公关中的"沟通"，以确保企业与内部员工之间，以及企业与外部客户、供应商等之间正确、及时和有效沟通。国外学者 Pearson 和 Mitroff 也提出了搜集、分析和传播危机处理行动需要的信息是危机管理者最重要的任务。① 由此可见，沟通在危机爆发期的危机管理中的重要性。

最后，危机爆发期由于危机的存在，企业需要在应对危机引发的各种突发事件的同时，准备好应对竞争对手的进攻和危机引起的动态不确定性的竞争环境。因此，在设计危机爆发期的企业竞争情报模式时，应该充分考虑发挥竞争情报的环境监测、对手分析和策略制定等功能，不仅要保证企业成功地应对危机事件，还要保证企业的其他经营活动不受危机事件的影响。

二　案例研究

在建立危机爆发期的企业竞争情报沟通模式之前，需要对模式建立应该注意的问题进行分析，以提高所构建模式的信度。本部分采用案例研究的方法，选择中美史克公司的 PPA 风波事件、2019 年的格力举报奥克斯空调事件和 2020 年的海底捞涨价道歉事件等进行分析，为危机爆发期的企业竞争情报沟通模式的构建提供支持，同时也为第五章理论模型的主要影响因素分析中影响因素初始集合的构建提供支持。

（一）案例介绍

中美史克公司的 PPA 风波事件、2019 年格力举报奥克斯空调事件、2020 年海底捞涨价道歉事件的案例概要介绍如下，详细的案例资料见附录二。

1. 中美史克公司的 PPA 风波事件

1987 年，中美史克公司（Sino-American Tianjin Smith Kline & French Laboratories Ltd.）创立于天津，其代表性产品有新康泰克、芬必得、史克肠虫清等。中美史克公司注重以人为本，有着让员工引以为豪的"3T"企业文化：相互信任（Trust）、开放透明（Transparent）、积极主动（Take Initiative）。

中美史克公司的 PPA 风波事件经过大致如下。2000 年 10 月 19 日，

---

① 〔美〕罗伯特·希斯：《危机管理》，王成、宋炳辉、金瑛译，中信出版社，2001，第19 页。

美国食品与药物监督管理局（Food and Drug Administration，FDA）的一个顾问委员会紧急建议：应将苯丙醇胺（Phenyl Propanol Amine，PPA）列为"不安全类"药物，原因是美国耶鲁大学医学院拉尔夫·霍尔维兹博士等人的一项研究结果表明，服用含有 PPA 的制剂容易引起过敏、高血压、失眠等严重的不良反应，甚至可能引发心脏病和脑出血。[①] 11 月 6 日，FDA 发出了要求美国生产厂商主动停止销售含 PPA 的产品的公共健康公告。11 月 14 日，中国国家药品监督管理局（State Food and Drug Administration，SDA）也发布了《关于暂停使用和销售含苯丙醇胺的药品制剂的通知》。中美史克公司的"康泰克"和"康得"两种产品出现在 15 种被暂停使用和销售的含 PPA 的药品里，成为舆论的焦点。[②]

中美史克公司马上组织专人成立应对各种危机事件的危机管理工作小组并划分职责，分别成立了危机管理领导工作小组、沟通工作小组、市场工作小组和生产工作小组，并明确了各小组的职责。[③] 同时，危机管理工作小组由 10 位公司经理和主要部门的负责主管组成，十余名工作人员负责协调。危机管理工作小组最重要的工作是确定处理危机事件的基本态度。

2000 年 11 月 16 日上午，危机管理工作小组发布了此次危机事件的危机公关原则；17 日中午，公司召开全体员工大会，总经理向员工通报并表示不会裁员，发了《给全体员工的一封信》；同日，召回 50 多位销售经理，由危机管理工作小组做思想工作，以确保危机应对措施有效执行；18 日，他们带着中美史克公司《给医院的信》《给顾客的信》回到分部，应急行动在全国展开；20 日，中美史克公司在北京召开新闻媒体恳谈会，总经理回答了记者的提问并做出不停产不停投资的表态，"无论怎样，维护广大群众的健康是中美史克公司自始至终坚持的原则，将在国家药品监督部门得出关于 PPA 的研究论证结果后，为广大消费者提

---

① 杜惠清：《中药企业，从机会主义中崛起》，《经济》2008 年第 8 期，第 82~84 页。

② 徐芳：《危机爆发期的企业竞争情报沟通机制研究》，《情报理论与实践》2010 年第 9 期，第 69~73、65 页。

③ 单业才：《企业危机管理与媒体应对》，清华大学出版社，2007，第 123~126 页。

供一个满意的解决办法"。① 同时，尽力争取媒体的正面宣传以维系企业形象，总经理频频接受国内知名媒体的专访，争取为中美史克公司说话的机会。21 日，15 条消费者热线全面开通。为了更好地服务于客户和消费者，公司专门培训了数十名专职接线员，负责来自客户、消费者的问询电话，并做出准确、专业的回答。②

2. 格力举报奥克斯空调事件

奥克斯集团始于 1986 年宁波鄞州县的龙观钟表零件厂，经过 30 多年的发展，奥克斯集团产业涵盖家电、电力设备等领域，连续多年位列中国企业 500 强。2021 年，集团营收 720 亿元，总资产 647 亿元，员工 3 万余名；奥克斯 2018~2021 年空调累计销量全球排名前三。③

格力举报奥克斯空调事件的经过大致如下。2019 年 6 月 10 日，格力电器在其官方微博上发布了《关于奥克斯空调股份有限公司生产销售不合格空调产品的举报信》，称根据格力电器实验室测量，奥克斯的一些空调产品与它所宣传和标称的能效值差距较大。经格力委托具有专业资质的第三方检验验证，检验结果与格力电器的检验结果一致。④ 下午 5 时，格力电器就此事件在珠海总部举行了新闻发布会。当天晚上，奥克斯发表声明称：格力利用不正当手段诋毁同行，以影响奥克斯的旺季销售，这是行业中的不正当竞争手段。随后奥克斯集团董事长郑建江表示："欢迎监督，共同营造民族品牌质量声誉。"国家市场监督管理总局晚间宣布，已于当日下午通知浙江省市场监督管理局尽快调查核实有关情况，将根据调查结果依法进行处理和公布。⑤ 6 月 12 日，奥克斯称其所有产品均已通过奥克斯空调股份有限公司的"奥克斯空调检测中心"检测，并将检测报

---

① 单业才：《企业危机管理与媒体应对》，清华大学出版社，2007，第 123~126 页；张玉波：《康泰克在 PPA 风波中跳舞——中美史克危机公关述评》，《中外管理》2001 年第 5 期，第 40~42 页。

② 徐芳：《危机爆发期的企业竞争情报沟通机制研究》，《情报理论与实践》2010 年第 9 期，第 69~73、65 页。

③ 奥克斯集团官网，http://www.auxgroup.com/about/group/，最后访问日期：2022 年 4 月 28 日。

④ 《孰是孰非？格力举报奥克斯空调不合格》，《消费者报道》2019 年第 4 期，第 5 页。

⑤ 《马上评｜格力举报奥克斯：查清事实比猜"动机"更重要》，https://www.thepaper.cn/newsDetail_forward_3650632，最后访问日期：2022 年 4 月 28 日。

告等材料提交至能效标签管理中心备案，同时出具了举报涉及的 8 个产品的能效标识备案证明，其中 1 个被"举报"产品在国家市场监督管理总局的抽检结果中为"合格"。奥克斯进一步表示，已提请国家市场监督管理总局指定权威检测机构对奥克斯产品进行监督检测，检测报告将及时向社会公布。① 同日，格力电器称，将继续通过多种渠道无限量购买奥克斯空调相关产品，并通过自己的实验室、委托第三方权威检测机构和免费提供给任何有资质的机构进行检测。②

格力举报奥克斯空调事件的最终结果是：2020 年 4 月 10 日，浙江省宁波市市场监督管理局对奥克斯空调股份有限公司使用能源效率标识做虚假广告一案作出行政处罚决定——"责令改正""罚款 10 万元"。《行政处罚决定书》显示，奥克斯型号 KFR-35GW/ZC+2 空调在能效标签上标注为能效 2 级，但调查和测试的结果是能效 3 级，与能效标签上的信息不一致。③

3. 海底捞涨价道歉事件

1994 年，张勇在四川省简阳市创建了海底捞火锅，历经 20 多年的发展，海底捞国际控股有限公司已经成长为国际知名的餐饮企业。在 2021 年《财富》中国 500 强榜单中，海底捞国际控股有限公司列第 360 位。截至 2021 年 12 月 31 日，海底捞在全球共开设 1443 家直营餐厅。海底捞 2020~2021 年财务报告显示：海底捞在 2021 年实现收入 411.1 亿元，2020 年同期收入为 286.1 亿元，同比增长 43.7%。④

海底捞涨价道歉事件发生在 2020 年 4 月 10 日，事件经过大致如下。2020 年初，由于受到新冠疫情的影响，海底捞于 1 月 26 日开始关闭门店，2 月 15 日恢复外卖业务，3 月 12 日开始店内用餐服务并提价。4 月

① 《奥克斯最新回应：被举报产品在市场监管总局抽检合格》，https://finance.sina.com.cn/roll/2019-06-12/doc-ihvhiews8329888.shtml，最后访问日期：2021 年 10 月 24 日。
② 《格力电器：将不限量购买奥克斯空调进行检测》，http://www.chinanews.com/cj/2019/06-12/8862964.shtml，最后访问日期：2022 年 4 月 28 日。
③ 《"格力大战奥克斯"后续来了！奥克斯被责令改正并罚十万元》，https://www.sohu.com/a/387114444_161795，最后访问日期：2022 年 4 月 28 日。
④ 海底捞官网，https://www.haidilao.com/about/brand，最后访问日期：2021 年 10 月 25 日。

初，许多消费者感受到了海底捞的涨价。4月7日，《三湘都市报》报道，记者对比了春节前后 20 道菜的价格，发现有 18 道菜涨价了，每份涨价 2~8 元。① 4 月 5 日晚间海底捞相关负责人回应："各地门店位置不同、消费水平不同，所以涨幅也不一样，整体控制在 6% 左右。"② 4 月 10 日，海底捞火锅官方微博发布致歉信称："海底捞门店涨价是公司管理层做出的错误决定，损害了海底捞消费者的利益。从现在开始，中国大陆的海底捞门店的菜品价格将恢复到今年 1 月 26 日门店关闭前的标准。"③

值得一提的是，为确保疫情发生以来防疫产品和生活用品的价格秩序和质量安全，2020 年 1 月 29 日国家市场监督管理总局通过视频会议启动"保价格、保质量、保供应"系列行动，而海底捞、西贝等头部企业纷纷承诺支持该行动。根据海底捞 2019~2020 年度财务报告的数据：2019 年，海底捞公司收入 265.56 亿元，净利润 23.45 亿元；而 2020 年，海底捞公司收入 286.14 亿元，净利润仅 3.093 亿元，同比下降 86.81%。2021 年 6~12 月，海底捞关闭了 154 家门店，由于关店给海底捞带来的亏损高达 36.54 亿元。

（二）案例分析：危机爆发期的有效沟通

虽然以上介绍的危机事件对涉事企业的影响已经成为历史，中美史克公司、奥克斯集团、海底捞公司也已经走出了事件的影响；但是从危机管理专业的视角来回顾这三个事件，发现中美史克公司堪称运用竞争情报处理危机问题的经典案例，特别是在危机沟通方面处理得非常到位。相比而言，奥克斯集团、海底捞公司在这次危机事件中的危机沟通方面就要逊色很多。本节从危机处理和危机沟通两个危机管理行动以及领导的支持，危机管理工作小组的成立，竞争环境和竞争对手的分析，与上级领导、内部员工、消费者、合作伙伴的沟通，新闻发言人制度，危机工作人员的培训等方面来分析这三个案例，以便为危机爆发期的企业竞争情报沟通模式的

---

① 《海底捞就涨价道歉怎么回事？事情始末原来是这样…》，http：//it. szonline. net/hot/20200411/20200449822. html，最后访问日期：2021 年 10 月 25 日。

② 《海底捞涨价道歉事件始末》，https：//baijiahao. baidu. com/s? id=1702191913370105877&wfr=spider&for=pc，最后访问日期：2021 年 10 月 25 日。

③ 《海底捞涨价道歉事件始末》，https：//baijiahao. baidu. com/s? id=1702191913370105877&wfr=spider&for=pc，最后访问日期：2021 年 10 月 25 日。

构建提供实践经验的支持，提高本书构建的危机潜伏期企业竞争情报预警模式的信度。

1. 领导的支持

中美史克公司成立危机管理工作小组后，给危机管理工作小组配置了强大的人力资源——由 10 位公司经理和主要部门的负责主管组成，可见对危机事件的高度重视，领导的支持力度也非常大。正是有了这些领导的支持，中美史克公司才能够把握全局，制定合理的危机应对、危机沟通纲领、原则和策略，保证了危机管理工作的效率，快速地取得了这次危机管理的胜利，保证了其他产品的正常生产和销售。此外，不到一年的时间，不含 PPA 的新康泰克上市。同样地，奥克斯集团在面对格力电器的质疑时，也得到了领导的支持。事件发生当天，奥克斯集团董事长郑建江就表示："欢迎监督，共同营造民族品牌质量声誉。"相反，海底捞的涨价事件并没有得到领导层的支持。在海底捞官方微博上发布的道歉声明中，海底捞将涨价的原因归于管理层的错误决策，声称"海底捞门店涨价是公司管理层做出的错误决定，损害了海底捞消费者的利益"。虽然奥克斯集团和海底捞公司在这次危机事件中都以失败告终，但在领导支持方面是不相同的。

2. 危机管理工作小组的成立

从前面的分析可知，危机爆发期的危机管理组织主要有危机应对工作小组和危机沟通工作小组，这些工作小组一般是事先组建好的常设组织，但是对于一些中小微型企业来说，为了节约成本也有等危机事件发生后临时组建的，采用何种模式应该根据企业的规模和需要而定。中美史克公司在获得"暂停使用和销售含苯丙醇胺的药品制剂的通知"的环境竞争情报后，立即组织专门负责人成立了危机管理工作小组并明确了每个分组的职责，这为危机问题的解决赢得了主动权。危机管理工作小组制定的危机管理行动方案为后续危机处理和危机沟通提供了原则性指导，确保了危机处理和危机沟通的有效性。① 奥克斯集团在应对格力举报空调事件中，也

---

① 徐芳：《危机爆发期的企业竞争情报沟通机制研究》，《情报理论与实践》2010 年第 9 期，第 69~73、65 页。

是当天晚上就发表了声明"格力利用不正当手段诋毁同行，以影响奥克斯的旺季销售，这是行业中的不正当竞争手段"。海底捞公司在应对涨价风波事件中，也是由企业负责人出面回应涨价的原因。不同的是，奥克斯集团把这次危机事件归因于竞争对手格力电器的不正当竞争。而海底捞公司为了维护其优秀的服务传统，最后将这次危机事件归因于内部管理层的决策失误。

3. **竞争环境和竞争对手的分析**

在中美史克公司 PPA 风波事件中，通过对竞争环境和竞争对手的分析，可以看出媒体几乎将康泰克等同于 PPA，因为康泰克是行业领先品牌，拥有巨大的消费市场和高度的品牌认知度。这种效应使其成为当时舆论的焦点。通过分析了解其竞争环境和位置之后，中美史克公司只能选择发挥主导作用，严格遵守政府的法规，暂停生产和销售康泰克。这样能赢得公众和媒体的理解，并显示其用实际行动解决这场危机的决心。尽管中美史克公司在此次危机中对环境竞争情报有了较好的把握，但仍存在一些不足，没有充分发挥环境竞争情报的作用，例如对国外环境竞争情报分析不足。事实上，在中美史克公司收到"通知"的 10 天前，耶鲁大学医学院的拉尔夫·霍尔维兹博士的研究就提出 PPA 问题。如果公司可以专注于环境竞争情报的话，应该可以早些发现这次危机事件的诱因，更早更主动地准备危机应对的策略，尽可能地减小此次危机事件对企业的冲击，减少损失。海底捞公司负责人在 2020 年 4 月 5 日初次回应这次涨价风波事件时，将原因归于新冠疫情带来的负面影响，但是忽略了对环境竞争情报的分析。早在 2020 年 1 月 29 日国家市场监督管理总局通过视频会议启动"保价格、保质量、保供应"系列行动，而海底捞承诺支持该行动。在这种情况下涨价，一方面会打击消费者的"报复性消费"热情，另一方面会被扣上发"灾难财"的帽子，显然是不合时宜的，最后也只能是以海底捞承诺将价格恢复到疫情之前的水平而收场。奥克斯在回应格力举报空调事件中，也缺少对环境竞争情报的关注。从奥克斯集团的回应来看，奥克斯只重视对手竞争情报，对国家市场监督管理总局深夜发声、浙江省市场监督管理局介入调查等环节信息视而不见，采取与竞争对手"死磕"的战略来应对此次危机，忽视了竞争环境中的其他因素。忽视环境竞争情报的后果是，一年后奥克斯集团收到了浙江省宁波市市场监督管理局的《行政处罚书》。由此可见，与对手竞争情报一样，环境竞争情报分析在企业危机管理过程中也有着非常重要的地位。

4. 与上级领导、内部员工、消费者、合作伙伴的沟通

一般来说，危机爆发后，企业应该马上与上级领导、内部员工、消费者、合作伙伴等进行积极的沟通。在中美史克公司 PPA 风波事件中，通过环境竞争情报分析，中美史克公司在与政府部门沟通时，采取了"向政府部门表态，坚决执行政府法令，暂停康泰克和康得的产销"；与经销商沟通时，采取了"立即停止销售康泰克和康得，并取消相关合同，停止广告和营销活动"；与内部员工、客户和合作伙伴沟通时，采用的是《给全体员工的一封信》《给医院的信》《给顾客的信》等差异化的策略。中美史克公司在危机事件爆发后，以积极的态度对公众和媒体负责，确保与他们进行个性化、有效的沟通，尽自己最大的努力争取到各方的支持。可以说，中美史克公司在处理这次危机事件中的危机沟通工作是非常成功的，而竞争情报起到了支持的作用。反之，奥克斯集团和海底捞公司的危机沟通工作尚存在提升的空间。奥克斯集团对格力举报空调事件的回应中，忽视自己产品质量的内部检查和内部沟通，将这次事件的发生简单地当作竞争对手的挑衅和不正当竞争手段，同时也缺乏与消费者等公众的沟通。最终，由第三方检测机构证实了格力举报的空调的确存在能效标识虚假宣传的问题，受到了浙江省宁波市市场监督管理局"责令改正""罚款10万元"的行政处罚。而海底捞公司的危机沟通效果则更是收效甚微，甚至有些适得其反。如上所述，在 2020 年 4 月 5 日海底捞的初次回应中，海底捞公司将涨价的原因归于受到疫情的影响，"员工现在无法满员工作""就餐的人流量也不是太固定""成本问题，涨幅整体控制在 6% 左右"等。但是它忘记自己参与了 1 月 26 日国家市场监督管理总局通过视频会议启动的"保价格、保质量、保供应"系列行动。最终结果是：在其官方微博发布致歉信，声称"海底捞门店涨价是公司管理层做出的错误决定"，承诺"菜品价格将恢复到今年 1 月 26 日门店关闭前的标准"，"自提业务提供 69 折或 79 折不等的折扣"，"将在 4 月 25 日前改善包装材料，并继续优化成本"。

5. 新闻发言人制度

针对中美史克公司 PPA 风波事件，在应对危机事件时，公司主动召开了新闻媒体恳谈会，任命总经理为新闻发言人，积极回答媒体和公众的各种问题，表明公司对危机事件承担责任的决心和意愿，向公众和媒体传达公司自身的信号。此外，总经理还经常接受媒体采访，寻求机会展示公司在应对危机方面的态度，并呼吁"禁药有十多种，只针对康泰克是不公平的"。希望降低媒体激进化程度，缓解公众对 PPA 事件的紧张情绪。相反，奥克斯集团和海底捞公司对此次危机事件的回应，都没有严格遵守"新闻发言人制度"。奥克斯集团先是有人出来声称"格力利用不正当手段诋毁同行"，然后其董事长也表示"欢迎监督，共同营造民族品牌质量声誉"。海底捞公司则分别于 2020 年 4 月 5 日和 11 日先后两次回应了涨价风波事件，第一次回应的效果明显不好。通过以上三个案例的分析，可以看出新闻发言人制度对危机的顺利解决起到了重要的作用。企业在确定新闻发言人时，必须关注"新闻发言人是否能代表公司""新闻发言人是否受过良好的训练"等问题。新闻发言人一旦确定，不宜中途更换，发言人的讲话也应该保证前后一致。此外，新闻发言人还应该做到"言必行，行必果"，以反映公司解决危机事件的诚意和决心，在公众和媒体面前树立良好形象，促进危机的顺利解决。可以说，中美史克公司有效的新闻发言人制度是成功应对这一危机的关键，而奥克斯集团和海底捞公司在此次危机事件中都以失败告终也可能与缺乏良好的新闻发言人制度有关。

6. 危机工作人员的培训

在开通 15 条消费者热线之前，中美史克公司对接线员进行了专门培训，这是值得提倡的。危机处理工作人员是企业危机问题顺利解决的关键和基础。他们有更多的机会接触与危机事件相关的人。得体的言行举止，能够帮助公司赢得公众、危机受害者、合作伙伴等的理解和支持。言行不当，很容易产生矛盾，使危机事件升级，状态更加混乱。反观奥克斯集团和海底捞公司在此次危机事件处理中，危机工作人员对危机事件的宏观把控，如竞争对手的意图、竞争环境的扫描监测、危机沟通的有效性等都较为不理想。因此，在处理危机的过程中应该加强对危机工作人员的培训，当然对危机工作人员的培训还远不止于这些，企业应该将其制度化到员工的培训课程中去。

（三）案例总结：危机爆发期沟通模式成功的关键

以上关于中美史克公司 PPA 风波事件、格力举报奥克斯空调事件和海底捞涨价道歉事件的案例研究结果表明，危机爆发时期，需要通过构建有效的模式来提高企业竞争情报的效率，帮助企业解决危机问题。竞争情报的环境监测、对手分析和策略制定功能有利于帮助企业解决危机问题。同时，研究发现，为了保证危机爆发期沟通模式的成功，需要注意影响模式成功的因素和一些关键的问题。本节总结的具体研究结果与讨论的问题如下。[①]

1. 取得领导的支持很重要

中美史克公司应对 PPA 事件的例子表明，在处理危机事件的过程中取得领导的支持是很重要的。有了领导的支持，才能从人力、物力、财力方面给予大力支持，制定的危机处理行动纲领和原则才能够实施和生效，才能够及时地处理各种突发的事情，从而提高危机管理的效率，快速地应对危机事件。反之，如果在危机管理的过程中得不到领导的支持，领导之间相互推诿、扯皮，那么再好的危机处理策略和方案都会大打折扣，延误危机处理的最佳时机，给企业带来新的灾难和损失。海底捞公司先后两次回应，但第一次回应效果甚微。同时，2020 年 4 月 11 日的最终道歉声明中将涨价的原因归于"公司管理层做出的错误决定，损害了海底捞消费者的利益"，表明第一次回应并没有得到领导的完全支持；第二次回应虽然维护了海底捞"服务至上"的理念，但是影响了公司自身的发展。2020 年，海底捞公司净利润仅 3.093 亿元，同比下降 86.81%。可见，领导的支持是危机爆发期沟通模式成功的关键所在。

2. 危机管理工作小组的成立是关键

通过对中美史克公司 PPA 风波事件的分析可以看出，危机管理组织的建立是企业成功解决危机问题的关键和基础。建立危机管理的组织，从

---

① 徐芳：《危机爆发期的企业竞争情报沟通机制研究》，《情报理论与实践》2010 年第 9 期，第 69～73、65 页。

心理和行动上显示了企业解决危机的决心，也可以给内部员工、合作伙伴、公众、媒体和领导信心，使他们相信企业有能力解决危机。值得注意的是，中美史克公司是在知道危机事件发生后才成立危机管理组织的。一般而言，在动态竞争环境中，危机已经成为企业的一种常态，任何企业都无法避免所有危机的发生，企业应该成立危机管理组织的常设机构，以便提高危机潜伏期的危机预警工作效率，将可以避免的危机尽可能地扼杀在危机潜伏期，将不可避免的危机所带来的危害和损失降到最低程度。在实践中，一些中小企业可能会由于无法承担常设危机管理机构的经费而只能到危机爆发的时候才临时成立危机管理工作小组。解决的办法是成立动态的危机管理工作小组，除了必要的常设负责人外，其他工作人员都可以是兼职的、动态的和流动的。奥克斯集团和海底捞公司在响应此次危机事件时，尽管回应速度都非常快，但都以失败告终。可能的原因是当时公司还没有设置一个有效的危机管理工作小组，或者是危机管理工作小组的效率还有待提高。综上可见，危机管理工作小组的成立是危机爆发期沟通模式成功的关键要素之一。

　　3. 危机处理方案的演练、培训非常重要

　　中美史克公司的康泰克 PPA 事件的成功解决表明，新闻发言人和危机应对工作人员的演练和培训是非常重要的。为使危机管理人员在危机爆发时能够快速启动各种危机处理方案，顺利应对各种危机，企业在危机管理过程中应加强危机意识培训、危机处理知识和技能教育等日常危机管理培训。[①] 危机培训和教育的方式可以是新员工的集中培训、定期的讲座、不定期的比赛以及利用微信、博客、RSS、维基百科和单位的办公自动化系统平台等进行各种类型的教育和培训，让单位的员工熟悉组织的危机处理方案。反之，从奥克斯集团和海底捞公司应对此次危机事件的过程可知，这两家公司在应对危机时，尚存在一些问题。例如，奥克斯只看到了竞争对手的挑衅和不正当竞争，而忽视了国家市场监督管理总局和浙江省市场监督管理局已经介入调查等竞争环境中的要素，没有意识到事态的严

---

　　① 徐芳：《危机爆发期的企业竞争情报沟通机制研究》，《情报理论与实践》2010 年第 9 期，第 69~73、65 页。

重性，以为还是与竞争对手的争斗，最终收到了行政处罚书。海底捞公司先后进行了两次回应，说明其危机管理工作人员在第一次回应的时候并没有意识到事态的严重性，所以只是出面解释涨价的原因。随着事态的进一步发展，它才意识到为了维护"客户至上"的服务理念和品牌的声誉，只能选择"壮士断腕"，第二次回应将涨价原因归结为"公司管理层做出的错误决定"。这使得海底捞公司 2020 年的净利润同比下降 86.81%。可见，危机处理方案的演练和培训也是危机爆发期沟通模式成功的保证。

4. 需要具体问题具体分析，注意企业个体的差异性

在危机处理过程中，要分析具体问题，注意个体差异，这也是确保危机爆发期沟通模式成功的关键因素之一。企业个体多元化决定了模式的个性化，根据企业自身的特点量身定做。例如，中美史克公司在建立危机管理工作小组时，就根据企业的个性特征设置了负责药品开发的市场小组和负责药品生产管理的生产小组，而这种做法对于其他的企业来说，也许是不合适的。奥克斯集团除了应该设置负责竞争对手情报搜集的危机管理工作小组外，还应该设置负责环境竞争情报搜集的危机管理工作小组，甚至也要设置负责企业内部竞争情报搜集的危机管理工作小组。而海底捞公司显然也忽视了环境竞争情报的搜集，在做出涨价决策时，没有考虑到当时国家市场监督管理总局"保价格、保质量、保供应"的大方向。但需要注意的是，无论如何个性化的危机管理模式，都应该包括内部管理和外部经营活动两个方面，以及潜伏期、爆发期和平复期三个阶段。

5. 应该制定一套可操作的危机管理方案

通过对以上三个案例的分析，我们可以知道中美史克公司在处理这次 PPA 风波事件的整个过程给人一种有条不紊的感觉。接到通知后迅速组建危机管理工作小组，明确危机管理工作小组的工作职责，制定危机处理的基本方针和原则。从危机新闻发言人的选择，到媒体会谈的举办，再到接线员的培训、消费者热线的开通，中美史克公司在危机处理上有着良好的模式，为危机爆发时的危机管理提供了一套可行的解决方案。同时，应该注意的是，在危机处理的过程中，中美史克公司每一个决策都得到了环境竞争情报、对手竞争情报等专门危机竞争情报的支持，如通过对竞争环境和竞争对手的分析，明确其在行业中的地位，确定危机应对策略等。反

之，奥克斯集团和海底捞公司在处理此次危机事件中都明显存在一些问题。例如，奥克斯集团和海底捞公司都忽视了环境竞争情报的搜集与分析；海底捞公司内部沟通也存在一些问题，奥克斯集团忽视了与消费者、市场管理政府部门之间的沟通等。可见，企业在危机爆发时期处理危机和沟通时，应该制定一套可操作的、有效的危机管理方法或模式，以保证危机爆发时沟通模式的成功，帮助企业快速地解决危机问题。

6. CIS 或类似平台的支持，更有助于企业处理危机问题

通过中美史克公司康泰克 PPA 事件的案例分析，笔者发现如果有 CIS 或类似平台的支持，公司能够更早发现国外约 10 天前的 PPA 相关报道所提示的潜在危机，并更早采取危机预防和应对策略，避免公司随着危机的爆发而成为媒体和公众关注的焦点。而奥克斯集团和海底捞公司忽视环境竞争情报和内部竞争情报的问题，如果有了 CIS 的支持，也能得到有效解决。CIS 或类似的平台可以为危机爆发时企业的各种商业决策和危机决策提供环境竞争情报、对手竞争情报等专门危机竞争情报的支持，使企业能够更快、更准确地做出各种决策，更好地帮助企业应对危机。① CIS 的支持，更有助于企业运用竞争情报解决危机问题，有条件的企业在运用竞争情报进行危机管理的实践过程中，应该考虑构建 CIS 或类似的平台。

三 危机爆发期企业竞争情报沟通模式构建

如何构建有效的竞争情报模式，确保竞争情报在企业危机爆发时畅通无阻地传递？怎样才能提高竞争情报在帮助企业应对危机中的效率，确保危机爆发时企业决策的正确性，减少由危机带来的不确定性、企业竞争情报沟通模式的瘫痪给企业带来的损失，使企业的经营活动有序地进行？这些是竞争情报从业者和研究者面临的难题。首先，本节从中美史克公司PPA 风波事件、格力举报奥克斯空调事件和海底捞涨价道歉事件三个案例中提炼出构建危机爆发期企业竞争情报沟通模式需要注意的一些问题；然后，从竞争情报的功能和危机爆发期的危机特征及其处理等方面对危机

---

① 徐芳：《危机爆发期的企业竞争情报沟通机制研究》，《情报理论与实践》2010 年第 9 期，第 69~73、65 页。

爆发期企业竞争情报沟通模式构建的可行性进行分析；最后，在借鉴国内外相关理论研究成果和案例分析实践经验的基础上，构建了危机爆发期企业竞争情报沟通模式。

（一）案例启示

通过中美史克公司PPA风波事件、格力举报奥克斯空调事件和海底捞涨价道歉事件的案例分析，我们可以得到如下一些关于危机爆发期企业竞争情报沟通模式构建的启示。

1. 以危机爆发期的危机管理行动为核心

以上三个危机事件的案例研究经验告诉我们，危机爆发期的危机沟通、危机应对等危机管理行动需要沟通竞争情报、对手竞争情报以及环境竞争情报的支持。所以，危机爆发期的企业竞争情报沟通模式构建必须以危机爆发期的危机管理行动（危机应对和危机沟通）为核心，才能够实现运用竞争情报帮助企业解决爆发期危机管理行动中的各种决策问题，从而有效地帮助企业应对危机的目的。

2. 需要建立专门危机处理小组

从中美史克公司PPA风波事件、格力举报奥克斯空调事件和海底捞涨价道歉事件的案例分析结果可知，专门危机处理小组设置是提高危机处理和危机沟通工作效率的基础和保证。中美史克公司在专门危机处理小组的指导下，临危不乱、井然有序地处理了这起危机事件。因此，在构建危机爆发期企业竞争情报沟通模式时，可以考虑将专门危机处理小组作为它的组成要素之一。

3. 可以通过新闻发言人制度来保证危机沟通工作的有效进行

从中美史克公司PPA风波事件的案例分析结果可知，中美史克公司在新闻发言人制度的保证下较好地处理此次危机事件中的危机沟通问题，有效地与社会公众以及合作伙伴进行沟通，从而防止危机事态的扩大，防止次生危机产生。反之，奥克斯集团和海底捞公司的危机沟通工作都各自存在一些问题，导致了这次危机应对事件以失败告终。因此，在构建危机爆发期企业竞争情报沟通模式时也可以考虑制定新闻发言人制度。

4. 需要建立专门的竞争情报制度

从中美史克公司PPA风波事件的案例分析结果可知，中美史克公司的竞争情报工作的效率和质量是很不错的，在环境竞争情报和对手竞争情报的支持下，很快找到为什么中美史克会成为众矢之的，从而制定出有效的危机处理方案，化解了这次危机。而奥克斯集团和海底捞公司都存在忽视环境竞争情报的问题。奥克斯集团忽视了国家市场监督管理总局当天就介入的事实，事态已经演变成了不是简单的竞争对手问题，而海底捞公司在第一次回应涨价声明中忽视了自己在1月已经参加了国家市场监督管理总局启动的"保价格、保质量、保供应"系列行动。可见，危机爆发期企业竞争情报构通模式的构建，应该考虑通过建立专门的竞争情报制度来保证爆发期危机应对与危机沟通工作的效率，从而为危机管理行动决策提供可靠、正确、及时的竞争情报支持。

5. 争取领导的支持是保证危机处理工作成功的关键之一

从中美史克公司PPA风波事件的案例分析结果可知，中美史克公司在PPA风波事件发生后，有10位公司经理和主要部门的负责主管参与危机事件的处理，从人力方面给予了全力的支持，从而使这次危机事件得以快速、成功解决。而海底捞公司在第二次回应涨价事件时，将涨价的原因归结于管理层的错误决策。尽管维护了其"顾客至上"的服务理念，但给顾客留下了公司管理混乱、不能与公众共克时艰的负面印象。可见，在构建危机爆发期企业竞争情报沟通模式时，应该争取领导的支持，让领导及各职能部门的负责人参与到危机处理和危机沟通工作中来，一起制定危机管理行动方案，以便保证在方案实施的过程中能够得到领导的支持。

（二）可行性分析

一般认为，竞争情报有许多功能，包括环境监测、市场预警、技术跟踪、对手分析、策略制定和信息安全等。[①] 在危机爆发期，竞争情报主要通过环境监测、对手分析、策略制定等支持该阶段的危机处理和危机沟通行动。

在危机爆发期，竞争情报的环境监测功能是指企业的竞争情报部

---

① 李国秋、吕斌编著《企业竞争情报理论与实践》，清华大学出版社，2011，第176～193页。

门在动态危机管理委员会和危机竞争情报委员会的指导下，通过对企业内外部环境的监测来获取环境竞争情报，发现政策对企业的影响、竞争环境中潜在的市场机遇与风险，对可能诱发危机的因素进行动态的跟踪，及时地制定危机预案，以便危机发生时企业的危机管理人员能够从容应对。

在危机爆发期，竞争情报的对手分析功能是指企业的危机管理工作人员和竞争情报工作人员搜集整理企业内外部的对手竞争情报，分析企业现有的主要竞争对手有哪些、竞争对手下一步将会采取什么样的战略决策、企业应该采取哪些行动来应对竞争对手的策略等，通过对竞争对手的分析可以为企业各经营管理活动制定危机应对策略，在危机爆发时能够帮助企业快速地解决危机问题。

在危机爆发期，竞争情报的策略制定功能是指通过及时、准确地搜集企业内外部的竞争情报，与环境竞争情报和对手竞争情报一起，支持企业各种经营活动中的管理决策，如发展战略、竞争策略、投资和兼并收购等重大战略。另外，竞争情报对竞争环境和竞争对手的敏感性、对竞争对手的分析能力和反应能力以及对策略制定的支持能力也使其能够成为危机管理的基础。

由此可见，为了帮助企业快速地应对爆发的各种危机，设计危机爆发期的企业竞争情报沟通模式具有必要性，同时也是可行的。

（三）模式构建

设计危机爆发期的企业竞争情报沟通模式能够运用环境竞争情报、对手竞争情报以及沟通竞争情报来帮助企业解决危机爆发期的危机应对、危机沟通等问题，达到帮助企业解决危机问题的最终目标，是现代企业发展的需要。沟通是指人与人之间进行信息交流和意义传递的过程，是人与人之间思想感情的交流。它涉及信息的传递和情感的沟通，两者相辅相成。① 危机爆发期企业竞争情报沟通模式需要通过某种体制或制度来保障危机爆发期企业竞争情报的有效传递，协调危机涉及的各主体之间的沟通，应对竞争对手的进攻和竞争环境的变化，帮助企业应对危机爆发后的

---

① 何海燕、张晓甦：《危机管理概论》，首都经济贸易大学出版社，2006，第210页。

危机状态，达到保证企业正常经营的终极目标。

　　本节分析了危机爆发期危机的主要特征与危机处理行动关键过程，在借鉴案例分析的实践经验和现有相关研究成果①的基础上，构建了危机爆发期的企业竞争情报沟通模式，如图4-4所示。

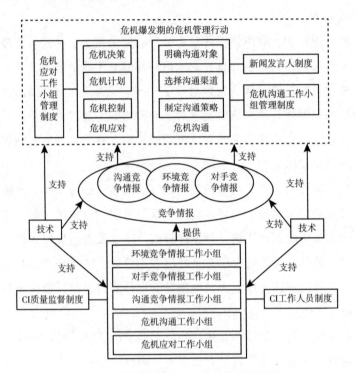

图4-4　危机爆发期的企业竞争情报沟通模式

　　由图4-4可知，危机爆发期的企业竞争情报沟通模式的工作原理为：环境、对手、沟通竞争情报工作小组的工作人员与危机应对、危机沟通工作小组成员一起在CI工作小组的指导和监督下，利用八爪鱼、Octoparse等

　　① 沈固朝等编著《竞争情报的理论与实践》，科学出版社，2008，第35~37页；赵刚、包昌火、刘筱雯：《企业危机公关与竞争情报》，《情报理论与实践》2004年第5期，第493~496页；包昌火、谢新洲主编《竞争情报与企业竞争力》，华夏出版社，2001，第6~35页；Zhang, L., Wang, L. H. Risk Application Research on Risk Warning Mechanism in Organizational Crisis Management-Taking Vanke Real Estate Co. Ltd., as an Example. *Chaos, Solitons & Fractals*, 2016, 89 (8): 373-380；龚花萍、高洪新、孙晓：《基于竞争情报的企业危机公关管理体系评价研究》，《现代情报》2016年第5期，第27~34页。

竞争情报信息搜集工具，TextAnalyst、Hadoop、RapidMiner 等竞争情报分析工具以及 Inspiration 大数据可视化工具等开展危机爆发时期的竞争情报工作。为了保证危机爆发期的竞争情报工作质量，制定了 CI 质量监督制度和 CI 工作人员制度。危机环境、对手和沟通竞争情报工作小组为危机应对和危机沟通决策者提供准确、及时、可靠的环境、对手以及沟通竞争情报的支持；竞争情报的环境监测、对手分析和决策支持功能，支持企业对竞争对手、竞争环境的全面了解，危机应对工作小组管理制度保证竞争情报的效率，以便决策层制定出正确的各种经营决策；同时竞争情报的沟通功能加强危机时期企业内部员工、危机受害者、上级领导部门、合作伙伴、外界媒体以及社会公众等的沟通，消除危机的不良影响，保证企业的正常运作，而危机沟通工作小组管理制度和新闻发言人制度是为了保证危机沟通的有效、一致。

危机爆发期的企业竞争情报沟通模式主要由环境竞争情报、对手竞争情报、沟通竞争情报、危机应对和危机沟通工组小组，竞争情报质量监督制度、竞争情报工作人员制度、危机沟通工作小组管理制度、危机应对工作小组管理制度以及新闻发言人制度等组成。

（1）环境竞争情报工作小组。企业一般可以设置独立的危机竞争情报工作委员会，直接受决策层的领导和指挥，这样可以提高危机管理过程中企业竞争情报工作的效率，有利于帮助企业解决危机问题。环境竞争情报工作小组是危机竞争情报工作委员会下属的组织，负责企业的环境竞争情报的搜集和分析。环境竞争情报工作小组的成员由竞争情报工作人员、危机应对和沟通工作小组的成员、相关职能部门负责人、危机应对和沟通专家以及其他专家等组成，这些人员可以是全职的也可以是兼职的，具体视企业的规模和需要而定。在环境竞争情报工作小组成员的共同努力下，搜集、整理和分析企业内外部的环境竞争情报，为危机应对和沟通工作小组提供环境竞争情报的支持。另外，由于企业的危机应对和沟通过程中可能会遇到一些非常专业的问题，有时环境竞争情报工作需要相关领域专家的参与，比如财务、税务竞争情报的搜集与分析需要财务、税务领域专家的支持等。

（2）对手竞争情报工作小组。对手竞争情报工作小组是危机竞争情报工作委员会下属的组织，负责企业对手竞争情报的搜集和分析。危机对手竞争情报工作小组的成员由竞争情报工作人员、危机应对和沟通工作小组的成员、相关职能部门负责人、危机应对和沟通专家以及其他专家等组成，同样这些人员既可以是兼职的也可以是全职的，视企业的规模和实际需要而定。在对手竞争情报工作小组成员的共同努力下，搜集、整理和分析企业内外部的对手竞争情报，为危机应对和沟通工作小组提供对手竞争情报的支持。另外，由于企业的危机应对和沟通过程中可能会遇到一些非常专业的问题，有时对手竞争情报工作需要相关领域专家的参与，比如金融或法律竞争情报的搜集与分析需要金融或法律领域专家的支持等。

（3）沟通竞争情报工作小组。沟通竞争情报工作小组是危机竞争情报工作委员会下属的组织，负责企业沟通竞争情报的搜集、整理与分析工作。沟通竞争情报工作小组的成员由竞争情报工作人员、危机应对和沟通工作小组的成员、相关职能部门负责人、危机应对和沟通专家以及其他专家等组成，这些人员既可以是兼职的也可以是全职的。在沟通竞争情报工作小组成员的共同努力下，搜集、整理和分析企业内外部的竞争情报，为危机应对和沟通工作小组提供沟通竞争情报的支持。另外，由于企业的危机应对和沟通过程中可能会遇到一些需要专业知识解答的问题，有时沟通竞争情报工作需要相关领域专家的参与，比如人工智能竞争情报的搜集与分析需要该领域专家的支持等。

（4）危机应对工作小组管理制度。危机应对工作小组的职责是在环境、对手竞争情报的支持下，制定应对危机的决策。危机应对工作小组管理制度是为了保证危机应对工作小组的工作绩效而设置的，主要包括危机应对工作小组成员的工作原则、工作时间的规定、工作责任的承担、工作质量验收标准以及工作的奖惩制度等方面。

（5）危机沟通工作小组管理制度。危机沟通工作小组的职责是在危机沟通竞争情报的支持下，实现与危机的受害者、企业的合作伙伴、上级领导、公众媒体的顺利沟通，便于危机问题的解决。通常采用新闻发言人制度，它是指委派企业的某一高层领导就企业当前面临的危机问题担当专门的发言人，消除由于多人发言而造成的不一致等不良影响，提高企业处理危机问题的效率。新闻发言人制度应该注意两个方面：一是新闻发言人必须是企业的高层领导，是企业的权威，能够全权代表企业的意见；二是新闻发言人必须是训练有素的，必须注意平时的积累、演练与准备，不能在危机发生后才临时委派发言人。危机沟通工作小组管理制度是为了保证危机沟通工作小组的工作绩效而设置的，同样也主要包括危机沟通工作小组成员的工作原则、工作时间的规定、工作责任的承担、工作质量验收标准以及工作的奖惩制度等方面。

（6）竞争情报质量监督制度。竞争情报的质量直接关系到企业应对危机的有效性。正确、及时、可靠的竞争情报可以帮助企业解决危机问题，否则，非但不能帮助企业解决危机问题，反而会给企业带来新的灾难，使处于危机状态的企业变得更加糟糕。一个制度的功能是否可以充分发挥，主要取决于制度执行人员的素质。竞争情报质量监督制度应由动态危机管理委员会和危机竞争情报委员会制定实施。竞争情报质量监督制度的建立需要以保障"危机竞争情报质量"为出发点和目标。通过制定制度来监督竞争情报收集和分析过程，可以发现竞争情报收集和分析过程中存在的问题，帮助企业竞争情报人员优化竞争情报收集和分析过程。[①] 其中，竞争情报收集监督主要是检查竞争情报来源是否合法、全面，从源头上保证竞争情报的质量；竞争情报分析监督主要是检查竞争情报分析方法是否正确，是否存在"团体迷思""镜像思维"等问题，竞争情报分析过程是否优化。动态危机管理委员会和危机竞争情报委员会还需要监督竞争情报工作的实施，对企业竞争情报工作进行全方位的监督管理，从而确保在危机爆发时能够提供有效的竞争情报支持。

（7）竞争情报工作人员制度。当危机爆发时，企业内部的员工会对突如其来的危机措手不及。竞争情报人员作为企业应对危机的主要人员，肩负着重要的责任。竞争情报人员的工作效率将直接影响到企业能否在竞争情报的支持下迅速应对和处理各种危机问题。因此，有必要通过竞争情报工作人员制度来保证竞争情报人员的工作效率。竞争情报工作人员制度主要包括工作原则、工作时间的安排、工作责任的分担、工作质量验收标

[①] 徐芳：《危机爆发期的企业竞争情报沟通机制研究》，《情报理论与实践》2010年第9期，第69~73、65页。

准和工作人员的奖惩制度。由于危机爆发时对竞争情报人员的特殊要求，竞争情报人员必须有足够的时间和精力参与和分析企业的各种经营和决策活动。因此，要求竞争情报人员熟悉企业危机管理的各种章程和业务报告，及时了解企业的经营管理情况。只有这样，才能使竞争情报人员的目标与企业的危机管理目标保持一致，保证竞争情报工作的及时、顺利进行，提高竞争情报工作的效率。

第三节　危机平复期的企业竞争情报评估模式

危机的结束并不意味着危机管理过程的结束。危机平息后，危机管理的关键任务是评估危机管理的绩效，找到危机的根源，消除危机对企业的负面影响，帮助企业快速从危机中恢复，总结危机管理的经验。与危机潜伏期的预警模式和危机爆发期的沟通模式一样，危机平复期的评估模式也决定了企业整个危机管理过程的成功或失败，是企业危机生命周期中的重要环节。因此，有必要加强对危机平复期的竞争情报评估模式的研究，使危机平复期利用竞争情报帮助企业解决危机管理评估和危机后企业的恢复问题，保证危机平复期的危机管理工作顺利进行。①

危机平复期企业竞争情报评估模式的构建具有重要的现实意义，主要表现在两个方面：一方面，可以帮助企业对危机潜伏期的危机预警、危机预控行动和危机爆发期的危机应对、危机沟通行动进行有效的评估，总结企业危机管理工作中的经验，发现危机管理工作中存在的问题，并提出相应的解决方案，为以后危机管理工作积累和提供宝贵的经验；另一方面，可以为企业制定危机平复期的企业恢复方案提供支持，帮助企业早日与利益相关者恢复关系，实现企业形象的再塑，帮助企业重新占领市场，疏导社会公众的心理，达到帮助企业快速恢复的最终目的。

危机平复期企业竞争情报评估模式的研究思路是：首先，分析危机平复期危机管理的工作流程和危机管理的内容；其次，依据匹配性案例选择

---

① 徐芳：《危机平复期的企业竞争情报评估机制研究》，《情报资料工作》2013 年第 1 期，第 42~46 页。

原则，参考危机平复期的危机评估、企业恢复等关键的危机管理行动，分别选择 Apple 公司的几度沉浮事件（成功的企业恢复战略）、2018 年的华为芯片危机事件（危机的准确评估和企业快速恢复）以及 2019 年大娘水饺的管理危机事件（危机评估和企业恢复的失败教训）进行案例研究，为模式构建提供支持；最后，在案例研究的基础上，借鉴现有研究成果，构建一种运用竞争情报帮助企业解决危机平复期危机问题的模式。希望通过建立有效的竞争情报评估模式，帮助企业提高危机平复期的危机管理工作和竞争情报工作的效率，帮助企业解决危机平复期的危机管理评估和企业恢复管理等问题。

一 危机平复期危机管理的工作流程与内容

危机平复期危机管理的工作流程在一定程度上决定了企业竞争情报评估模式的效率，危机平复期的危机管理工作内容则在一定程度上决定了企业竞争情报评估模式的功能。对危机平复期的危机管理工作流程和内容进行分析，可以为危机平复期的企业竞争情报评估模式的构建提供支持。

（一）危机平复期危机管理的工作流程

危机平复期危机管理的工作流程和内容是危机评估模式制定的基础，只有了解了该阶段危机管理工作的流程和内容，才能够设计出有针对性的模式，提高该阶段危机管理的效率。因此，非常有必要在构建危机平复期的企业竞争情报评估模式之前对危机平复期的危机管理工作流程和内容进行分析。一般而言，危机平复期危机管理的工作流程如图 4-5 所示。

从图 4-5 可以看出，危机平复期危机管理的最终目标是通过对潜伏期和爆发期的危机行动进行评估，发现企业危机管理过程中可能存在的问题，总结现有的危机管理经验，并提出相应的问题解决对策，以提高企业整个危机生命周期的危机管理效率，为企业制定恢复战略提供支持。危机平复期的危机管理主要由企业决策者领导下的危机评估工作小组和企业恢复工作小组来完成。

危机平复期危机管理的工作流程主要包括两部分：企业危机管理绩效

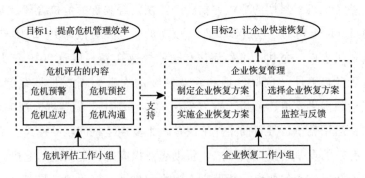

图 4-5　危机平复期危机管理的工作流程

评估和企业恢复管理（企业恢复战略计划制订等）。其中，企业恢复管理部分包括制订企业恢复战略计划、选择企业恢复战略计划、实施企业恢复战略计划和控制企业恢复战略计划的实施。企业危机管理绩效评估是指对企业危机生命周期全过程的危机管理绩效进行评价，对危机管理工作进行反思和总结，发现危机预警、危机预控、危机诊断、危机应对以及危机沟通等行动中存在的不足之处，为将来的危机管理和企业恢复管理提供支持。企业恢复管理是指企业根据危机管理绩效评估的结果，制定企业的多种恢复战略计划，根据企业内外部竞争环境和竞争对手的状况选择最佳的企业恢复战略计划并实施，在实施过程中还需要注意对恢复方案涉及的企业每个环节进行控制和反馈。[①]

（二）危机平复期危机管理的内容

　　危机平复期危机管理的内容主要包括企业危机生命周期全过程危机管理绩效评估和企业恢复管理。具体来说，危机平复期危机管理的内容主要包括对危机潜伏期的危机预警、危机诊断以及危机预控等危机行动效率的评估，对危机爆发期的危机处理、危机沟通等危机行动效率的评估和企业平复期的战略计划制订、选择、实施等企业恢复管理，具体如表 4-3所示。

---

① 徐芳：《危机平复期的企业竞争情报评估机制研究》，《情报资料工作》2013 年第 1 期，第 42~46 页。

表4-3　危机平复期危机管理的内容

危机管理内容	解释
危机预警效率的评估	对危机诱因分析的全面性、危机预警过程的有效性、危机预警行动计划的效率等方面进行评估
危机预案实施效率的评估	对危机预案的有效性、危机预案的演练、危机预案的误差等方面进行评估，以便对危机预案进行改进与优化
危机预控效率的评估	对危机预控中资源配置的合理性、危机预控过程的有效性以及危机预控行动方案的有效性等方面进行评估
危机处理效率的评估	对危机处理行动方案的有效性、危机处理过程的效率等进行评估
危机沟通效率的评估	对危机沟通行动方案的有效性、危机沟通过程的效率等进行评估
企业恢复管理	在危机评估的基础上，制订企业恢复战略计划，并选择最佳战略计划付诸实施，以便让企业快速地从危机中恢复

资料来源：向荣、岑杰主编《企业危机管理》，电子工业出版社，2016，第72~93页。

1. 危机预警效率的评估

危机预警是危机潜伏期的危机管理行动，危机预警效率的评估主要体现在以下方面：诱因分析考虑的范围和层面是否全面，能否尽快地识别出企业潜在的各种危机；是否需要对识别危机的方法、危机预警的过程进行改进和优化；当前的危机预警系统是否能够及时地监测到足够的环境竞争情报并据此做出预警，向潜在受害者发出了警报，系统是否需要升级；危机预警是否受到了企业领导的重视，企业的员工是否具备了一定的危机管理意识；危机发生的可能性判断是否准确，是否制定了危机预警工作小组的管理制度；等等。

2. 危机预案实施效率的评估

危机预案是危机潜伏期危机预控行动所采取的方案，危机预案实施效率的评估主要包括以下几个方面：是否根据企业的具体情况和战略目标制定了危机管理预案；危机管理预案在实施的过程中是否达到了其应有的功效；危机管理预案对企业潜在危机的覆盖是否全面，误差率是否达到了要求；危机管理预案是否存在改进的空间，应该怎样优化现有的危机管理预案；等等。

3. 危机预控效率的评估

危机预控也是危机潜伏期的危机管理行动之一，危机预控效率的评估主要应该考虑以下几个方面：与危机预控方案相应的资源配置是否合理；危机预控计划是否得当、有效；是否需要针对新的危机类型制定新的预控方案；现有危机预控过程是否需要改进和优化；危机预控行动是否能够起到指导企业危机管理实践的作用，是否制定了危机预控工作小组的管理制度；等等。

4. 危机处理效率的评估

危机处理是危机爆发期的危机管理行动之一，危机处理效率的评估应该考虑以下几个方面：是否制定了危机处理计划，在危机爆发时期危机处理计划是否能够被高效地执行；危机处理过程中是否存在失误和值得改进、优化的地方；危机处理的资源配置是否合理；危机处理工作是否取得了预期的成效，是否制定了危机处理工作小组的管理制度；等等。

5. 危机沟通效率的评估

危机沟通是危机爆发期的危机管理行动之一，危机沟通效率的评估主要体现在以下几个方面：在危机处理过程中是否对利益相关者、受害人及其家属、内部员工、政府及主管部门以及社会公众媒体等采取了合理的、有效的、个性化的沟通对策；危机沟通对策能否达到有效沟通的目的；是否采用了新闻发言人制度；是否制定了危机沟通工作小组管理制度；等等。

6. 企业恢复管理

企业恢复管理是指在恢复竞争情报的支持和危机管理绩效评估的基础上，制订危机平复期的企业恢复战略计划，逐步消除危机对企业造成的各种影响，帮助企业早日从危机中恢复过来；同时，在企业恢复的过程中也可以对企业在危机管理过程中表现出来的各方面问题进行改进，提高整个危机生命周期的危机管理效率，尽可能地避免一切可以避免的危机发生，减少不可避免危机给企业带来的损失。

（三）竞争情报在危机平复期的运行

从以上关于危机平复期危机管理工作流程和内容的研究，我们可以知道危机平复期的危机管理工作不仅需要对整个危机管理过程进行评估，同时还需要在危机管理绩效评估的基础上，根据企业内外部的具体情况制订、实施危机平复期的企业恢复战略计划。不管是危机管理绩效的评估还是企业恢复方案的制定与实施都需要有针对性的企业内外部与危机、竞争环境和竞争对手相关的信息的支持，这种具有针对性的分析所得到的信息就是竞争情报。可见，危机平复期的危机管理工作离不开竞争情报的支持。

危机平复期的竞争情报工作需要区别于以往的竞争情报工作，不管是评估竞争情报还是恢复竞争情报，都是以危机管理绩效评估和企业恢复为目的的竞争情报，具有目的性明确、针对性强、及时、质量要求高的特征，这种类型竞争情报的搜集、分析工作需要危机评估、企业恢复工作小组的工作人员参与并接受相关专家的指导与监督。另外，还需要从模式上将竞争情报的环境监测、对手分析以及策略制定等功能和平复期的危机管理流程紧密结合起来，从模式上优化平复期的竞争情报工作过程，提高竞争情报的质量，保障竞争情报工作的有效性，为危机平复期的企业危机管理工作提供正确、及时、可靠、针对性强的竞争情报支持，帮助企业尽快消除危机的各种不利影响，发现危机管理过程中的问题，提出有效的应对对策，最终达到提高危机平复期企业危机管理效率的目的。

二　案例研究

在建立危机平复期的企业竞争情报评估模式之前，需要对模式建立应该注意的问题进行分析，以提高所设计模式的信度。本节采用案例分析的方法，选择 Apple 公司的几度沉浮事件、2018 年的华为芯片危机事件、2019 年大娘水饺的管理危机事件等进行研究，系统地了解三个案例企业的危机评估工作，为危机平复期的企业竞争情报评估模式的设计提供支持，同时也为第五章理论模型的主要影响因素分析中初始影响因素的提取提供支持。

（一）案例介绍

Apple 公司的几度沉浮事件、2018 年的华为芯片危机事件以及 2019 年大娘水饺的管理危机事件的案例概要介绍如下，详细的案例资料见附录二。

1. Apple 公司的几度沉浮事件

Apple 公司（Apple, Inc.）源于 1976 年乔布斯（S. P. Jobs）和他的

伙伴沃兹尼克（S. Wozniak）用 1300 美元在 Jobs 家车库里成立的苹果电脑公司（Apple Computer）。① 2021 年 6 月 2 日，Apple 公司列 2021 年《财富》美国 500 强排行榜第 3 位。② 2022 年 1 月，Apple 公司市值一度突破 3 万亿美元。③ 苹果的 Apple Ⅱ 在 20 世纪 70 年代推动了个人电脑产业的革命；80 年代，Macintosh 的推出，让 Apple 公司保持着持续发展的势头，其中，知名产品有当时推出的 Mac 电脑系列、iPad 平板电脑等。Apple 公司的这些产品在高科技企业中以创新而闻名。④

　　Apple 公司的几度沉浮事件经过大致如下。1981 年 6 月，Apple 公司对外宣布将开发全球的 Apple Ⅲ 电脑，但因技术和营销原因，Apple Ⅲ 出现了问题；1984 年 1 月 24 日，Apple 公司强势推出的性能超强的麦金托什产品（Mackintosh），因与其他电脑的兼容性不够好而遭到市场淘汰；1985 年 4 月，经董事会决定，Jobs 的经营大权被撤销，9 月 17 日，Jobs 不得不离开 Apple 公司；1997 年 7 月，因公司连续 5 个季度亏损，CEO 阿默利欧引咎辞职，Apple 公司陷入危机，Jobs 被聘任为临时总裁兼首席执行官，再度回到 Apple 公司。⑤ 为了让 Apple 公司起死回生，Jobs 提出了将 Mac 电脑发展成一系列家用电器"数字中心港"等理念，为此他采取了一系列改革措施。一是生态联盟系统战略的实施。1997 年 10 月，Jobs 宣布 Apple 公司的"苹果生态联盟系统"专项战略，利用图形吸引用户、演艺界人士及创作人员加入，致力于使苹果系统再度成为创造和进取精神的中心。二是管理制度改革。Jobs 对 Apple 公司进行改革，实现领导班子"大换血"；他还把 Apple 公司的目光重新集中在市场和消费者身上，砍掉了没有特色的业务；在销售方面，Apple 公司把原来具有同样功能而

① Apple 公司官网，http://www.apple.com.cn/support/products，最后访问日期：2020 年 6 月 18 日。
② 《苹果成为 2021 年美国最赚钱公司》，https://m.gmw.cn/baijia/2021 - 06/02/1302335837.html，最后访问日期：2021 年 6 月 18 日。
③ 《这两年！苹果市值涨上 3 万亿，一挂中国科技巨头缩水 8000 亿》，http://finance.sina.com.cn/tech/csj/2022-04-27/doc-imcwipii6747634.shtml? poll_ id = 52052，最后访问日期：2022 年 4 月 29 日。
④ 孙朦：《乔布斯给世人留下了什么》，中国三峡出版社，2012，第 14~26 页。
⑤ 董传仪、葛艳华：《危机管理经典案例评析》，中国传媒大学出版社，2009，第 227~231 页。

高出其他竞争对手价格的产品的销售价格削减 25%，并加大了广告投入。三是以设计取胜。Apple 公司新产品 iMac 电脑的闪亮登场证明了人性化设计的成功与魅力，这是 Jobs 最厉害的武器：用计算机做工具，协助填补科技与艺术之间的鸿沟。①

1997 年，《时代》周刊封面人物再次介绍了 Jobs，称其为最成功的和最有经验的管理者。1998 年上半年，iMac 产品取得了全面的成功，Apple 公司扭亏为盈，在经历危机后快速地恢复了过来。②

2. 华为芯片危机事件

1987 年，华为技术有限公司成立，总部位于广东省深圳市龙岗区。经过 30 多年的发展，华为已经从一家生产用户级交换机（Private Branch Exchange，PBX）的香港公司的销售代理，发展成为全球领先的 ICT（信息与通信）基础设施和智能终端提供商；2019 年 8 月 9 日，华为正式发布鸿蒙系统；2021 年，《财富》公布世界 500 强榜单（企业名单），华为排在第 44 位；2021 年 5 月 18 日，华为发布首款光纤传感产品 OptiXsense EF3000，F5G 全光工业网解决方案适用于工业场景，再次加快实施 F5G 应用。③ 华为 5G 通信设备的市场占有率为 28%，位居世界第一。

华为芯片危机事件的经过大致如下。2018 年 1 月初，有报道称，美国政府坚决反对当时的华为与美国电信运营商（American Telephone & Telegraph，AT&T）签署合作协议，禁止华为手机进入美国市场；8 月，美国总统唐纳德·特朗普签署了《国防授权法》，禁止美国政府机构和承包商使用华为的某些技术；11 月，美国加入德国、意大利和日本的行列，禁止华为使用其所有通信设备；12 月 1 日，加拿大在温哥华机场逮捕了华为副董事长、首席财务官孟晚舟。④ 2019 年 1 月 29 日，美国司法部联

---

① 董传仪、葛艳华：《危机管理经典案例评析》，中国传媒大学出版社，2009，第 227~231 页。

② 徐芳：《危机平复期的企业竞争情报评估机制研究》，《情报资料工作》2013 年第 1 期，第 42~46 页。

③ 华为官网，https://www.huawei.com/cn/corporate-information，最后访问日期：2023 年 11 月 17 日。

④ 陈春花、尹俊等：《企业家如何应对环境不确定性？基于任正非采访实录的分析》，《管理学报》2020 年第 8 期，第 1107~1116 页。

合对孟晚舟提出 23 项指控，并要求加拿大政府引渡她；5 月 8 日，加拿大高等法院就孟晚舟引渡听证会重新开庭；16 日，特朗普总统签署了一项关于保障信息和通信技术及服务供应链安全的行政命令，将包括华为在内的 20 多个国家的 68 家公司列入实体名单；17 日，华为宣布自主研发的海思芯片转正；19 日，谷歌在美国政府的压力下暂停了与华为的合作，高通、英特尔等多家美国公司也加入其中；随后，多家网络供应商暂停使用华为的设备，多个学术组织将华为除名；此后，美国多次延长了对华为的禁令，理由是华为及其商业伙伴需要升级软件和处理合同。① 2021 年 9 月 25 日晚，华为首席财务官孟晚舟乘坐中国政府包机抵达深圳宝安国际机场，结束了在加拿大被非法拘留近三年的生活。同日，2021 年中国民营企业 500 强名单在湖南长沙发布，华为仍然占据榜首。②

3. 大娘水饺的管理危机事件

1996 年 4 月，大娘水饺创始人吴国强在江苏常州开了一家小餐馆。他雇了一位来自中国东北的退休大娘来做包饺工，自己负责调制馅料，餐馆名字也改名为大娘水饺。经过 20 多年的发展，大娘水饺在北京、上海等 100 多个城市开设了 440 多家连锁店；公司总营业面积达 10 余万平方米，有 7 万余个座位、1 万余名员工，年销售额近 19.5 亿元，先后被评为中国十大著名快餐品牌企业和中国十大快餐企业。2017 年 4 月 11 日，格美集团（原绿色集团）与 CVC 资本完成结算，正式成为大娘水饺餐饮集团有限公司 100% 全资股东，这是大娘水饺发展史上的一个重要里程碑。③

大娘水饺的管理危机事件经过大致如下。2008 年国际金融危机爆发，资本开始大规模投资餐饮业。吴国强说："5 年内大概有四五十家投资机构找上门，但有的条件苛刻，有的我们看不上，有的出价不高，更有甚者

---

① 《华为芯片被禁事件的始末梳理与个人分析》，https：//baijiahao. baidu. com/s? id = 1681069503751631010&wfr=spider&for=pc，最后访问日期：2021 年 10 月 30 日。

② 《孟晚舟归国同日，华为拿下三个中国企业第一名》，https：//www. thepaper. cn/ newDetail_ forward_ 14665731，最后访问日期：2021 年 10 月 31 日。

③ 大娘水饺官网，http：//www. dnsj1996. cn/about，最后访问日期：2021 年 11 月 1 日。

就是大忽悠……"① 2013 年，大娘水饺在 19 个省份拥有 450 多家门店，年营业收入为 15 亿元，有员工 7000 余人。这时，吴国强已经 60 岁了，由于缺乏合适的接班人，他开始考虑将公司交给专业管理团队。

2013 年底，欧洲私募股权投资机构 CVC 正式完成了对大娘水饺的收购。CVC 收购了大娘水饺 90% 的股份，吴国强持有剩余 10% 的股份。根据协议，股权交割之后吴国强将继续担任大娘水饺董事长 2 年、顾问 3 年。为提高业绩，新管理层提高了价格并削减了成本，将每个饺子的重量从 20 克减至 17.5 克，其他菜肴的用量也减少了 10% 左右。变了味儿的大娘水饺，生意大不如前，公司不仅没有通过使用更少的材料来提高业绩，反而失去了大量的客户，业绩急剧下滑。2014 年，大娘水饺的营业收入仅为 2013 年的 80% 左右，吴国强提前辞掉了董事长一职，成为"不管事"的集团顾问。CVC 收购大娘水饺之后，曾先后上任了两位首席执行官，第一位 CEO 曾任肯德基营销副总裁，上任之后学习肯德基的经营模式，大刀阔斧地进行改革，引起了吴国强的反对但冲突并不大。李传章接任 CEO 后，管理层的矛盾并没有得到解决，而是因为一系列的事情而加剧。② 2015 年全年的销售额为 2014 年的 90% 左右，仅为 2013 年的 70% 左右。

2015 年，大娘水饺年会闹剧，曾作为资本与餐饮联姻案例的大娘水饺陷入负面新闻。虽然 CVC 并没有给他发邀请函，但吴国强还是选择参加大娘水饺的 2015 年会，但被保安阻止进入。2016 年 1 月，CVC 发布了一份名为《CVC 对于年会闹事的回应》的声明，其中提到吴国强先生确实被 CVC 聘为公司的顾问，但并不是由 CEO 正式管理的员工，吴国强先生冲进会场向员工发泄自己的不满，CVC 对此表示强烈不满和谴责，会以正确的方式对吴国强先生进行诉求。2016 年 1 月 15 日，吴国强发表了一封"致全体大娘人"的公开信，双方意见不一。至此，吴国强与 CVC 之间的矛盾全面爆发，大娘水饺遇到了前所未有的经营危机，引发了大规

---

① 姜华山、CFP：《俏江南、大娘水饺"引狼入室"》，《企业观察家》2016 年第 8 期，第 48~50 页。

② 《大娘水饺与 CVC 不断激化的矛盾，受害者却是它！》，https://baijiahao.baidu.com/s?id=1622966757182976243&wfr=spider&for=pc，最后访问日期：2021 年 11 月 1 日。

模的"关门潮"。

（二）案例分析：危机平复期的准确评估与快速恢复

通过以上三个案例的介绍可知：虽然 Apple 公司由于关键产品决策连连失误、管理与经营不善等原因而导致危机频频发生，但是 Jobs 再度回到 Apple 公司后，面对企业危机的现状，分析和评估竞争环境、竞争对手以及自身的优势后，采取了一系列的措施，使得 Apple 公司起死回生，堪称企业从危机中崛起的经典案例之一；华为公司面对芯片事件和美国政府有关部门对华为实施的一系列制裁，包括签署行政命令，禁止美国企业购买"外国竞争对手"提供的电信设备和服务，并将华为列入"实体清单"等，从容淡定，快速地从危机事件中成长起来。2019 年 5 月和 8 月先后宣布启用多年来自主研发的芯片备胎（海思），发布了智能终端操作系统——鸿蒙系统（HarmonyOS），对于危机平复期的准确评估和企业快速恢复具有重要的启发。大娘水饺在出现管理危机后，创始人吴国强采取了一系列的措施（寻找专业的管理团队）来试图让其走出危机，但最终未能实现既定的目的。2015 年大娘水饺年会闹剧让曾经作为资本（私募股权基金 CVC）与餐饮联姻案例的大娘水饺陷入负面新闻，这可以为企业危机的准确评估和企业快速恢复提供较为重要的经验教训。本节将从危机评估工作的及时性和准确性、企业恢复等方面对以上三个案例进行分析，为构建危机平复期的企业竞争情报评估模式提供支持，从而提高危机平复期的企业竞争情报评估模式的信度。

1. 危机评估工作非常及时准确

Apple 公司的几度沉浮事件中，Jobs 再度回到 Apple 公司后，马上对 Apple 公司面临的各种内外部危机、公司内外部的各种矛盾以及企业所面临的各种竞争关系做了全面、细致的评估与分析，明确了危机发生后 Apple 公司所处的社会地位，并据此进行管理制度的改革（包括对领导班子进行"大换血"等）、企业恢复战略方案实施等一系列的挽救措施，为 Apple 公司从危机中恢复赢得了时间和机遇，成功地帮助 Apple 公司从危机中恢复过来。华为公司面对芯片事件和美国政府部门从 2018 年开始的接二连三的政策打压（包括加拿大逮捕华为 CFO 孟晚舟），在 2019 年 5 月 16 日特朗普总统签署了关于保障信息和通信技术及服务供应链安全的行政命令，将华为列入"实体名单"之后，5 月 17 日华为宣布启用了自主研发的芯片海思，8 月 9 日正式发布了智能终端操作系统鸿蒙系统。可见，华为公司对这次芯片事件是早有预防的，已经准备好了芯片和智能终端操作系统的替代品，"芯片暗战"已经存在了 70 多年，华为芯片危机事件只不过是这次"暗战"的爆发。随着 2021 年 9 月 25 日晚华为 CFO 孟晚舟乘坐中国政府包机安全返回中国，华为应该可以算是从这次芯片危机事件中恢复了过来。反观大娘水饺的管理危机事件，虽然大娘水饺创始人具有危机意识，在 2013 年 60 岁的时候就考虑寻找接班人，选择专业的管理团队来接管大娘水饺，但是在选择合作伙伴时他选择了全球领先的欧洲私募股权投资机构 CVC。CVC 接手后，大娘水饺 2014 年和 2015 年先后上任了两位 CEO，新管理层"提高价格，降低成本"的战略让大娘水饺失去了大量的客户，连续两年都出现了营业收入下降的情况。于是爆发了 2015 年大娘水饺创始人吴国强与新管理层的年会闹剧事件，让大娘水饺陷入负面新闻。可见，在大娘水饺的管理危机事件中，其对管理危机可能带来影响的评估是不够准确的，全球领先的投资机构并不意味着适合大娘水饺这样的本土企业。第一位 CEO 曾任肯德基营销副总裁，他根据自己管理肯德基（KFC）西式快餐的经验，上任后大刀阔斧地对大娘水饺进行了改革，为大娘水饺的连年营业收入下降埋下了潜在的危机"种子"。第二位 CEO 和大娘水饺创始人矛盾的升级和爆发，直接让大娘水饺陷入 2015 年年会闹剧新闻，大娘水饺遇到了前所未有的经营危机，引发了大规模的"关门潮"。时至今日，大娘水饺的门店规模也尚未能恢复到管理危机事件之前的水平，其官网数据显示有 300 家门店，这与鼎盛时期 2013 年拥有 450 多家门店相比，下降了 33.3%。可见，危机发生后对危机进行全面、及时、准确的评估非常重要，是危机平复期企业恢复的基础和关键。

2. 企业恢复管理工作迅速到位

Apple 公司的几度沉浮事件中，在危机评估的基础上，Jobs 充分发挥 Apple 公司自身的优势，提出"改变思路"的口号，"迅速砍掉了没有特色的业务，转而将生产重心放在四件主要的产品上"；同时采用"设计取胜"的企业恢复战略，提出将 Mac 电脑发展成一系列家用电器"数字中心港"的理念，努力将 Apple 公司打造成为包括数码相机、扫描仪、MP3 播放器等数字化家用装置的中心。这一系列恢复举措的成功实施使得经历危机后的 Apple 公司迅速得到了恢复。华为芯片危机事件中，华为公司面对美国政府部门的一系列制裁措施，做出了准确、快速的危机评估，企业恢复管理工作迅速启动，果断地启用了自主研发多年的芯片海思和智能终端设备操作系统鸿蒙系统，有效地减小了芯片危机事件的影响。大娘水饺管理危机事件中，创始人吴国强虽然具有危机意识，对管理危机有较为准确的判断，但是在应对管理危机的决策中，忽略了"全球领先的投资和咨询公司的先进管理团队未必适合大娘水饺这种本土企业"，而且他转让了大娘水饺 90% 的股权给私募股权基金 CVC，自己只持有 10%，这让他日后在管理中处于被动地位，最终失去话语权，未能使大娘水饺在遭遇管理危机事件后成功地恢复。可见，在危机平复期，企业恢复管理工作迅速到位是让企业在经历危机事件后成功恢复的关键要素。

3. 与利益相关者关系的恢复取得成功

与利益相关者关系的恢复是危机平复期的重要任务之一，只有尽快恢复与利益相关者的关系，企业才能够逐步地从危机中恢复过来，逐步地走向正常经营的轨道上来。Apple 公司的几度沉浮事件中，Apple 公司生态联盟系统战略成功起到了"重新唤起与 Apple 公司业务有关的广大人士的信任和热情"的作用，成功地吸引用户、演艺界人士及创作人员加入 Apple 公司生态联盟系统，并逐步开放自己的市场，与别的产品进行兼容，成功地实现了与这些工业群落成员的共同进步，有效地恢复了与利益相关者的关系，使 Apple 公司的经营活动重新进入了正常的运转状态。华为芯片危机事件中，华为公司与员工进行了良好有效的沟通。2019 年 5 月 16 日，美国特朗普总统签署了关于保障信息和通信技术及服务供应链安全的行政命令，将华为列入实体名单。当日华为公司总裁办就发布了《致员工的一封信》，表示"美国商务部工业与安全局（BIS）将华为列入所谓'实体清单'的决定，是美国政府出于政治目的持续打压华为的最新一步。华为公司早有准备，在研究开发、业务连续性等方面进行了大量投入和充分准备，能够保障在极端情况下，公司经营不受大的影响……请大家坚定信心，踏踏实实做好本职工作，持续奋斗。任何艰难困苦，都不能阻挡我们前进的步伐"①。5月17日凌晨，海思总裁何庭波也发布了《海思总裁致员工的一封信》，信中何庭波将他们的"备胎"计划称为"科技史上最为悲壮的长征"，当时在微信朋友圈中疯狂刷屏，官媒也纷纷转载。

4. 社会心理恢复工作成效非凡

危机平复期，各种负面消息会给社会公众、消费者带来不利的心理影响，需要采取积极的措施及时地恢复，以便为企业形象的重塑、市场份额的重新占领做好准备。Apple公司的几度沉浮事件中，Jobs上任后，"始终倾听消费者的需求，以最大的热忱贯彻'在一般人与高深计算机之间搭起桥梁'的初衷"，采用人性化的设计，引起消费者的共鸣，实现"用计算机做工具，协助填补科技与艺术之间的鸿沟"的目标，拉近了Apple公司与社会公众和潜在消费者之间的距离。同时，Jobs广泛动用媒体的力量，加大广告的投入，改变Apple公司在人们心中的不好形象，也有效地促进了社会公众心理的恢复，重新为Apple公司吸引了新的顾客。华为芯片危机事件中，华为公司与客户进行了有效的沟通。华为被美国政府部门列入"实体名单"事件发生后，很多客户说要买华为的产品支持华为，但华为公司内部一直在强调："华为不愿意去卖惨，去博取同情，去激起民族主义热潮。华为当然需要大家的支持，但不需要大家为它牺牲很多，这是'毒药'，对国人和公司都没长远的益处。大家只需要在比较产品时，如果国产和国外的差不多，优先选择国产就够了。"

5. 重塑企业形象取得成功

危机平复期，企业形象的重塑是企业重新赢得客户、重新占领市场的关键。Apple公司的几度沉浮事件中，Apple公司的新产品iMac电脑的闪亮登场不但证明了人性化设计的成功与魅力，而且Apple公司骄人的销售业绩也成功地为Apple公司赢得了市场，使得Apple公司重新成为世人关注的焦点，有效地重塑了Apple公司的企业形象。而Jobs本人也在1997年再次成为《时代》周刊的封面人物并被评为最成功的、最有经验的管理者，再次稳定了Apple公司的企业形象，促进了Apple公司市场占有率

---

① 邓斌：《华为成长之路》，人民邮电出版社，2020，第281~295页。

的逐步恢复。华为芯片危机事件中，面对来自一个国家的打压，华为选择了自己"抗"的睿智策略，树立了"有责任感、有担当、值得中国人骄傲"的品牌形象。

6. 重新占领市场份额取得成功

危机平复期，重新占领市场份额是企业恢复管理工作的最终目标，也是企业恢复工作衡量的重要指标。Apple 公司的几度沉浮事件中，无疑 Apple 公司在遭受危机后重新占领市场份额是成功的。案例中提到，1998 年上半年，iMac 取得了全面的成功，Apple 公司大放异彩之后扭亏为盈；人们谈论的话题也由原来的 Apple 公司即将破产转到恢复青春活力的 Apple 公司将会怎样推动电脑事业的发展，苹果公司起死回生了。可见，iMac 的成功为 Apple 公司赢得了新的市场与客户，帮助 Apple 公司成功地重新占领了市场份额。华为芯片危机事件中，在华为海思芯片发布约 5 个月后，华为的 5G 基站可以使用自主研发的芯片进行量产。而且，采用华为海思芯片后，设备性能显著提高了 30%。此外，由于美国的制裁，诺基亚、三星和思科实际上拿走了很多原本属于华为的市场订单。然而，根据市场研究公司戴尔奥罗集团（Dell'Oro Group）的数据，华为在 2020 年占据了 31% 的全球市场份额，比 2019 年增长了 3 个百分点。更出乎意料的是，诺基亚、思科和三星在"芯片事件"中都占了便宜，但这三家公司的市场份额都下降了 1 个百分点，加到一起正好是华为的增长。由此可见，华为成功地重新占领了市场份额。

（三）案例总结：危机平复期评估模式成功的关键

以上研究表明，危机平复期需要通过构建有效的模式来提高企业竞争情报的效率，帮助企业解决危机评估和企业恢复管理问题。竞争情报的环境监测、对手分析和策略制定等功能有利于帮助企业解决危机问题。同时，研究发现，为了保证危机平复期评估模式的成功，需要注意影响模式成功的因素和一些关键的问题。本节总结的具体研究结果与讨论的问题如下。①

---

① 徐芳：《危机平复期的企业竞争情报评估机制研究》，《情报资料工作》2013 年第 1 期，第 42~46 页。

1. 应该注意个案的差别

Apple 公司的几度沉浮事件中，危机发生后，Apple 公司通过及时准确的危机评估，有效制定了各种企业恢复战略，在社会心理恢复、重塑企业形象、重新占领市场份额等方面取得了成功，使 Apple 公司再次成为世界关注的焦点。Jobs 成了 Apple 公司名副其实的英雄。不可否认，Apple 公司的危机评估和企业恢复工作非常成功，值得借鉴。但是需要注意的是，每个企业都有自己的特点。Apple 公司可以通过管理模式改革实现领导层的"大换血"，削减绩效不高的产品，通过设计取胜，其他企业并不是都适合。在危机平复期的危机管理实践中，有必要"具体问题具体分析"。只有在有效的危机评估的基础上，准确定位企业的市场地位，有针对性地制定有效的企业恢复战略，才能迅速达到企业恢复的目的。华为芯片危机事件中，华为公司也对危机进行了准确的评估，采用面向员工的公开信的方式与利益相关者进行了有效的沟通，在与客户的沟通中，树立起了"有责任、有担当"的良好的中国民族品牌形象，最终重新获得了市场份额。而大娘水饺管理危机事件中，管理危机决策的失误，最终导致了"大娘水饺遇到了前所未有的经营危机，引发了大规模的'关门潮'"这样的结果。可见，个案的差异性有时候是制约危机平复期评估模式成功的关键因素。

2. 提高危机评估效率，找到企业存在的问题是企业快速恢复的关键

Apple 和华为公司的案例表明，企业恢复战略的制定是以及时准确的危机评估、高质量的评估竞争情报和恢复竞争情报为基础的。综合可靠的危机评估结果可以帮助企业发现问题的成因，然后针对问题的成因"对症下药"，结合企业优势制定有效的企业恢复战略。在评估竞争情报和恢复竞争情报的支持下，帮助企业实现快速地从危机中恢复、重新占领市场份额的目标。因此，在危机平复期的危机评估实践中，应注意危机评估工作的及时性和准确性。这将直接关系到评估模式的有效性能否得到充分发挥，企业能否得到可靠和及时的评估竞争情报的支持。最终，在恢复竞争情报的支持下，帮助企业制定有效的企业恢复战略并有效实施，从而达到帮助企业快速从危机中恢复的目的。

3. 社会心理恢复工作的成败是企业能否重塑企业形象、重新占领市场的关键

在危机平复期，企业要想迅速从危机中恢复过来，重塑企业形象，重新占领市场，就必须重视社会心理恢复期的效率和绩效。危机后的 Apple 公司"始终倾听消费者的需求，以最大的热忱贯彻'在一般人与高深计算机之间搭起桥梁'的初衷"，坚持将 Apple 公司打造成为"数字中心港"的思想，采用人性化的设计，引起消费者的共鸣，社会心理恢复工作迅速成功。① 华为公司采用面向员工的公开信等方式与员工进行了良好的沟通，最终团结一致，度过了这次危机。在社会心理恢复工作的实践中还需要注意的地方是，应该在充分利用评估竞争情报和恢复竞争情报的基础上，兼顾企业的优势，制定出社会心理恢复工作的策略并保证策略的有效执行。可见，社会心理恢复工作的成效也是影响危机平复期评估模式成功与否的关键因素。

4. 应该注意与利益相关者关系的恢复

在恢复与利益相关者关系方面，Apple 公司的成功在于 Jobs 采用了"Apple 公司生态联盟系统"的战略，反复强调"重新唤起与 Apple 公司业务有关的广大人士的信任和热情"，成功地修复了与供应商、经销商、合作伙伴等利益相关者的合作关系。Apple 公司与利益相关者合作，共同发展。华为公司在经历过"芯片危机事件"后，也逐步恢复了一些和供应商的合作。可见，在危机平复时期，企业要想从危机中快速地恢复，与利益相关者关系的恢复很重要。只有与利益相关者的关系恢复了，才能够赢得供应商、经销商、合作伙伴以及客户的支持，以便让企业的经营活动重新进入正常运转的轨道，才有机会重新赢得客户、市场，才能重新建立并巩固企业的竞争优势。

5. 提高危机管理的效率，重新夺回市场是平复期危机管理工作的最终目标

危机平复期的两个主要危机管理行动危机评估和企业恢复中，企业恢

---

① 徐芳：《危机平复期的企业竞争情报评估机制研究》，《情报资料工作》2013 年第 1 期，第 42~46 页。

复行动是最重要的，也是平复期危机管理工作的最终目的。而企业恢复的具体表现在于客户、市场的重新占有。从 Apple 和华为公司的案例中，我们可以归纳出危机平复期危机管理的关键点是充分利用评估竞争情报和恢复竞争情报，帮助企业快速从危机中恢复。危机评估行动可以帮助企业决策者发现企业危机生命周期中各个危机管理阶段和企业经营活动中存在的问题，帮助企业在危机后准确地定位市场，为企业制订恢复战略计划提供支持。企业恢复战略的成功实施、企业形象的重塑和重新夺回市场份额是平复期危机管理的最终目标。平复期危机管理工作是否成功，应该以是否达到最终目标来衡量。

6. 应该注意专门危机管理部门的设置

综观 Apple 公司的危机，我们可以发现：虽然在 Jobs 的领导下，Apple 公司在危机评估行动、企业恢复战略制定和实施方面取得了成功，最终 Apple 公司迅速从危机事件中恢复过来。然而，从危机管理组织和机构的角度进一步分析，Apple 公司在危机管理过程中仍然缺乏一个专门的危机管理团队来指导、发现并及时解决公司的危机问题。大娘水饺如果设置了专门的危机管理部门，应该能够在 2013 年创始人吴国强寻找专业管理团队的过程中帮助他发现被全球领先的欧洲私募股权基金 CVC 收购所存在的风险，从而避开这些风险，赢得管理决策的主动权，实现吴国强既定的目标"让先进的管理团队，带领大娘水饺更上一层楼"。通常，设立专门的危机管理委员会，并根据公司的具体需要设置不同的危机管理工作小组是企业开展危机管理工作的组织基础。因为只有设置了专门的危机管理机构或部门，才能够保证危机潜伏期的危机预警、危机诊断、危机预控等危机管理行动的顺利进行，才能够保证危机爆发期的危机处理与危机沟通行动的顺利进行，才能保证危机评估期的危机评估与企业恢复行动正常、有序地进行。有了组织和机构的支持，才能够保证危机管理过程中的各种危机行动顺利进行，才能够从根本上保证企业危机管理工作效率的提高，帮助企业快速地解决各种危机问题。

三　危机平复期企业竞争情报评估模式构建

那么，如何构建一个有效的模式，保证危机平复期评估竞争情报与恢

复竞争情报的质量，使其能够在危机后的企业中畅通无阻地传递，提高竞
争情报帮助企业危机评估与企业恢复管理的工作效率？同时，怎样保证企
业在危机平复期危机评估和企业恢复管理决策的正确性？这些是竞争情报
从业者和研究者需要解决的重要课题。本部分首先从 Apple 公司的几度沉
浮事件、华为芯片危机事件、大娘水饺的管理危机事件案例分析中提炼出
构建危机平复期企业竞争情报评估模式需要注意的一些问题，然后从竞争
情报的功能和危机平复期的危机特征及其危机管理的内容等方面对危机平
复期企业竞争情报评估模式构建的可行性进行分析，最后在借鉴国内外相
关理论研究成果和以上三个危机事件案例分析实践经验的基础上构建了危
机平复期企业竞争情报评估模式。

（一）案例启示

通过 Apple 公司的几度沉浮事件、华为芯片危机事件、大娘水饺的管
理危机事件等案例研究，我们可以得到如下一些关于危机平复期企业竞争
情报评估模式构建的启示，为构建出高效的危机平复期企业竞争情报评估
模式提供支持。[①]

1. 以危机平复期的危机管理行动为核心

以上三个案例的企业危机事件分析经验告诉我们，危机平复期的企业
竞争情报评估模式构建的目的是为危机平复期的危机评估、企业恢复等危
机管理行动提供评估竞争情报和恢复竞争情报的支持。因此，危机平复期
构建的企业竞争情报评估模式必须以危机平复期的危机行动为中心，只有
这样，才能实现支持企业在危机平复期的危机评估和企业恢复管理行动的
决策，从而有效地帮助企业解决危机平复期的与利益相关者关系恢复、社
会心理恢复、重塑企业形象、重新占领市场份额等各种问题。

2. 需要设置专门的危机评估工作小组

从 Apple 公司的几度沉浮事件、华为芯片危机事件、大娘水饺的管理危
机事件的案例分析结果可知，建立专门的危机评估工作小组是提高危机平
复期危机评估工作效率的基础和保障。在专门机构的领导下，平复期的危

---

① 徐芳：《危机平复期的企业竞争情报评估机制研究》，《情报资料工作》2013 年第 1 期，
第 42~46 页。

机评估工作和企业恢复管理工作才可能快速准确地进行，从而尽快地总结危机生命周期全过程中的危机管理经验，提高企业危机管理工作的效率，让企业尽快地从危机中恢复过来。因此，在构建危机平复期的企业竞争情报评估模式时，应该将专门的危机评估工作小组作为其组成部分之一。

3. 需要制定各种制度来保证危机评估工作、企业恢复工作有效进行

从以上三个案例的企业危机事件分析的结果可知，在危机平复期，企业应该做的是尽快评估危机，制订企业恢复战略计划，以便迅速恢复与社会公众和利益相关者等的关系，使企业的经营活动得以恢复，回到正轨，逐步恢复企业形象，吸引客户，重获市场。这些工作效率的保证有赖于制度的保障和支持。有了制度的保障，才能保证危机平复期危机评估和企业恢复等危机管理行动的决策。因此，在构建危机平复期的竞争情报评估模式时，应综合考虑各种制度因素。

4. 需要建立专门的竞争情报制度

从 Apple 公司的几度沉浮事件的案例分析结果可知，Apple 公司的竞争情报工作的效率和质量都非常好。在企业内部和外部竞争情报的支持下，Jobs 迅速发现了 Apple 公司的优势、劣势和问题，并制定了相应的解决方案。在危机后尽快恢复了 Apple 公司的企业形象，重新建立了与公众和利益相关者的关系，赢得了客户，占领了市场。危机平复期企业竞争情报评估模式的构建，需要建立专门的竞争情报制度，以保证危机平复期的竞争情报工作效率。这样才能为平复期的危机评估和企业恢复管理行动提供可靠、正确、及时的竞争情报支持。[①]

（二）可行性分析

关于竞争情报的功能，一般认为竞争情报有六大功能：环境监测、市场预警、技术跟踪、对手分析、策略制定、信息安全。[②] 竞争情报对危机平复期危机管理工作的支持主要体现在利用竞争情报的环境监测、对手分析、策略制定等方面的功能为危机平复期的危机管理绩效评估和企业恢复

---

① 徐芳：《危机平复期的企业竞争情报评估机制研究》，《情报资料工作》2013 年第 1 期，第 42~46 页。

② 李国秋、吕斌编著《企业竞争情报理论与实践》，清华大学出版社，2011，第 176~193 页。

管理工作提供支持。

　　竞争情报对平复期危机管理绩效评估的支持主要体现在：企业对危机管理过程进行绩效评估时，可以利用危机潜伏期和危机爆发期的预警竞争情报、预控竞争情报、对手竞争情报、环境竞争情报、沟通竞争情报以及危机平复期的评估竞争情报对企业危机管理工作中的危机预警、危机预控、危机沟通、危机应对等行动的绩效进行评估。在具体的实践中，企业可以将危机生命周期三个阶段（危机潜伏期、危机爆发期以及危机平复期）所获得的各种竞争情报或者因此而产生的各种竞争情报输入企业的 CIS 中，在危机平复期进行危机管理工作绩效评估时只需要在 CIS 中查找相应的竞争情报就可以对危机生命周期各阶段的危机行动进行评估。此外，还可以利用八爪鱼、Octoparse 等竞争情报信息搜集工具，TextAnalyst、Hadoop、RapidMiner 等竞争情报分析工具以及 Inspiration 大数据可视化工具来开展危机评估工作。

　　恢复竞争情报对危机平复期企业恢复管理的支持主要体现在：竞争情报的环境监测功能通过对企业内外部环境的监测来获取新的竞争情报，对手分析功能通过对竞争对手的分析来获得与竞争对手相关的最新竞争情报，与危机管理绩效评估所产生的新的竞争情报一起，支持危机平复期的企业恢复管理工作，在企业决策人员的领导下，帮助企业制定、选择、实施企业恢复方案。以上分析表明，评估竞争情报和恢复竞争情报能够对危机平复期的危机管理绩效评估和企业恢复管理提供支持，并且从操作和实践的层面来讲是可行的，因此，构建危机平复期的企业竞争情报评估模式来支持危机平复期的危机管理工作，帮助企业解决平复期的危机问题是可行的。

（三）模式构建

　　危机平复期的企业竞争情报评估模式需要通过某种体制或者建立一定的制度来保障危机平复期企业竞争情报的高质、有效传递，为企业危机评估和企业恢复管理提供竞争情报的支持，帮助企业解决危机平复期的危机管理问题，通过评估危机管理过程，总结危机生命周期各阶段的危机管理经验，发现企业危机管理过程中存在的问题并制定相应的对策，达到消除危机的影响和帮助企业早日恢复正常经营的最终目标。① 在分析危机平复期危机管理的工作流程与内容，借鉴现有研究成果②和案例研究实践经验的基础上，设计了危机平复期的企业竞争情报评估模式，如图4-6所示。

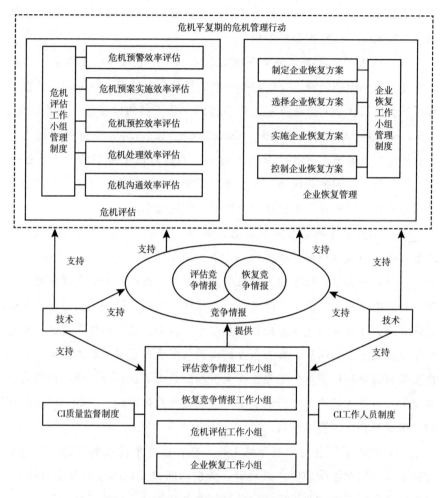

图4-6 危机平复期的企业竞争情报评估模式

---

① 徐芳：《危机平复期的企业竞争情报评估机制研究》，《情报资料工作》2013年第1期，第42~46页。

② 李纲、王庆：《基于竞争情报的企业危机管理》，《中国图书馆学报》2004年第6期，第37~40页；查先进、陈明红、杨凤：《竞争情报与企业危机管理》，武汉大学出版社，2010，第199~224页；Parnell，J. A.，Crandall，W. R. The Contribution of Behavioral Economics to Crisis Management Decision-Making. *Journal of Management & Organization*，2020，26（4）：585-600；向荣、岑杰主编《企业危机管理》，电子工业出版社，2016，第72~93页。

　　危机平复期的企业竞争情报评估模式旨在帮助企业早日消除危机带给企业的各种不良影响，解决企业在危机管理过程中出现的各种问题，重新建立与社会公众、利益相关者、合作伙伴之间的关系，达到恢复企业形象、重新吸引客户、重新占领市场的最终目标。危机平复期的企业竞争情报评估模式的工作原理和步骤如下。

　　（1）危机平复期的竞争情报搜集与分析。在危机评估工作小组和企业恢复工作小组的领导下，危机平复期的评估竞争情报、恢复竞争情报工作人员、危机评估和企业恢复工作小组的工作人员协同工作。在八爪鱼、Octoparse、TextAnalyst、Hadoop、RapidMiner、Inspiration 等竞争情报搜集和分析以及大数据可视化工具的支持下，开展危机平复期的竞争情报工作，为危机平复期的危机评估和企业恢复管理提供正确、可靠、及时的竞争情报支持，以便提高平复期危机管理工作的效率。

　　（2）危机平复期情报竞争质量的保障。在危机平复期，竞争情报的质量直接关系到危机评估的质量和企业恢复管理工作的效率。只有正确、及时、有效的竞争情报才能为危机平复期的危机评估和企业恢复管理工作提供有效的支持，帮助企业准确、全面地评估危机生命周期全过程的危机管理效率，让企业迅速从危机中恢复过来。否则，它可能使企业的危机评估工作遗漏重要的信息，导致企业再次陷入危机或者引发新的危机。竞争情报质量监督制度和竞争情报工作人员制度是为了保证竞争情报的质量而制定的，旨在为危机管理行动方案的研究人员提供准确、及时、可靠的评估竞争情报和恢复竞争情报。

　　（3）危机平复期的危机评估工作。在评估竞争情报的支持下，危机评估工作小组对潜伏期的危机预警、危机诊断以及危机预控等危机行动，爆发期的危机应对和危机沟通等危机行动进行评估。危机评估不仅可以了解企业在危机生命周期全过程的危机管理工作中存在的各种问题，以便及时加以改进，提高下一轮危机管理的效率。同时，危机评估的结果也可以为企业恢复战略计划的制订、选择与实施提供有力的支持，帮助企业快速地从危机中恢复。

　　（4）危机平复期的企业恢复管理工作。企业恢复工作小组在恢复竞争情报的支持下利用 WebCopy、Python 自编程序、WxPusher 等竞争情报搜集工具，Hadoop、Storm、RapidMiner 等竞争情报分析工具，Vensim PLE 等仿真模拟工具，开展企业内外部环境监测工作以及竞争对手分析工作。这可以帮助企业恢复战略计划研究者了解企业内部、竞争环境和竞争对手的情况，根据企业危机评估的结果，制订企业恢复战略计划，选择最佳的企业恢复战略计划并付诸实施。同时，让他们可以对企业恢复战略计划的实施过程进行监督和反馈。

危机平复期的企业竞争情报评估模式主要由评估竞争情报工作小组、恢复竞争情报工作小组、危机评估工作小组以及企业恢复工作小组等机构，竞争情报质量监督制度、竞争情报工作人员制度、危机评估工作小组管理制度以及企业恢复工作小组管理制度等制度组成。

（1）评估竞争情报工作小组。设置独立的危机竞争情报工作委员会，直接受决策层的领导和指挥，可以提高危机管理过程中企业竞争情报工作的效率，有利于帮助企业解决危机问题。评估竞争情报工作小组是危机竞争情报工作委员会下属的组织，负责企业评估竞争情报的搜集和分析。评估竞争情报工作小组的成员由竞争情报工作人员、危机评估工作小组的成员、相关职能部门负责人、危机评估专家以及其他领域专家等组成，这些成员可以是兼职的也可以是全职的，视企业的类型和需要而定。在评估竞争情报工作小组成员的共同努力下，搜集和分析企业内外部的竞争情报，为评估工作小组提供评估竞争情报的支持。另外，由于企业的危机评估可能会遇到一些专业性很强的问题，有时危机评估竞争情报工作需要相关领域专家的参与，比如财务竞争情报的搜集与分析需要财务领域专家的支持，法律竞争情报的搜集与分析需要法律领域专家的支持等。

（2）恢复竞争情报工作小组。恢复竞争情报工作小组也是危机竞争情报工作委员会下属的组织，负责企业恢复竞争情报的搜集、整理与分析工作。企业恢复竞争情报工作小组的成员主要由竞争情报工作人员、企业恢复工作小组的成员、相关部门负责人、经历危机后的企业内部员工以及其他领域的专家组成，这些成员可以是兼职的也可以是全职的，视企业的类型和需要而定。在恢复竞争情报工作小组成员的共同努力下，搜集、整理与分析企业内外部的竞争情报，为企业恢复工作小组的工作提供企业恢复竞争情报的支持。同样，企业恢复管理的过程中也会遇到一些需要专门知识解答的问题，所以也需要相关领域专家的参与，如企业恢复过程中遇到的财务、法律、统计、人力资源等问题同样需要这些领域专家的支持。

（3）危机评估工作小组管理制度。危机评估工作小组的职责是在危机评估竞争情报的支持下，对危机预警效率、危机预案实施效率、危机预控效率、危机处理效率以及危机沟通效率进行评估，为企业恢复管理方案的制定、选择、实施和控制提供支持。危机评估工作小组管理制度是为了保证危机评估工作小组工作绩效而设置的，主要包括危机评估工作小组成员的工作原则、工作时间的规定、工作责任的承担、工作质量验收标准以及工作的奖惩制度等方面。

（4）企业恢复工作小组管理制度。企业恢复工作小组的职责是在恢复竞争情报的支持下，分析企业内外部竞争环境和竞争对手的现状，制定、选择、实施企业恢复方案，并控制企业恢复方案的实施，帮助企业消除危机的影响，完善各种制度、体制，消除各种危机隐患，避免下次同样危机的发生。企业恢复工作小组管理制度是为了保证企业恢复工作小组的工作绩效而设置的，同样也主要包括企业恢复工作小组成员的工作原则、工作时间的规定、工作责任的承担、工作质量验收标准以及工作的奖惩制度等方面。

（5）CI质量监督制度。评估和恢复竞争情报的质量将直接关系到能否准确地对企业的危机管理效果进行评估，能否发现企业危机管理过程中存在的问题，能否根据危机管理评估的结果帮助决策人员制定、实施企业恢复方案，能否帮助企业消除危机的影响，找到企业存在的隐患，避免下次同样危机的发生。正确、及时、可靠的评估和恢复竞争情报能够帮助企业准确、有效地对危机管理过程进行评估，错误、不及时、不可靠的评估和恢复竞争情报不但不能帮助企业准确评估危机管理效率，为企业恢复方案的制定提供支持，反而可能会给企业留下隐患，成为潜在危机的"催化剂"。一种制度的功能是否可以实现，取决于制度执行者的素质，平复期CI质量监督制度应该由评估和恢复竞争情报工作小组共同制定和监督。平复期的CI质量监督制度应该以保证竞争情报质量为中心，监督评估和恢复竞争情报的搜集、整理和分析的全过程，发现评估和恢复竞争情报搜集和分析过程中存在的各种问题，优化竞争情报搜集、整理与分析的过程，包括检查竞争情报来源是否合法、全面，从源头保证竞争情报的质量；检查竞争情报分析的方法是否正确、有效，竞争情报的分析过程是否合理以及能否对其进行进一步的优化，以便提高竞争情报的质量，更好地为危机管理行动决策提供支持。①

（6）CI 工作人员制度。危机平复期的竞争情报包括评估竞争情报和恢复竞争情报，是专门为危机平复期的危机评估与企业恢复行动提供支持的竞争情报。有别于平时的竞争情报工作，危机平复期的竞争情报工作对竞争情报的质量、及时性、可靠性和正确性要求都非常的高，竞争情报质量的好坏将直接影响危机评估的效果和企业恢复方案的制定与实施，直接关系到企业是否能够在遭遇危机后快速地恢复过来。因此，非常有必要制定有针对性的平复期的竞争情报工作人员制度，以便保证平复期评估和恢复竞争情报的质量。平复期的竞争情报工作人员制度也包括竞争情报工作人员的工作原则、工作时间的规定、工作责任的承担、工作质量验收标准以及工作的奖惩制度等方面。

---

① 　徐芳：《危机平复期的企业竞争情报评估机制研究》，《情报资料工作》2013 年第 1 期，第 42~46 页。

第五章

理论模型实施的主要影响因素

理论模型实施的影响因素不仅决定了理论模型在实际应用中能否达到预期效果，也决定了竞争情报的主要运行模式（预警模式、沟通模式和评估模式）能否顺利实施。同时，它也决定了理论模型是否可以在危机管理实践中发挥作用，为危机预警、危机诊断、危机预控、危机应对、危机沟通和危机评估等危机管理行动提供正确、及时、可靠的专门危机竞争情报支持。本章通过对第四章案例研究的发现与结论总结，归纳了理论模型实施的影响因素的初始集合。采用问卷调查方法，分别对企业管理人员和专家两个群体进行了调查。采用因子分析法和 SPSS 软件分析了问卷调查获取的样本数据，提取了理论模型实施的 7 个主要影响因素，以支持第六章理论模型应用建议的提出。

第一节 影响因素初始集合

本节将在第四章中的"联想撤出中国"谣言事件、中美史克公司的 PPA 风波事件以及华为芯片危机事件等 9 个危机事件案例研究的基础上，围绕第三章构建的理论模型和第四章构建的理论模型应用的三个主要运行模式来分析理论模型的影响因素初始集合。

一 初始影响因素提取的原则

主要影响因素的提取是保证理论模型顺利实施的基础，也是提出理论模型应用建议的依据。本节所提取的理论模型初始影响因素来自第四章案例研究中的案例总结。提取时的原则主要有科学性、系统性、可比性以及灵敏性等。

（一）科学性原则

通过第四章案例研究提取出来的初始影响因素应该符合科学性原则。理论模型的影响因素是比较复杂的，在提取初始影响因素时主要考虑提取过程的科学性和影响因素结构的科学性，以便全面、真实地反映影响理论模型实施与运行效果的各个要素。这样才能够保证理论模型的顺利应用，完成理论模型构建的预期目标。

（二）系统性原则

通过第四章案例研究提取出来的初始影响因素之间既要具有相互联系、互补的关系，也要系统地反映企业运用竞争情报解决危机管理问题的全过程。同时，提取理论模型初始影响因素时，还应该系统地考虑到理论模型应用可能涉及的各个方面，各影响因素之间要相互独立、不相互包容，以便保证各影响因素之间的层次性和系统性。

（三）可比性原则

通过第四章案例研究提取出来的初始影响因素应该具有可比性，如此才能反映出各影响因素对理论模型应用影响的程度，体现出各影响因素提取的必要性，从而为进一步识别出理论模型的主要影响因素公因子提供保证。

（四）灵敏性原则

通过第四章案例研究提取出来的理论模型的初始影响因素应具有高度的概括性和代表性。各影响因素要能准确灵敏地反映影响理论模型应用的各个方面，以便整个初始影响因素集合能够系统、准确地反映影响理论模型成功应用的各种因素，尽量避免选择对理论模型应用贡献度不高的影响因素。

二　初始影响因素的提取

本节所提取的初始影响因素均来自第四章"华为海外行贿"风波事件、"联想撤出中国"谣言事件、字节跳动的"TikTok 事件"、中美史克公司的 PPA 风波事件、Apple 公司的几度沉浮事件等 9 个案例的分析与总结，共得到 25 个初始影响因素。①

（一）危机管理机构的成立

通过第四章中的案例研究可以发现："华为海外行贿"风波事件、"联想撤出中国"谣言事件、海底捞涨价道歉事件以及大娘水饺的管理危机事件产生的原因之一便是缺乏专门的危机管理机构。"华为海外行贿"风波事件中，华为公司对海外预警竞争情报的搜集工作做得不够好，在潜在危机信号出现半个月后波及国内时才发现。"联想撤出中国"谣言事件中，联想集团也没能第一时间发现美国 CNBC 对自己 CFO 采访报道中"Key Points"中存在的问题。而中美史克在获得《关于暂停使用和销售含苯丙醇胺的药品制剂的通知》的环境竞争情报后马上成立了危机管理小组并明确了每个小组的职责，赢得了主动权。可见，危机管理机构的成立是危机竞争情报工作取得成功的关键，是理论模型应用的影响因素之一。

（二）领导的支持

通过第四章中的案例研究可以发现：华为公司在处理案例中的危机时有领导出来澄清事实，中美史克公司在处理案例中的危机时也获得了领导的重视，马上成立了危机工作小组，这两家公司最终都取得了危机管理工作的胜利，成功地解决了危机问题。相反，尽管奥克斯集团最终在格力举报空调事件中失败了，但它在面对格力电器的质疑时，也得到了领导的支持。事件发生当天，奥克斯集团董事长郑建江就表示："欢迎监督，共同营造民族品牌质量声誉。"但是，海底捞的涨价事件并没有得到领导层的支持，在官方微博上发布的道歉声明中，海底捞将涨价的原因归于管理层的错误决策。可见，领导的支持也应该是理论模型的影响因素之一。

（三）危机教育与培训

通过第四章中的案例研究可以发现：企业员工危机意识不强，对危机管理预案不熟悉会影响危机管理的效率。中美史克公司的 PPA 风波事件

---

① 徐芳：《危机爆发期的企业竞争情报沟通机制研究》，《情报理论与实践》2010 年第 9 期，第 69~73、65 页；徐芳：《危机潜伏期的企业竞争情报预警机制研究》，《情报理论与实践》2012 年第 3 期，第 66~69 页；徐芳：《危机平复期的企业竞争情报评估机制研究》，《情报资料工作》2013 年第 1 期，第 42~46 页。

的成功解决表明了新闻发言人和危机工作人员的教育与培训的重要性。相反，奥克斯集团和海底捞公司对此次危机事件的回应，都没有"新闻发言人制度"的支撑，这可能是这两家公司在本次危机事件中失败的原因之一。因此，可以认为危机教育与培训也是理论模型的影响因素之一。

（四）危机竞争情报工作的监督制度

通过第四章中的案例研究可以发现："华为海外行贿"风波事件、"联想撤出中国"谣言事件中，对海外潜在危机信号预警的失败，是因为环境竞争情报工作不到位，缺乏危机竞争情报工作的监督制度。同样地，大娘水饺和海底捞公司忽视环境竞争情报的原因也可能和这两家公司缺乏危机竞争情报工作的监督制度有关。反之，字节跳动的"TikTok事件"中，由于其"技术出海"战略而对海外的竞争环境有着密切的关注，危机应对比较成功。可见，危机竞争情报工作的监督制度也应该是理论模型应用的影响因素之一。

（五）竞争情报系统的支持

通过第四章中的案例研究可以发现：如果有竞争情报系统（CIS）的支持，中美史克公司应该能够更早地发现潜在的危机，避免随着危机的爆发而成为媒体和公众的焦点，而华为公司和联想集团也应该能够发现海外的潜在危机信号。同样地，奥克斯集团和海底捞公司忽视环境竞争情报和内部竞争情报的问题，如果有了CIS的支持，应该是可以避免的。因此，本节认为竞争情报系统的支持也可以看作理论模型应用的影响因素之一。

（六）危机诱因分析的全面性

通过第四章中的案例研究可以发现：华为公司在国内网站出现"华为海外行贿"帖子后，两天就做出了快速的反应，但没有发现半个月之前海外媒体出现的潜在危机信号，从而没能在海外解决这次危机，导致波及国内市场。联想集团未能在自己的CFO接受CNBC采访后跟进采访报道，没能第一时间发现该报道"Key Points"中存在报道不准确、有误导受众的潜在危机，这表明联想集团的危机监测机制对潜在危机的诱因分析是不够全面的。相反，字节跳动由于其"技术出海"全球化发展战略，危机诱因分析工作（特别是海外的）是比较全面的。早在2020年TikTok

事件发生之前的 2019 年初，字节跳动就采取了一系列的措施，最大限度地做到海外 TikTok 的"去中国化"。可见，危机诱因分析的全面性也应该是理论模型应用的影响因素之一。

（七）危机监测工作的效率

通过第四章中的案例研究可以发现："华为海外行贿"风波事件中，海外媒体报道的两个国家高层领导涉嫌受贿新闻中都出现了华为公司的名字，但是华为公司却在国内网站出现"华为海外行贿"报道后才关注这一事件。联想集团也未能第一时间发现美国 CNBC 对自己公司 CFO 采访报道中"Key Points"中的错误，才酿成了这次"联想撤出中国"谣言事件。相反，字节跳动在美国总统唐纳德·特朗普称将计划动用行政命令禁止 TikTok 在美国运行，同日就采取了行动，表示同意剥离 TikTok 美国业务，体现了良好的危机监测效率。因此，本节认为危机监测工作的效率会影响危机管理工作，也是理论模型应用的影响因素之一。

（八）危机预控工作的效率

通过第四章中的案例研究可以发现：中美史克公司的 PPA 风波事件的整个过程从成立危机管理小组，到危机发言人的确定、媒体恳谈会的召开，再到接线员的培训和消费者热线电话的开通等，都给人井然有序、有条不紊的感觉。这与中美史克公司良好的危机预控方案有关。如果华为公司和联想集团都有比较完备的危机预案的演练活动，应该能够及时地发现其危机管理制度中存在的忽视海外环境监测的问题，从而完善其危机预案，提高监测由海外原因导致的网络不实报道引起的危机事件的能力。可见，危机预控工作的效率也是理论模型应用的影响因素之一。

（九）预警竞争情报的质量

通过第四章中的案例研究可以发现：华为公司和联想集团的危机事件中，由于预警竞争情报质量的问题，它们监测海外潜在危机信号失败。大娘水饺的管理危机事件中，创始人未能预见大娘水饺被全球知名的欧洲私募股权基金 CVC 收购后可能带来的"管理理念与本土企业不符""控股 10% 失去管理话语权"等问题，导致了大娘水饺收购后管理冲突不断，最终导致了门店的"关闭潮"。因此，本节认为预警竞争情报的质量应该成为理论模型应用的影响因素之一。

（十）诊断竞争情报的质量

通过第四章中的案例研究可以发现：中美史克公司对"为什么 PPA 风波中有十几种药品被禁止，但媒体就是抓住康泰克不放，甚至将康泰克与 PPA 等同"进行了诊断，找到了原因"康泰克是行业的领先品牌，拥有庞大的消费市场和高度的品牌认知，这种效应使其成为舆论关注的焦点"，并采取有效的应对措施，取得了危机管理的成功。华为公司监测到国内网站有关"华为海外行贿"报道，联想集团也监测到了国内网站的"联想撤出中国"谣言事件，为这两家公司应对危机争取了时间，最终控制住了此次危机事件。因此，本节认为诊断竞争情报的质量也是理论模型应用的影响因素之一。

（十一）预控竞争情报的质量

通过第四章中的案例研究可以发现：中美史克公司的 PPA 风波事件中，危机预控方案得到了有效的实施，这离不开预控竞争情报的支持。如果华为公司和联想集团都有预控竞争情报的支持，应该能够及时地发现其危机管理制度中存在的忽视海外环境监测的问题，从而提高监测由海外原因导致的网络不实报道引起的危机事件的能力。因此，本节认为预控竞争情报的质量也应该是理论模型应用的影响因素之一。

（十二）危机应对工作的效率

通过第四章中的案例研究可以发现：中美史克公司的 PPA 风波事件的成功解决与公司良好的危机应对方案是密不可分的。反之，奥克斯集团和海底捞公司在此次危机应对事件中失败的原因与其危机应对的工作效率不高有关。特别是海底捞公司，经过两次公开的回应才勉强平息了涨价风波。因此，本节认为危机应对工作的效率也是理论模型应用的影响因素之一。

（十三）危机沟通工作的效率

通过第四章中的案例研究可以发现：中美史克公司在危机管理过程中，与企业员工、政府部门、经销商、客户等进行了良好的沟通，从而很好地控制了危机事件的发展态势，促进了危机事件的解决。华为芯片危机事件中，华为公司第一时间与自己的员工进行了有效的沟通。但是，海底捞公司在涨价道歉事件中的危机沟通工作效率是不佳的。特别是海底捞公司在

第一轮回应中给出的涨价理由明显是不合理的，它忘记了自己在疫情开始的时候参加的国家市场监督管理总局启动的"保价格、保质量、保供应"行动。可见，危机沟通工作的效率也是理论模型应用的影响因素之一。

（十四）新闻发言人制度的建立

通过第四章中的案例研究可以发现：中美史克公司主动召开了新闻媒体恳谈会，委派公司总经理为新闻发言人，积极地回答了媒体和大众的各种问题，避免了由于没有新闻发言人而可能导致的"口径不一"等问题，促进了危机事件的解决。相反，奥克斯集团对这次危机事件的回应，没有建立"新闻发言人制度"，先是有人出来声称"格力利用不正当手段诋毁同行"，然后其董事长也表示"欢迎监督，共同营造民族品牌质量声誉"。因此，本节认为新闻发言人制度的建立也是理论模型应用的影响因素之一。

（十五）沟通竞争情报的质量

通过第四章中的案例研究可以发现：中美史克公司的 PPA 风波事件和华为芯片危机事件中，危机沟通工作取得了成功，这与良好的沟通竞争情报的支持也是密不可分的。反之，海底捞公司在涨价风波发生后与顾客的沟通效率较低，第二轮回应才较好地解决了涨价风波。因此，沟通竞争情报的质量也应该是理论模型应用的影响因素之一。

（十六）环境竞争情报的质量

通过第四章中的案例研究可以发现：中美史克公司的 PPA 风波事件中，危机管理工作人员利用环境竞争情报对中美史克公司进行了准确的定位，制定了有效的危机应对策略，从而取得了危机管理的成功。而"华为海外行贿"风波事件、"联想撤出中国"谣言事件、格力举报奥克斯空调事件、海底捞涨价道歉事件都或多或少存在对环境竞争情报关注不力的问题，特别是奥克斯集团和海底捞公司在本次危机事件中以失败告终。因此，本节认为环境竞争情报的质量也是理论模型应用的影响因素之一。

（十七）对手竞争情报的质量

通过第四章中的案例研究可以发现：中美史克公司的 PPA 风波事件中，危机管理工作人员利用对手竞争情报将中美史克公司与竞争对手的关系进行了准确的定位，制定了有效的危机应对策略，从而取得了危机管理的成功。华为芯片危机事件中，华为公司面对来自一个国家的打压，从容应对，在极短的时间内先后发布了自主研发的海思芯片和智能终端鸿蒙操作系统。这得益于华为公司"未雨绸缪""防患于未然"的发展战略，同时也与华为公司对竞争对手进行准确的分析有关。可见，对手竞争情报的质量也是理论模型应用的影响因素之一。

（十八）企业恢复管理工作的效率

通过第四章中的案例研究可以发现：Apple 公司的几度沉浮事件中，Jobs 提出"改变思路"的口号，砍掉没有特色的业务，采用设计取胜策略、"数字中心港"的理念等，使 Apple 公司在经历危机后迅速得到了恢复。华为芯片危机事件中，华为公司在美国政府发布制裁华为"实体名单"的当天就给全体员工发了公开信，第二天就启用了备用芯片海思，快速地开展了企业恢复工作。因此，本节认为企业恢复管理工作的效率是理论模型应用的影响因素之一。

（十九）与利益相关者关系恢复的成效

通过第四章中的案例研究可以发现：Apple 公司的几度沉浮事件中，Jobs 采用"Apple 生态联盟系统"战略，迅速地恢复了与利益相关者的关系，为经历危机后的 Apple 公司成功恢复提供了支持。华为芯片危机事件中，华为公司第一时间就与员工进行了有效的沟通。可见，与利益相关者关系恢复的成效是理论模型应用的影响因素之一。

（二十）社会心理恢复工作的成效

通过第四章中的案例研究可以发现：Apple 公司的几度沉浮事件中，Jobs 采用倾听消费者的需求、人性化设计以及媒体宣传等策略，逐渐改变了 Apple 公司在大众心目中不好的印象，有效地促进了大众心理的恢复，重新为 Apple 公司吸引了顾客，为经历危机后的 Apple 公司迅速恢复提供了支持。华为芯片危机事件中，华为公司被美国政府部门列入"实体名单"事件发生后，很多客户说要买华为的产品支持华为，华为公司马上发布了内部的沟通原则，保证了与客户的有效沟通。因此，本节认为社会心理恢复工作的成效是理论模型应用的影响因素之一。

（二十一）重塑企业形象的成功与否

通过第四章中的案例研究可以发现：Apple 公司的几度沉浮事件中，

Jobs 推出的新产品 iMac 电脑不但体现了人性化设计的魅力，而且 Apple 公司骄人的销售业绩也成功地为 Apple 公司重塑了企业形象，从而使得经历危机后的 Apple 公司迅速恢复。华为芯片危机事件中，华为公司树立了"有责任感、有担当、值得中国人骄傲"的品牌形象。可见，重塑企业形象的成功与否也是理论模型应用的影响因素之一。

（二十二）危机评估工作的及时性

通过第四章中的案例研究可以发现：Apple 公司的几度沉浮事件中，Jobs 再度回到 Apple 公司后，马上对 Apple 公司面临的各种内外部危机进行了评估，制定了一系列的挽救措施，最终帮助 Apple 公司度过了危机，取得了成功。华为公司面对芯片事件时，及时地评估了这次危机，果断地启用了自主研发的芯片海思，发布了智能终端操作系统鸿蒙系统。因此，本节认为危机评估工作的及时性是理论模型应用的影响因素之一。

（二十三）危机评估工作的准确性

通过第四章中的案例研究可以发现：Apple 公司的几度沉浮事件中，Jobs 准确地评估了公司的内外部危机，如对销售危机、资金危机、人才危机等进行了准确的评估，有针对性地制定了一系列的措施，并最终解决了 Apple 公司的危机。大娘水饺的管理危机事件中，虽然大娘水饺创始人具有危机意识，但是危机评估工作的准确性尚存在问题，最终以管理冲突升级、门店大规模关闭收尾。可见，危机评估工作的准确性也是理论模型应用的影响因素之一。

（二十四）恢复竞争情报的质量

通过第四章中的案例研究可以发现：Apple 公司的几度沉浮事件中，Jobs 在恢复竞争情报的支持下，制定了有效的企业恢复管理方案，使得经历危机后的 Apple 公司快速地取得了企业恢复工作的成功。华为公司在经历芯片危机事件后，快速地从危机事件中得到了恢复，2020 年的市场份额比 2019 年还上升了 3 个百分点。因此，本节认为恢复竞争情报的质量也是理论模型应用的影响因素之一。

（二十五）评估竞争情报的质量

通过第四章中的案例研究可以发现：Apple 公司的几度沉浮事件中，Jobs 在评估竞争情报的支持下准确地对 Apple 公司的内外部危机进行了评估，制定了有针对性的挽救措施，为 Apple 公司的恢复提供了很好的支持。华为芯片危机事件中，华为公司提前预见了美国政府部门的打压和制裁行为，早就做好了"芯片备份"的准备，从而较好地应对了这次危机事件。可见，评估竞争情报的质量是理论模型应用的影响因素之一。

三　影响因素初始集合

通过以上分析，我们可以获得基于危机生命周期的企业竞争情报机制理论模型的影响因素初始集合，如表 5-1 所示。

表 5-1　影响因素初始集合

编号	因素	编号	因素
VAR1	危机管理机构的成立	VAR14	新闻发言人制度的建立
VAR2	领导的支持	VAR15	沟通竞争情报的质量
VAR3	危机教育与培训	VAR16	环境竞争情报的质量
VAR4	危机竞争情报工作的监督制度	VAR17	对手竞争情报的质量
VAR5	竞争情报系统的支持	VAR18	企业恢复管理工作的效率
VAR6	危机诱因分析的全面性	VAR19	与利益相关者关系恢复的成效
VAR7	危机监测工作的效率	VAR20	社会心理恢复工作的成效
VAR8	危机预控工作的效率	VAR21	重塑企业形象的成功与否
VAR9	预警竞争情报的质量	VAR22	危机评估工作的及时性
VAR10	诊断竞争情报的质量	VAR23	危机评估工作的准确性
VAR11	预控竞争情报的质量	VAR24	恢复竞争情报的质量
VAR12	危机应对工作的效率	VAR25	评估竞争情报的质量
VAR13	危机沟通工作的效率		

第二节　主要影响因素的调查研究与描述性统计

本节根据理论模型的影响因素初始集合，采用问卷调查方法面向专家和企业管理人员两个群体，收集了样本数据。在 SPSS 软件的支持下，对样本数据进行了描述性统计分析，以判断样本数据是否适合做进一步的复杂的数理统计分析（因子分析）。

一　调查研究

在第一节中，通过对第四章案例研究结果的进一步提炼，得出了理论模型影响因素的初始集合，共 25 个初始影响因素。本节在此基础上，参考竞争情报与危机管理方面的相关文献，设计了初始版的理论模型影响因素调查问卷。为了提高初始调查问卷的科学性和合理性，设计问卷时，本节采用专家访谈方法征求了竞争情报、危机管理专家学者的建议。在开始正式的大规模问卷调查之前，笔者邀请了攻读博士学位期间所在院系的22 位老师或博士研究生参与了预调查，样本数量基本达到了预调查的要求。① 此后，根据预调查的结果和预调查参与者反馈的意见，对初始版的理论模型影响因素调查问卷进行了修改，确定了最终版的调查问卷。

理论模型影响因素正式调查问卷共有 25 个题项，采用通行的 5 级 Likert 量表法对调查对象的态度进行了量化处理。调查对象填写的网络调查问卷中选择数字 1~5，"1"表示很不重要，"2"表示不重要，"3"表示一般，"4"表示重要，"5"表示很重要。正式的调查问卷请参见附录一。

问卷调查工作先后进行了两轮。第一轮，从 2010 年 5 月开始，到 2010 年 9 月结束，历时将近 5 个月。面向专家、学者的调查主要采用电子邮件、现场填表以及 QQ 发放问卷的方式进行，共向 90 名竞争情报领域和企业管理领域的专家、学者发出调查邀请，最终收到调查问卷 53 份，其中有效问卷 52 份，有效回收率为 57.78%。面向企业的调查主要采取"滚雪球式"的抽样调查法（Snow Ball Sampling）发放问卷，发放问卷的时候尽量消除企业的规模、企业所处的生命周期阶段等因素的影响，选择调查的企业或为成熟型的大企业或为刚起步的中小型企业，或为国有企业或为私有企业，以保证调查的代表性和有效性，最终共收到有效调查问卷 56 份。

第二轮，从 2021 年 10 月开始，到 2021 年 12 月结束，历时将近 3 个月。考虑到竞争情报具有实践性强的特点，本次调查的初衷是补充企业管

① 吕燕、朱慧：《管理定量分析》，上海人民出版社，2007，第 27 页。

理人员样本，但也意外地补充了少量的科研人员样本（21 份有效样本，原因可能是有调查人员也邀请了科研人员参与调查）。本次调查采用网络方式分发问卷，首先将问卷上传到某免费的调查网站，然后生成在线调查问卷的网络地址。采用方便抽样方法，第一阶段请本校 10 名在读研究生每人负责一对一地邀请 10 名左右企业管理者参与调查；第二阶段请苏州大学已毕业本科生共 40 多人，每人负责邀请 3~5 名企业管理人员参与调查。第二轮调查共获得样本 320 份。按照回答问卷时间少于 60 秒、给所有题项打同样分数等数据清洗规则，本节对收集到的数据进行了清洗，最终获得有效样本 260 份。第二轮调查有效样本企业管理人员所在企业所属的城市分布如图 5-1 所示。

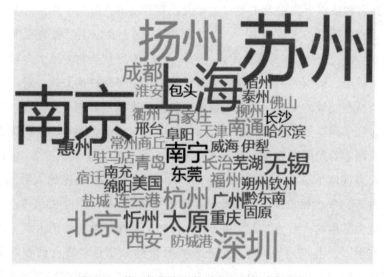

图 5-1 第二轮调查有效样本企业的城市分布

经过两轮调查，本节共获得了有效样本 368 份。根据 Nunnally 和 Bernstein、邱皓政的研究，每个测量变量所需要的样本规模为 10 份①，本研究的测量变量为 25 个，有效样本为 368 份，每个变量所需样本规模为 14.7 份，符合预定的样本规模要求，样本数量适合做因子分析。由于第

---

① Nunnally, J. C., Bernstein, I. R. *Psychometric Theory*（3rd Edition）. New York：McGraw-Hill, 1994, pp.1-736；邱皓政：《量化研究与统计分析——SPSS（PASW）数据分析范例解析》，重庆大学出版社，2013，第 337 页。

二次调查的目的是增加样本，所以两次调查使用的是同一份调查问卷，本章将对两次调查获得的 368 份有效样本数据进行理论模型实施的主要影响因素分析。

二 样本特征

本次调查为竞争情报和危机管理领域的专家和企业管理人员两组，两轮调查后，专家样本回收有效问卷 73 份，企业管理人员样本回收有效问卷 295 份。考虑到两组的样本特征差异较大，本部分将对两组样本的特征分别进行分析。

（1）受教育程度。在回收的 73 份有效的专家调查问卷中，调查对象的受教育程度没有高中及中专；大专受教育程度的人数为 1 人，占 1.4%；本科受教育程度的人数为 10 人，占 13.7%；硕士及以上受教育程度的人数为 61 人，占 83.6%；其他 1 人，占 1.4%。专家调查对象绝大多数具有研究生学历，特别是第一轮调查大多数是采用电子邮件的方式一对一邀请的竞争情报领域的专家，调查对象的受教育程度普遍较高，从而在一定程度上保证了调查数据的信度。在回收的 295 份有效的企业管理人员调查问卷中，调查对象的受教育程度为高中及中专的人数为 9 人，占 3.1%；大专受教育程度的人数为 27 人，占 9.2%；本科受教育程度的人数为 189 人，占 64.1%；硕士及以上受教育程度的人数为 68 人，占 23.1%；受教育程度为其他的人数为 2 人，占 0.7%。企业调查对象的学历主要为本科和研究生，共占 87.1%，可见企业调查对象的学历也较高，调查对象具备较高的综合素质和丰富的专业知识，能够在一定程度上保证调查数据的质量。同时，企业管理人员样本与专家样本的受教育程度的分布存在一定的区别，企业管理人员样本的学历层次低于专家样本的学历层次，这可能与企业和教学科研单位的性质差异有关。

（2）专业技术职称。在回收的 73 份有效专家调查问卷中，调查对象的专业技术职称为初级的人数为 9 人，占 12.3%；中级专业技术职称的人数为 18 人，占 24.7%；副高级专业技术职称的人数为 11 人，占 15.1%；正高级专业技术职称的人数为 21 人，占 28.8%，其他职称的人数为 14 人，占 19.2%。专家调查样本中具有副高级专业技术职称及以上的人数

为 32 人，占 43.8%，这表明，专家调查对象的专业技术职称较高，调查
对象具备较高的综合素质和专业技能，从而在一定程度上保证了调查数据
的质量。在回收的 295 份有效的企业管理人员调查问卷中，调查对象的专
业技术职称为初级的人数为 77 人，占 26.1%；中级专业技术职称的人数
为 61 人，占 20.7%，副高级专业技术职称的人数为 7 人，占 2.4%，高级
专业技术职称的人数为 2 人，占 0.7%；其他职称的人数为 148 人，占
50.2%。企业调查对象具有副高级以上职称的人员很少，而专业技术职称
为其他的占 50.2%，与专家调查对象的专业技术职称分布相比，有着很
大的区别，这可能与企业和教学科研单位的性质差异以及专业技术职称评
定的标准、方式以及程序有关。

三　描述性统计分析

在对样本数据进行复杂的数据统计分析之前，通常要对样本数据进行
描述性统计分析（Descriptive Analysis），以分析样本数据的特征和规律，
判断样本数据是否适合做复杂的数理统计分析（例如因子分析）。描述性
统计分析主要包括对样本数据的频数、数据集中趋势、数据离散程度、数
据分布等的分析。这个过程通常会产生一些辅助判断的统计图形等。[①] 本
节对样本数据的描述性统计分析主要包括对每个变量的最小值、最大
值、均值和方差等的计算。本节采用 SPSS 软件，对本次调查获取的 368
份有效问卷的主要观测变量进行了描述性统计分析，分析结果如表 5-2
所示。

表 5-2　观测变量的描述性统计分析

变量	样本数(个)	最小值	最大值	均值	方差
VAR1	368	1	5	3.93	1.063
VAR2	368	1	5	4.20	0.828
VAR3	368	1	5	3.89	1.060
VAR4	368	1	5	3.79	1.014

---

① 金小璞、毕新：《基于结构方程的移动图书馆用户体验满意度模型研究》，《情报科学》
2017 年第 11 期，第 94~98、131 页。

续表

变量	样本数(个)	最小值	最大值	均值	方差
VAR5	368	1	5	3.65	1.335
VAR6	368	1	5	3.71	1.174
VAR7	368	1	5	3.75	1.086
VAR8	368	1	5	3.77	1.139
VAR9	368	1	5	3.87	1.013
VAR10	368	1	5	3.87	0.927
VAR11	368	1	5	3.85	0.898
VAR12	368	1	5	4.13	0.926
VAR13	368	1	5	4.14	0.836
VAR14	368	1	5	3.68	1.241
VAR15	368	1	5	3.89	0.882
VAR16	368	1	5	3.92	0.938
VAR17	368	1	5	3.85	0.981
VAR18	368	1	5	3.91	0.907
VAR19	368	1	5	3.89	0.857
VAR20	368	1	5	3.80	0.844
VAR21	368	1	5	4.12	0.823
VAR22	368	1	5	4.00	0.858
VAR23	368	1	5	4.04	0.772
VAR24	368	1	5	3.92	0.811
VAR25	368	1	5	3.86	0.808

因为"内部一致性信度"检验非常适合 Likert 量表，所以，本节还使用 SPSS 软件计算了调查问卷的 Cronbach's α 系数，其结果为 0.965。在实际应用中，调查问卷的 Cronbach's α 系数值至少应大于 0.5，最好能大于 0.7。① 本节的 Cronbach's α 系数远大于 0.7，这表明本节调查问卷的信度水平非常高。

此外，调查问卷要涉及以下四个方面，本部分将对其进行描述性统计分析。

---

① 张绍勋：《研究方法》，沧海书局，2004，第 160~161 页。

（一）理论模型成功实施的影响因素分析

理论模型成功实施的影响因素主要设置了 5 个问题，即企业是否成立了专门的危机管理机构、企业危机管理工作能否取得企业领导的支持、企业是否重视危机教育与培训、支持企业危机管理的竞争情报工作的监督制度是否完善以及企业危机管理工作有无系统的支持，主要用来获取理论模型成功实施影响因素的组织、管理和制度方面的数据。统计数据如图 5-2 所示。

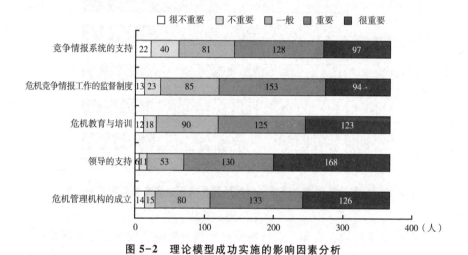

图 5-2 理论模型成功实施的影响因素分析

由图 5-2 可知，有 259 人认为危机管理机构的成立是理论模型成功实施的重要影响因素，占 70.38%；有 298 人认为领导的支持是理论模型成功实施的重要影响因素，占 80.98%；有 248 人认为危机教育与培训是理论模型成功实施的重要影响因素，占 67.39%；有 247 人认为危机竞争情报工作的监督制度是理论模型成功实施的重要影响因素，占 67.12%；有 225 人认为竞争情报系统的支持是理论模型成功实施的重要影响因素，占 61.14%。调查结果显示，大部分调查参与者认为成立危机管理机构、领导支持、危机教育与培训、危机竞争情报工作的监督制度等都是影响理论模型成功实施的重要因素。

（二）危机潜伏期企业竞争情报预警模式成功实施的影响因素分析

危机潜伏期企业竞争情报预警模式成功实施的影响因素主要设置了 6

个问题：危机的诱因分析是否全面、危机监测工作效率的高低、危机预控工作效率的高低、用于企业危机预警行动中竞争情报质量的好坏、用于企业危机诊断行动中竞争情报质量的好坏以及用于企业危机预控行动中竞争情报质量的好坏。统计数据如图5-3所示。

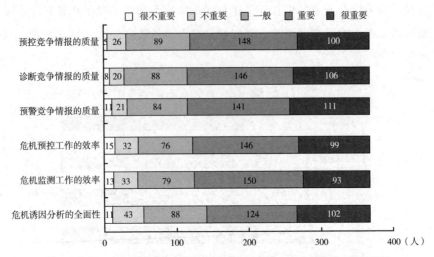

图5-3　危机潜伏期企业竞争情报预警模式成功实施的影响因素分析

由图5-3可知，有226人认为危机诱因分析的全面性是危机潜伏期企业竞争情报预警模式成功实施的重要影响因素，占61.41%；有243人认为危机监测工作的效率是危机潜伏期企业竞争情报预警模式成功实施的重要影响因素，占66.03%；有245人认为危机预控工作的效率是危机潜伏期企业竞争情报预警模式成功实施的重要影响因素，占66.58%；认为预警、诊断竞争情报的质量是危机潜伏期企业竞争情报预警模式成功实施的重要影响因素的均有252人，占68.48%；有248人认为预控竞争情报的质量是危机潜伏期企业竞争情报预警模式成功实施的重要影响因素，占67.39%。调查结果显示：大部分调查参与者认为危机诱因分析的全面性、危机监测和预控工作的效率，以及预警、诊断、预控竞争情报质量的好坏都是影响危机潜伏期企业竞争情报预警模式成功实施的重要因素。

（三）危机爆发期企业竞争情报沟通模式成功实施的影响因素分析

危机爆发期企业竞争情报沟通模式成功实施的影响因素主要设置了

6个问题，即企业危机应对工作效率的高低、企业危机沟通工作效率的高低、企业是否建立新闻发言人制度、企业用于危机沟通行动中竞争情报质量的好坏、企业从竞争环境中获取的竞争情报质量的好坏以及企业从竞争对手那儿获取的竞争情报质量的好坏，主要用来获取危机爆发期企业竞争情报沟通模式成功实施影响因素的相关数据。统计数据如图5-4所示。

由图5-4可知，有286人认为危机应对工作的效率是危机爆发期企业竞争情报沟通模式成功实施的重要影响因素，占77.72%；有286人认为危机沟通工作的效率是危机爆发期企业竞争情报沟通模式成功实施的重要影响因素，占77.72%；有222人认为新闻发言人制度的建立是危机爆发期企业竞争情报沟通模式成功实施的重要影响因素，占60.33%；有255人认为沟通竞争情报的质量是危机爆发期企业竞争情报沟通模式成功实施的重要影响因素，占69.29%；有253人认为环境竞争情报的质量是危机爆发期企业竞争情报沟通模式成功实施的重要影响因素，占68.75%；有243人认为对手竞争情报的质量是危机爆发期企业竞争情报沟通模式成功实施的重要影响因素，占66.03%。调查结果显示，大部分调查参与者认为危机应对和危机沟通工作效率、新闻发言人制度建立以及沟通、环境、对手竞争情报质量是影响危机爆发期企业竞争情报沟通模式成功实施的重要因素。

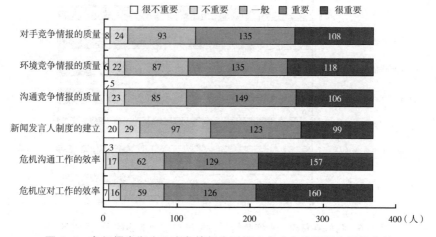

图5-4　危机爆发期企业竞争情报沟通模式成功实施的影响因素分析

（四）危机平复期企业竞争情报评估模式成功实施的影响因素分析

危机平复期企业竞争情报评估模式成功实施的影响因素主要设置了 8
个问题，即企业恢复管理工作效率的高低、与利益相关者关系的恢复成效、
社会心理恢复工作的成效、重塑企业形象成功与否、评估危机管理工作的
及时性、评估危机管理工作的准确性、支持企业恢复的竞争情报质量的好
坏以及支持危机评估的竞争情报质量的好坏，主要用来获取危机平复期企业
竞争情报评估模式成功实施影响因素的相关数据。统计数据如图 5-5 所示。

由图 5-5 可知，有 254 人认为企业恢复管理工作的效率是危机平复期
企业竞争情报评估模式成功实施的重要影响因素，占 69.02%；有 256 人
认为与利益相关者关系恢复的成效是危机平复期企业竞争情报评估模式成
功实施的重要影响因素，占 69.57%；有 246 人认为社会心理恢复工作的
成效是危机平复期企业竞争情报评估模式成功实施的重要影响因素，占
66.85%；有 283 人认为重塑企业形象的成功与否是危机平复期企业竞争
情报评估模式成功实施的重要影响因素，占 76.90%；有 278 人认为危机
评估工作的及时性是危机平复期企业竞争情报评估模式成功实施的重要影
响因素，占 75.54%；有 277 人认为危机评估工作的准确性是危机平复期
企业竞争情报评估模式成功实施的重要影响因素，占 75.27%；有 260 人

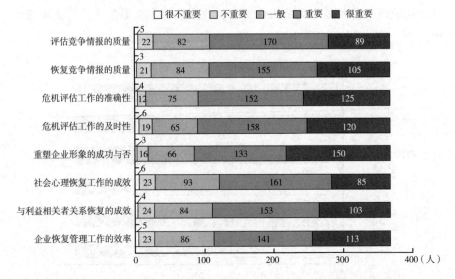

图 5-5　危机平复期企业竞争情报评估模式成功实施的影响因素分析

认为恢复竞争情报的质量是危机平复期企业竞争情报评估模式成功实施的重要影响因素，占 70.65%；有 259 人认为评估竞争情报的质量是危机平复期企业竞争情报评估模式成功实施的重要影响因素，占 70.38%。可见，大部分调查参与者认为企业恢复管理工作的效率、与利益相关者关系恢复的成效、社会心理恢复工作的成效、重塑企业形象成功与否、危机评估工作的及时性和准确性，以及恢复竞争情报、评估竞争情报质量都是影响危机平复期企业竞争情报评估模式成功实施的重要因素。

第三节　主要影响因素的提取

本节对问卷调查获取的 368 份样本数据进行因子分析（Factor Analysis），提炼了理论模型的 7 个主要影响因素，为第六章提出理论模型的应用建议提供支持。

在社会、政治、经济、医学等领域的研究中，往往需要对反映事物的多个变量进行大量的观察，收集大量的数据进行分析，以便找出其中的规律。因子分析是用少数几个因素来描述多个指标或因素之间的联系，以少数几个因素反映大部分原始信息的一种统计方法。因子分析的基本原理是对多变量的平面数据进行最佳综合和简化，即在数据信息损失较少的原则下对高维变量空间进行"降维"，其数学模型为①：

$$
\begin{cases}
x_1 = a_{11} F_1 + a_{12} F_2 + \cdots + a_{1m} F_m + \varepsilon_1 \\
x_2 = a_{21} F_1 + a_{22} F_2 + \cdots + a_{2m} F_m + \varepsilon_2 \\
\quad \vdots \\
x_p = a_{p1} F_1 + a_{p2} F_2 + \cdots + a_{pm} F_m + \varepsilon_p
\end{cases}
\tag{5.1}
$$

其中，x_1，x_2，$\cdots$，x_p 为 p 个原有变量，是均值为 0、标准差为 1 的标准化变量，F_1，F_2，$\cdots$，F_m 为 m 个因子变量，m 小于 p，表示成矩阵形式为：

$$
X = AF + \varepsilon
\tag{5.2}
$$

其中，F 为因子变量或公共因子，可以将它们理解为高维空间中互相

---

① 宋志刚、谢蕾蕾、何旭洪：《SPSS 16 实用教程》，人民邮电出版社，2008，第 246～247 页。

垂直的 m 个坐标轴。A 为因子载荷矩阵；a_{ij} 为因子载荷，是第 i 个原有变量在第 j 个因子变量上的负荷。如果将变量 x_i 看成 m 维因子空间中的一个向量，则 a_{ij} 为 x_i 在坐标轴 F_j 上的投影。ε 为特殊因子，表示原有变量不能被因子变量所解释的部分。[①]

一　因子分析的适用性分析

因子分析是从众多的原始变量中构造出少数几个具有代表性的因子变量。对因子分析法的应用有潜在的要求：原始变量之间有较强的相关性。因子分析的主要统计检验方法有巴特利特球形检验（Bartlett's Test of Sphericity）、KMO（Kaiser-Meyer-Olkin）检验等。[②] 巴特利特球形检验是基于变量的相关系数矩阵。它的零假设为：相关系数矩阵是一个单位矩阵。巴特利特球形检验统计量由相关系数矩阵的行列式导出。如果该值很大且对应的相伴概率值小于用户所需的显著性水平，那么应该拒绝零假设，认为相关系数矩阵不可能是单位矩阵，即原始变量之间存在相关性，适合进行因子分析。相反，如果统计量比较小，且对应的伴随概率大于显著性水平，则不能拒绝零假设，相关系数矩阵可能是单位矩阵，不适合进行因子分析。[③] KMO 检验的统计量用于比较变量间简单相关和偏相关系数，其计算公式为：

$$\text{KMO} = \frac{\sum \sum_{i \neq j} r^2_{ij}}{\sum \sum_{i \neq j} r^2_{ij} + \sum \sum_{i \neq j} p^2_{ij}} \tag{5.3}$$

其中，r^2_{ij} 是变量 i 和变量 j 之间的简单相关系数，p^2_{ij} 是变量 i 和变量 j 之间的偏相关系数。KMO 的取值范围在 0 和 1 之间。如果 KMO 值越接近于 1，则所有变量之间的简单相关系数平方和远大于偏相关系数平方和，样本适合做因子分析。Kaiser 给出了 KMO 检验的适用范围：KMO≥0.9，非

① 邱皓政：《量化研究与统计分析——SPSS（PASW）数据分析范例解析》，重庆大学出版社，2013，第335页。
② 邱皓政：《量化研究与统计分析——SPSS（PASW）数据分析范例解析》，重庆大学出版社，2013，第333~352页。
③ 金小璞、毕新：《基于用户体验的移动图书馆服务质量影响因素分析》，《情报理论与实践》2016年第6期，第99~103页。

常适合；0.8≤KMO<0.9，很适合；0.7≤KMO<0.8，适合；0.6≤KMO<0.7，一般适合；0.5≤KMO<0.6，不太适合；KMO<0.5，不适合。[①] 本节利用 SPSS 对样本数据进行了巴特利特球形检验和 KMO 检验，KMO 值为 0.798，接近 0.8，巴特利特球形检验的 $χ^2$ 统计值的显著性水平为 0.000，小于 1%，说明数据具有相关性，适合做因子分析。

二　影响因素的因子分析

（一）因子提取

特征值准则是实际中运用最为普遍的确定因子个数的方法[②]，本节也是采用特征值准则来确定因子的个数，取特征值大于等于 1 的主成分作为初始因子，放弃特征值小于 1 的成分，共得到了 7 个解释力较为理想的公因子，累计方差百分比为 77.868%，超过了 60%。本次修订时，只是增加了样本的数量，初始影响因素相同，所以这次采用的固定因子数（7 个）来验证增加样本后上次因子分析时公因子提取的合理性。

从表 5-3 可以看到各因子特征值、方差的百分比以及累计方差百分比。旋转后，在 25 个特征值中有 7 个大于 1，所以确定公因子个数为 7 个，并且这 7 个公因子能够解释所有变量的 77.868%，较为理想，验证了上次采用特征值准则得到的因子分析结果的合理性。由表 5-3 可知，第一个主成分（即公因子）的特征值为 3.251，占"特征值"总和的百分比为 13.004%，累计百分比为 13.004%；第二个主成分特征值为 3.225，占"特征值"总和的百分比为 12.900%，累计百分比为 25.903%；第三个主成分特征值为 3.091，占"特征值"总和的百分比为 12.365%，累计百分比为 38.268%；第四个主成分特征值为 2.921，占"特征值"总和的百分比为 11.683%，累计百分比为 49.951%；第五个主成分特征值为 2.903，占"特征值"总和的百分比为 11.610%，累计百分比为 61.562%；第六个主成分特征值为 2.091，占"特征值"总和的百分比为

① 邱皓政：《量化研究与统计分析——SPSS（PASW）数据分析范例解析》，重庆大学出版社，2013，第 337 页。

② 邱皓政：《量化研究与统计分析——SPSS（PASW）数据分析范例解析》，重庆大学出版社，2013，第 333~352 页。

8.364%，累计百分比为 69.926%；第七个主成分特征值为 1.986，占
"特征值"总和的百分比为 7.943%，累计百分比为 77.868%。

表 5-3　影响因素的累计方差百分比

成分	初始特征值			旋转载荷平方和		
	合计	方差百分比（%）	累计（%）	合计	方差百分比（%）	累计（%）
1	13.762	55.047	55.047	3.251	13.004	13.004
2	1.542	6.168	61.214	3.225	12.900	25.903
3	1.020	4.081	65.295	3.091	12.365	38.268
4	0.900	3.600	68.895	2.921	11.683	49.951
5	0.875	3.500	72.395	2.903	11.610	61.562
6	0.740	2.960	75.356	2.091	8.364	69.926
7	0.628	2.513	77.868	1.986	7.943	77.868
8	0.559	2.234	80.103			
9	0.514	2.054	82.157			
10	0.496	1.985	84.141			
11	0.421	1.683	85.824			
12	0.383	1.532	87.356			
13	0.352	1.409	88.765			
14	0.324	1.298	90.063			
15	0.304	1.217	91.280			
16	0.297	1.186	92.466			
17	0.289	1.157	93.623			
18	0.260	1.042	94.665			
19	0.247	0.987	95.652			
20	0.220	0.880	96.532			
21	0.210	0.840	97.372			
22	0.194	0.777	98.149			
23	0.174	0.696	98.845			
24	0.162	0.646	99.491			
25	0.127	0.509	100.000			

注：提取方法为主成分分析法。

　　表 5-4 显示了影响因素的变量共同度。该表格的第 1 列为 25 个原始
变量。第 2 列是根据因子分析初始解，计算出的变量共同度。利用主成
分分析方法得到 25 个特征值，它们是因子分析的初始解，可利用这 25 个初

始解和对应的特征向量计算出因子载荷矩阵。由于每个原始变量的所有方差都能被因子变量解释掉，因此每个原始变量的共同度都为 1。第 3 列是根据因子分析最终解，计算出来的变量共同度。根据最终提出的 7 个特征值和对应的特征向量计算出因子载荷矩阵。由于因子变量个数少于原始变量的个数，每个变量的共同度必然小于 1。

表 5-4　影响因素的变量共同度

变量	初始共同度	最终共同度
VAR1 危机管理机构的成立	1.000	0.693
VAR2 领导的支持	1.000	0.789
VAR3 危机教育与培训	1.000	0.761
VAR4 危机竞争情报工作的监督制度	1.000	0.777
VAR5 竞争情报系统的支持	1.000	0.747
VAR6 危机诱因分析的全面性	1.000	0.762
VAR7 危机监测工作的效率	1.000	0.879
VAR8 危机预控工作的效率	1.000	0.834
VAR9 预警竞争情报的质量	1.000	0.800
VAR10 诊断竞争情报的质量	1.000	0.866
VAR11 预控竞争情报的质量	1.000	0.830
VAR12 危机应对工作的效率	1.000	0.848
VAR13 危机沟通工作的效率	1.000	0.781
VAR14 新闻发言人制度的建立	1.000	0.798
VAR15 沟通竞争情报的质量	1.000	0.824
VAR16 环境竞争情报的质量	1.000	0.763
VAR17 对手竞争情报的质量	1.000	0.669
VAR18 企业恢复管理工作的效率	1.000	0.757
VAR19 与利益相关者关系恢复的成效	1.000	0.801
VAR20 社会心理恢复工作的成效	1.000	0.771
VAR21 重塑企业形象的成功与否	1.000	0.642
VAR22 危机评估工作的及时性	1.000	0.748
VAR23 危机评估工作的准确性	1.000	0.770
VAR24 恢复竞争情报的质量	1.000	0.765
VAR25 评估竞争情报的质量	1.000	0.793

注：提取方法为主成分分析法。

　　有研究表明：如果变量的共同度小于 30%，则要将该变量删除。[①] 由表 5-4 第 3 列可知，样本变量的共同度最低为 64.2%，最高为 87.9%，所有变量的共同度都大于 30%，提取的公共因子较好地反映其所代表变量的信息。旋转前的因子矩阵如表 5-5 所示。

表 5-5　旋转前的影响因素因子矩阵

变量	成分						
	1	2	3	4	5	6	7
VAR1	0.542	0.472	0.384	0.002	0.089	-0.066	-0.129
VAR2	0.627	0.393	0.312	0.224	0.237	-0.135	0.138
VAR3	0.668	0.432	0.230	0.159	-0.101	0.125	0.156
VAR4	0.709	0.457	0.182	-0.130	-0.104	0.051	0.039
VAR5	0.741	0.193	-0.064	-0.352	-0.005	0.137	-0.117
VAR6	0.774	0.227	-0.157	-0.289	-0.017	0.027	-0.048
VAR7	0.783	0.185	-0.330	-0.304	0.152	0.081	-0.021
VAR8	0.801	0.133	-0.302	-0.239	0.159	0.008	0.013
VAR9	0.776	0.136	-0.290	0.104	-0.127	-0.114	0.234
VAR10	0.794	0.095	-0.302	0.258	-0.177	-0.171	0.088
VAR11	0.761	0.101	-0.289	0.262	-0.213	-0.198	0.063
VAR12	0.750	-0.004	-0.175	0.248	0.427	-0.028	-0.108
VAR13	0.703	-0.167	-0.094	0.179	0.391	0.080	-0.242
VAR14	0.676	-0.059	0.085	0.160	-0.050	0.542	-0.093
VAR15	0.812	-0.135	-0.041	0.206	-0.186	0.215	-0.144
VAR16	0.787	-0.154	-0.017	0.156	-0.232	0.169	-0.115
VAR17	0.763	-0.190	0.073	-0.008	-0.192	0.008	0.093
VAR18	0.754	-0.285	0.106	-0.168	0.126	-0.015	0.225
VAR19	0.711	-0.349	0.149	-0.119	0.128	0.014	0.345
VAR20	0.753	-0.310	0.096	0.010	0.115	0.168	0.242
VAR21	0.742	-0.218	0.130	0.020	0.109	-0.092	0.082
VAR22	0.754	-0.138	0.139	0.111	0.087	-0.249	-0.242
VAR23	0.755	-0.228	0.113	-0.113	-0.032	-0.302	-0.172
VAR24	0.766	-0.200	0.199	-0.187	-0.159	-0.133	-0.145
VAR25	0.787	-0.154	0.129	-0.122	-0.306	-0.090	-0.132

注：提取方法为主成分分析法。

---

① 邱皓政：《量化研究与统计分析——SPSS（PASW）数据分析范例解析》，重庆大学出版社，2013，第 333~352 页。

表5-5所对应的是最终因子载荷矩阵，对应前面的因子分析数学模型（5.1），可以构建本节的因子分析模型，即：

$$X = AF + \varepsilon$$

$$
\begin{cases}
x_1 = 0.542\,F_1 + 0.472\,F_2 + \cdots - 0.129\,F_7 \\
x_2 = 0.627\,F_1 + 0.393\,F_2 + \cdots + 0.138\,F_7 \\
\quad\vdots \\
x_{25} = 0.787\,F_1 - 0.154\,F_2 + \cdots - 0.132\,F_7
\end{cases}
\tag{5.4}
$$

（二）因子旋转

由于未经旋转的载荷矩阵中，因子变量在许多变量上都有较高的载荷，其含义比较模糊。因此，需要对因子矩阵进行旋转，本节采用正交旋转法，使公共因子的载荷向正负1或0靠近。[①]

因子矩阵可以根据因子旋转的转换阵进行公共因子的确定、变量的归并与整合。旋转后的因子矩阵如表5-6所示。经过旋转，因子载荷系数已经明显两极分化了，因子的含义更加清晰。如第一个因子基本上反映了"沟通竞争情报的质量""环境竞争情报的质量"等。第二个因子基本上反映了"危机诱因分析的全面性""危机监测工作的效率"等。第三个到第七个因子也各自基本上较为清楚地反映了其所包括的原始变量。

表5-6　旋转后的影响因素因子矩阵

变量	因子						
	1	2	3	4	5	6	7
VAR1	0.215	0.014	0.247	0.019	0.747	0.081	0.146
VAR2	0.083	0.244	0.086	0.227	0.760	0.014	0.294
VAR3	0.201	0.183	0.072	0.314	0.698	0.311	0.012
VAR4	0.444	0.140	0.216	0.217	0.650	0.205	-0.034
VAR5	0.679	0.186	0.292	0.115	0.290	0.245	0.098
VAR6	0.673	0.188	0.272	0.271	0.294	0.163	0.117
VAR7	0.776	0.235	0.142	0.281	0.181	0.140	0.263
VAR8	0.695	0.285	0.176	0.327	0.185	0.105	0.294
VAR9	0.369	0.295	0.147	0.681	0.239	0.135	0.128

---

① 邱皓政：《量化研究与统计分析——SPSS（PASW）数据分析范例解析》，重庆大学出版社，2013，第333~352页。

变量	因子						
	1	2	3	4	5	6	7
VAR10	0.260	0.184	0.251	0.754	0.216	0.190	0.225
VAR11	0.234	0.143	0.275	0.751	0.212	0.176	0.199
VAR12	0.273	0.263	0.126	0.316	0.236	0.162	0.712
VAR13	0.242	0.263	0.231	0.142	0.118	0.284	0.696
VAR14	0.216	0.267	0.113	0.108	0.230	0.746	0.213
VAR15	0.206	0.241	0.369	0.381	0.159	0.595	0.248
VAR16	0.198	0.260	0.406	0.374	0.144	0.548	0.177
VAR17	0.206	0.452	0.421	0.335	0.171	0.317	0.056
VAR18	0.287	0.688	0.322	0.154	0.142	0.136	0.186
VAR19	0.190	0.786	0.255	0.153	0.126	0.144	0.146
VAR20	0.190	0.688	0.205	0.188	0.136	0.335	0.232
VAR21	0.160	0.522	0.378	0.218	0.216	0.152	0.290
VAR22	0.124	0.246	0.584	0.232	0.269	0.124	0.436
VAR23	0.233	0.336	0.681	0.216	0.156	0.051	0.255
VAR24	0.273	0.357	0.671	0.147	0.199	0.206	0.092
VAR25	0.272	0.293	0.657	0.274	0.192	0.299	0.013

注：提取方法为主成分分析法，旋转方法为正交旋转法，迭代收敛的次数为7次。

　　图5-6是基于危机生命周期的企业竞争情报机制理论模型影响因素的载荷散点图，载荷散点图可以直观地反映各因子之间的关系。

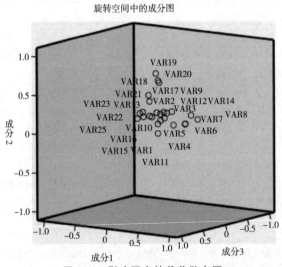

图5-6　影响因素的载荷散点图

三　主要影响因素集合

从旋转后的因子矩阵可以看出，公因子1在VAR5竞争情报系统的支持、VAR6危机诱因分析的全面性、VAR7危机监测工作的效率、VAR8危机预控工作的效率上有较大的载荷，因此可以认为公因子1是反映危机预警及其竞争情报的综合指标；公因子2在VAR18企业恢复管理工作的效率、VAR19与利益相关者关系恢复的成效、VAR20社会心理恢复工作的成效、VAR21重塑企业形象的成功与否上有较大的载荷，因此可以认为公因子2是反映企业恢复工作的综合指标；公因子3在VAR22危机评估工作的及时性、VAR23危机评估工作的准确性、VAR24恢复竞争情报的质量以及VAR25评估竞争情报的质量上有较大的载荷，因此可以认为公因子3是反映危机评估及其竞争情报的综合指标；公因子4在VAR9预警竞争情报的质量、VAR10诊断竞争情报的质量、VAR11预控竞争情报的质量上有较大的载荷，因此可以认为公因子4是反映危机潜伏期竞争情报的综合指标；公因子5在VAR1危机管理机构的成立、VAR2领导的支持、VAR3危机教育与培训以及VAR4危机竞争情报工作的监督制度上有较大的载荷，因此可以认为公因子5是反映组织和制度的综合指标；公因子6在VAR14新闻发言人制度的建立、VAR15沟通竞争情报的质量、VAR16环境竞争情报的质量上有较大的载荷，因此可以认为公因子6是反映危机沟通及其竞争情报的综合指标，此外VAR17对手竞争情报的质量在公因子2、3、4、6上都有较高的因子载荷，考虑到对手竞争情报与危机沟通关系更紧密，本章将其也归入公因子6；公因子7在VAR12危机应对工作的效率、VAR13危机沟通工作的效率上有较大的载荷，因此可以认为公因子7是反映危机处理工作的综合指标。

基于危机生命周期的企业竞争情报机制理论模型影响因素的公因子解释如表5-7所示。

表5-7　影响因素公因子的解释

公因子	载荷变量	解释
1	VAR5、VAR6、VAR7、VAR8	危机预警及其竞争情报
2	VAR18、VAR19、VAR20、VAR21	企业恢复工作

续表

公因子	载荷变量	解释
3	VAR22、VAR23、VAR24、VAR25	危机评估及其竞争情报
4	VAR9、VAR10、VAR11	危机潜伏期竞争情报
5	VAR1、VAR2、VAR3、VAR4	组织和制度
6	VAR14、VAR15、VAR16、VAR17	危机沟通及其竞争情报
7	VAR12、VAR13	危机处理工作

　　调查结果显示，本章设计的基于危机生命周期的企业竞争情报机制理论模型影响因素调查表中的 25 个因素都较为重要，只是权重有所不同，这对第四章案例分析的结论进行了一定程度的验证，同时也可以为理论模型应用建议的提出提供参考依据。在企业运用竞争情报解决危机问题的实践中，企业可以根据自身的情况和战略目标对这 25 个因素进行取舍、增添，以保证理论模型的顺利实施。同时，企业在提出理论模型应用建议时应该首先关注本章采用因子分析法获得的具有代表性的 7 个主要影响因素：从危机沟通及其竞争情报、危机预警及其竞争情报、潜伏期竞争情报、组织和制度、企业恢复工作、危机评估及其竞争情报、危机处理工作这七个方面来制定理论模型的应用建议，能够较为全面地覆盖理论模型的影响因素。

第六章

理论模型应用的建议

第五章的研究表明，基于危机生命周期的企业竞争情报机制理论模型实施的主要影响因素包括七个方面：危机沟通及其竞争情报、危机预警及其竞争情报、潜伏期竞争情报、组织和制度、企业恢复工作、危机评估及其竞争情报、危机处理工作。本章将在第四章案例研究部分的中美史克公司的 PPA 风波事件、Apple 公司的几度沉浮事件、2018 年的华为芯片危机事件、2019 年的"联想撤出中国"谣言事件以及 2020 年字节跳动的"TikTok 事件"等众多危机案例研究的基础上，按照危机生命周期三个阶段的顺序，从危机预警、危机处理、危机评估、企业恢复以及机构和制度建设五个方面来提出理论模型应用的建议。希望通过这些建议来保障理论模型的顺利实施，实现提高企业竞争情报和危机管理工作的效率、帮助企业运用竞争情报解决危机管理问题的最终研究目的。

第一节　危机预警

危机预警行动是危机潜伏期的危机管理行动之一，危机预警效率的高低直接关系着危机潜伏期危机管理工作的效率，关乎企业能否将一切可以避免的危机控制和扼杀在危机潜伏期，减少不可避免危机的损失。"华为海外行贿"风波事件、"联想撤出中国"谣言事件以及字节跳动的"TikTok 事件"的案例研究启示也表明，危机预警是危机潜伏期危机管理的关键与核心。可见，提高危机预警工作效率对保证危机潜伏期的企业竞争情报预警模式成功实施是非常重要的。根据前面关于理论模型的影响因素分析结果，本章认为企业危机预警工作效率的提高主要可以从以下四个方面入手：危机预警、诊断、预控竞争情报质量的提高，企业危机管理计划的制订，企业危机管理计划的演练，危机预警过程的不断优化。

一 危机预警/诊断/预控的竞争情报质量保证

预警、诊断、预控的竞争情报是危机潜伏期危机预警工作的基础，危机预警工作效率的高低很大程度上取决于预警、诊断、预控竞争情报的质量，因此，预警、诊断、预控竞争情报质量的保证是提高危机预警工作效率的途径之一。第五章理论模型成功实施的影响因素分析结果表明：分别有 252 位、252 位、248 位调查参与者，占 68.48%、68.48%、67.39%，认为预警、诊断、预控竞争情报是重要或很重要的。诊断竞争情报质量的提高主要可以从分析危机诊断行为开始，全面分析危机诊断的主题，确定诊断竞争情报的目的和范围，从而保证诊断竞争情报的质量，提高危机诊断行动的效率。预控竞争情报质量的提高同样也可以通过分析危机预控行动，根据危机预控方案，制订预控竞争情报搜集的计划，确保预控竞争情报具有较强的针对性和专门性，帮助企业危机预控行动的顺利实施。预警竞争情报是为危机预警行动服务的，预警竞争情报的目的和范围也应该以危机预警行动为中心，以保证危机预警行动的顺利实施为出发点和归宿。另外，第四章案例研究的经验启示表明专门危机预警等工作小组设置的重要性，如果华为公司和联想集团有预警竞争情报质量监督制度，那么应该能够在危机发生之前检测到现有竞争情报工作中存在的覆盖范围不够等问题，及时监测到海外的潜在危机信号。企业可以通过建立专门的竞争情报工作人员制度、危机诊断工作小组管理制度、危机预控工作小组管理制度、危机预警工作小组管理制度以及竞争情报质量监督制度来保证诊断、预控、预警竞争情报工作的效率和质量，以便达到提高企业危机预警工作效率的目的。

二 危机管理计划的制订

危机管理计划（Crisis Management Planning, CMP）是一个能够帮助企业系统地解决危机问题、具有普遍意义和达成一致性意见的步骤和方案，是企业应对危机的基石。① CMP 指出危机所需资源的最优配置，使危机管理所需资源以最佳方式获得，从而减少危机事件管理中的不合理行为和缺乏全局观念的行为，使危机管理行为更加科学合理。② 要提高企业危机预警工作的效率，制订切实可行的危机管理计划是关键。一套完整的危机综合防治计划应该包括危机管理组织的成立、危机管理所需要资源的储备、危机政策的制定、危机管理计划的制订、危机预警系统的构建、危机意识的培训与教育等方面。企业应该根据自己的情况，成立专门的危机管理组织，制定相关的危机管理政策，制订危机预警、危机预控、危机应对、危机沟通、危机评估以及企业恢复管理等计划。只有如此，才能帮助企业主动地、积极地面对危机。在危机预警、预控等行动中，做到心中有数，有的放矢，达到预期的危机管理目的，最终帮助企业解决各种危机及由此引起的问题。企业在制订和实施 CMP 的时候应该注意：系统地搜集制订 CMP 所需要的企业内外部竞争情报，使 CMP 执行者了解并切实理解计划的内容，CMP 本身应该具备灵活性、时效性以及可发展性等特征。例如，第四章的案例"联想撤出中国"谣言事件中，如果联想集团的CMP 完备，那么联想集团可能会加强对海外竞争环境的监测，这样就可以第一时间发现 CNBC 采访文章前面的 "Key Points" 存在的问题，及时地敦促其修改，或许可以避免这次谣言事件。

三　危机管理计划的演练

为了提高危机预警工作的效率，只是制订危机管理计划是不够的，还需要将这些危机管理计划告诉计划的执行者和企业的职员，利用各种工具对这些危机管理计划进行演练。CMP 的演练内容主要有心理演练、组织培训、基本功训练、实地训练等，演练的方法主要有构建危机管理竞争情报作战室（Competitive Intelligence War Room）进行沙盘模拟，采用竞争

① 吴世农、卢贤义：《我国上市公司财务困境的预测模型研究》，《经济研究》2001 年第 6 期，第 46~55、96 页。
② 唐钧：《新媒体时代的应急管理与危机公关》，中国人民大学出版社，2018，第 56~82 页；周永生编著《现代企业危机管理》，复旦大学出版社，2007，第 180 页；胡子飞：《基于"巨能钙"事件的危机管理研究》，硕士学位论文，西南交通大学，2005，第 25~44 页。

情报战争游戏法（Wargaming in Competitive Intelligence）进行现场模拟等。CMP 的演练可以提高参与者对危机的熟悉度和处理危机的能力，有效的演练可以减少实际操作过程中的人为失误以及降低现场调配资源的时间耗费，还可以提高职员对潜在危机的警惕性、发掘和认识危机处理的人才、改进 CMP 中存在的问题与不足等。① 第四章的案例研究经验启示表明：很多企业有自己的危机管理计划，但是当危机真正发生，企业员工在处理危机时，很多问题便会暴露出来，如由于缺少实战经验，很多员工面对危机时表现出来的是自身的恐慌，更别提从容自如地应对社会公众的质询；由于缺少专门制度的指导，危机发生后，企业内部人员众说纷纭，口径不一，说法各异，人心惶惶，影响企业的正常经营。例如第四章中的案例海底捞公司在处理"海底捞涨价道歉事件"过程中，分别于 2020 年 4 月 5日和 4 月 11 日先后两次回应了涨价风波事件，第一次回应的效果明显不好，使得涨价风波事件进一步发酵。这表明，海底捞公司在 CMP 演练方面可能做得不够好。因此，企业仅制订危机管理计划还不够，需要将危机管理计划告诉企业的每个职员，让每个职员都了解企业危机管理计划的每个环节。为了让每个职员都了解危机管理计划，可以采用不定期地进行危机管理计划演练、危机管理计划讲座以及网络虚拟危机演练等形式。企业危机管理计划演练的内容应该包括危机管理计划的全部内容，包括危机预警行动中的危机诱因分析、环境监测、危机预警指标体系构建以及指标阈值制定；危机预控行动中的预控方案的制定等。

四　危机预警过程的不断优化

第五章理论模型影响因素分析的研究结果表明，危机预警过程主要包括危机诊断、危机预警和危机预控三个行动，可以采用案例推理方法来优化危机预警过程。基于案例的推理方法（Case-Based Reasoning, CBR）是一种基于经验知识进行推理的人工智能技术，是用案例来表达知识并把问题求解和学习相融合的一种推理方法。它强调人在解决新问题时，常常回

---

① 董传仪：《危机管理学》，中国传媒大学出版社，2007，第 112~115 页；胡子飞：《基于"巨能钙"事件的危机管理研究》，硕士学位论文，西南交通大学，2005，第 25~44 页；向荣、岑杰主编《企业危机管理》，电子工业出版社，2016，第 44~45 页。

忆过去积累下来的类似情况的处理方式并通过适当修改过去类似情况处理的方法来解决新问题。① CBR 系统的工作原理是：用户输入一定的条件，CBR 系统将搜索案例数据库，尝试寻找一个匹配输入特征的现有案例，找到完全匹配输入特征的案例，直接得到问题的解答，使复杂问题得到快速解决；如果没有找到完全匹配输入特征的案例，它可能检索到一个与输入特征相似的案例或案例集，CBR 系统操作者可修改不相匹配的部分，得到一个新的案例并添加到案例库中，使系统具有自适应学习的能力。② 根据 CBR 的定义与工作原理，可以设计基于案例推理方法的危机预警过程。基于案例推理方法的危机预警过程主要包括知识库、比较判别系统、推理技术系统等。知识库是存储和管理危机预警案例的数据库，包括案例和解决方案集两个部分。日常管理的危机预警工作人员负责收集其他组织各种危机的预警处理方案，并分析、整理这些危机预警事件，形成危机预警案例库。③ 当危机发生时，危机管理人员会及时从案例库中寻找"最佳解决方案"，即相似度最高的案例。如果危机形势和内外环境非常相似，可以直接用案例的解决方案来应对当前的危机。如果所查询的方案不完全适用于实际危机，则利用推理技术系统对原方案进行修改，再制定新的方案，将危机预警方案作为新的案例集成到知识库中。基于案例推理方法的危机预警过程不仅节省了时间，而且增强了危机预警流程的可操作性。④ 此外，前面的分析也表明，将预警、诊断、预控竞争情报融入危机预警工作过程中，提高预警、诊断、预控竞争情报的质量，也是优化企业危机预警工作的有效方法。

① Aamodt, A., Plata, E. Case-based Reasoning: Foundational Issues, Methodological Variations and System Approaches. *AI Communications*, 1994, 7 (1): 39-59；胡小平：《基于 CBR 的 Web 式公共危机预警系统研究》，硕士学位论文，西安科技大学，2010，第 46~51 页。
② 唐雪松、郭立红、陈长喜：《基于案例推理方法在态势分析中的应用研究》，《计算机测量与控制》2006 年第 12 期，第 1723~1725 页。
③ 徐芳：《图书馆危机预警管理系统构建研究》，硕士学位论文，天津工业大学，2007，第 43~56 页。
④ 向荣、岑杰主编《企业危机管理》，电子工业出版社，2016，第 55~68 页。

第二节　危机处理

第三章竞争情报与危机管理关系的实证研究结果表明：潜伏期危机管理对爆发期危机管理有显著的影响。将危机控制和扼杀在危机潜伏期是危机管理最为理想的状态，但是企业总有一些无法避免的危机，面对这种类型的危机，危机爆发期的危机处理就显得非常重要。第四章中美史克公司的 PPA 风波事件、海底捞涨价道歉事件等案例研究的经验启示也表明，危机爆发期的危机处理行动效率直接关系到企业能否应对发生的各种危机事件，能否将危机给企业带来的损失控制在最低范围之内，甚至关系到企业的生死存亡。危机处理工作效率的提高是危机爆发期企业竞争情报沟通模式顺利实施的关键。根据第五章关于理论模型的影响因素分析结果，本节认为危机处理工作效率的提高主要可以从以下几个方面进行：提高环境竞争情报、对手竞争情报的质量，增强危机处理对策的有效性和可操作性，保证危机处理对策的有效实施以及危机处理过程的不断优化。①

一　环境/对手的竞争情报质量保证

危机爆发后，危机处理工作成了企业危机管理工作的关键任务，企业需要在第一时间采取有效的危机应对策略来应对当前爆发的各种危机，以便防止危机的扩散，给企业带来进一步的破坏，影响企业的正常运转与经营。第四章案例研究的经验启示表明：危机处理对策的制定和有效实施有赖于正确、及时、可靠的环境竞争情报和对手竞争情报的支持。奥克斯集团在危机事件中只看到了竞争对手的挑衅和不正当竞争，而忽视了国家市场监督管理总局和浙江省市场监督管理局已经介入调查等环境竞争情报，没有意识到事态的严重性；海底捞公司在第一次回应的时候也没有意识到事态的严重性，只是出面解释涨价的原因，忽略了国家市场监督管理总局通过视频会议启动的"保价格、保质量、保供应"系列行动等环境竞争情报。

---

① 徐芳：《基于危机生命周期的企业竞争情报机制理论模型构建》，《情报资料工作》2016年第 4 期，第 45~50 页。

环境竞争情报可以帮助企业决策人员了解危机爆发后，社会公众、媒体、合作伙伴、供应商、政府部门等对处于危机状态企业的态度与反应，有利于企业危机管理决策人员及时制定和调整有效的应对策略；对手竞争情报则不但有利于企业危机应对策略的制定和实施，而且有利于了解竞争对手的现状，让企业经营活动中危机尚未波及的部分业务能够正常地运作。危机应对策略的成功与否，与环境竞争情报和对手竞争情报的质量高低密切相关。高质量的竞争情报可以帮助企业应对当前的危机，有效地阻止危机的扩散，避免危机波及其他的业务；质量不高的竞争情报，则不但不能够为企业制定、调整和实施有效的危机应对策略提供支持，相反可能会导致危机应对策略的失败，导致危机的进一步恶化，波及企业其他的业务，导致整个企业都陷入不利状态，甚至导致企业的灭亡。因此，提高环境竞争情报和对手竞争情报的质量是保证危机处理工作效率的有效手段之一。第五章理论模型的影响因素分析结果也表明，分别有 253 位、243 位调查参与者，占 68.75%、66.03%，认为环境竞争情报质量和对手竞争情报质量是重要或很重要的。

二　危机处理对策的有效性和可操作性

危机处理对策的有效性是指危机处理对策在危机处理的过程中是有效的，能够发挥其预期的功效，帮助企业有效地应对危机，否则我们可以认为该危机处理对策是无效的。例如，海底捞公司的第一次危机处理对策就是无效的，甚至会给企业带来负面的影响，进一步推动危机事件的发酵；奥克斯集团的危机处理也是无效的，因为它将主要精力放到了竞争对手格力电器身上，而忽略了国家市场监督管理总局和浙江省市场监督管理局的介入。危机处理对策的可操作性是指危机应对策略在危机处理过程中是可操作的、能够被实施的，可操作性的高低关乎危机处理对策的效率高低，可操作性低的危机应对策略必然有效性也低，可操作性高的危机应对策略其有效性也会高。因此，增强危机处理对策的有效性和可操作性也是提高危机处理工作效率的有效手段。增强危机处理对策的有效性和可操作性的途径主要有规范危机处理对策制定的过程，提高环境竞争情报和对手竞争情报的质量，对危机处理对策进行仿真模拟等。

为了保证危机处理的有效性和可操作性，企业在危机处理过程中还应该遵守以下的原则。尽快识别危机，为了以最快的速度控制和处理危机，有必要在第一时间确认危机的爆发；快速反应，在最短时间内采取适当的危机处理对策，将危机的影响降到最低；把公众利益放在首位，勇于承担责任，以真诚的态度面对公众，从而让社会满意；冷静地做出决策，冷静地寻求应对危机的最佳对策，以减少损失或解决危机；要解决外部专家的使用问题，要充分利用外部专家，平时注重动态专家库的建立；采取重点行动，危机爆发后，响应时间和资源配置有限，需要用有限的时间和资源解决危机中的关键问题和主要矛盾；加强与媒体的沟通，媒体的舆论引导作用不容忽视；重视政府部门和社会中介组织的作用，政府部门的权威是任何其他机构或组织所无法比拟的，巧妙地让政府部门对企业做出公正的声明和权威的判断，有利于企业澄清事实。[①]

三　危机处理对策的有效实施

有效的危机处理对策只有在合适的时间、合适的地点合理地实施，才能实现危机应对策略的功能，帮助企业有效地应对危机。例如，第四章案例研究中的中美史克公司的危机处理过程堪称经典，无论是在危机工作小组的成立速度、危机事件的重视程度、取得领导的支持，还是与媒体、员工的沟通等方面，都是非常出色，这可能也是中美史克公司能够很快地走出危机影响的原因。因此，企业制定了有效的可操作性高的危机处理对策后，需要保证危机处理对策的有效实施才能提高企业危机处理工作的效率。保证危机处理对策的有效实施途径主要有：企业可以通过制度化危机处理工作小组的危机处理对策实施行动，以便确保危机处理对策制定后能够及时地得到执行，发挥危机应对策略应有的功能；企业还可以在危机应对策略正式使用之前，采用计算机仿真技术进行实战模拟，检查危机应对策略的可行性，确保危机应对策略能够有效实施；企业还需要保证危机应对策略实施需要的人力、财力、物力等条件，以便保证危机应对策略实施

① 周永生编著《现代企业危机管理》，复旦大学出版社，2007，第168~173页；向荣、岑杰主编《企业危机管理》，电子工业出版社，2016，第66~93页。

过程的顺利进行，避免由于这些条件导致危机应对策略实施的失败，给企业带来灾难和损失。另外，由于危机处理对策的实施过程实际上是一个非程序化的决策过程，具有一定的风险性，因此平时应该注意培养危机管理人员的决策能力，在危机发生后迅速抽调各部门的负责人加入动态危机管理委员会，可以提高非程序化决策的有效性，保证危机处理对策的正确、有效实施。同时还需要注意企业内外的协调沟通，危机爆发后参与危机处理的人员来自不同系统的不同部分，彼此缺乏权力约束，容易产生混乱、各自为政的局面，需要采取临时授权等方法，由动态危机管理委员会授权指派危机处理各环节的负责人，进行协调沟通，保证危机处理对策的有效实施。①

四　危机处理过程的不断优化

危机处理的过程就是解决问题的过程，是危机爆发期危机管理的核心部分，而危机处理过程本身效率是保证危机处理工作效率的基础和关键，效率高的危机处理过程能够使企业危机处理工作最优化，从而保证企业危机处理工作的质量和效率。效率低的危机处理过程则不但不能使企业危机处理工作达到最优，反而可能会影响企业危机处理工作的正常运转，导致企业危机处理工作效率低下、企业危机应对行动的失败，给企业带来灾难和损失。企业危机处理过程的优化是一个持续性的过程，需要综合考虑企业危机处理的目标、危机处理的重点，以及实时地跟踪企业危机的发展态势，动态地做出调整和优化，从而保证企业危机处理工作的最优，提高企业危机处理工作的效率。企业在发展的过程中经历的各种危机事件都是其宝贵财富，企业需要在危机处理过程中总结经验，建立自己的危机事件处理案例库，从而不断优化危机处理过程。企业危机处理过程既可以是面向企业危机管理目标的，又可以是以"问题求解"为中心的，还可以是动态的实时变化的，只要能够保证企业危机处理过程的效率，能够达到帮助企业有效地解决危机问题这个最终目标即可。

---

① 董传仪：《危机管理学》，中国传媒大学出版社，2007，第 146~147 页。

第三节　危机评估

第三章竞争情报与危机管理关系的实证研究结果表明：爆发期危机管理对平复期危机管理有显著的影响，而潜伏期危机管理通过爆发期危机管理对平复期危机管理有间接的影响。对企业爆发的真实危机事件的处理过程进行评估，不但可以对企业危机管理过程的效率进行评估，为企业危机管理过程的优化提供支持，降低日后危机事件中人员和资源的损失，而且还可以为危机平复期企业的恢复、与利益相关者关系的恢复、社会心理恢复以及企业形象的重塑提供支持。管理学家彼得·德鲁克（P. F. Drucker）曾经说过，一家公司只有经历 3 次以上的经济危机才能变成一家伟大的公司。[①] 可见，企业的成长需要经历危机的考验，危机也可以成为企业成长的财富，而企业能否变"危"为"机"有赖于高效率的危机评估工作。第四章案例研究中 Apple 公司的几度沉浮事件和华为芯片危机事件的经验启示表明：企业能否准确地定位危机带来的损失，制订有效的企业恢复计划，有赖于危机评估工作的效率。Apple 公司在危机发生后，快速、准确地找到了原因，制定了针对性的企业恢复战略并付诸实施，使得企业快速地从危机中恢复了过来。高效率的危机评估能够帮助企业在遭受危机后快速地定位，准确地制订恢复计划；低效率的危机评估则可能会导致企业延误遭受危机后的最佳恢复时机，让企业恢复工作陷入被动的状态和局面，给企业带来损失。可见，危机评估是企业危机平复期的基础和关键。[②] 根据第五章关于理论模型影响因素研究的结果，本节认为危机评估工作效率的提高主要可以从以下几个方面入手：提高评估竞争情报的质量，确保危机评估工作的全面性和准确性以及危机评估过程的优化等。

一　危机评估的竞争情报质量保证

评估竞争情报是企业危机评估工作的基础，为企业的危机评估工作提

[①] 王德胜：《企业危机预警管理模式研究》，山东人民出版社，2010，第 8 页。

[②] 徐芳：《基于危机生命周期的企业竞争情报机制理论模型构建》，《情报资料工作》2016 年第 4 期，第 45~50 页。

供竞争情报的支持。因此，评估竞争情报的质量高低将直接影响企业危机评估工作的效率。第五章理论模型的影响因素分析结果也表明：有 259 位调查参与者，占 70.38%，认为评估竞争情报质量对理论模型的应用是重要或很重要的。高质量的评估竞争情报，能够为企业的危机评估工作提供及时的、准确的、可靠的数据支持，帮助企业危机评估工作小组顺利地开展危机评估工作；质量不高的评估竞争情报则不但不能为企业的危机评估工作提供支持，反而会影响、扰乱企业危机评估工作小组的工作，导致危机评估工作的返工、危机评估工作不准确或效率不高，影响企业准确地定位遭受的危机损失、快速地制订企业恢复计划，导致其无法从危机中恢复过来。可见，提高评估竞争情报的质量是提高企业危机评估工作效率的重要手段之一。企业可以采用规范竞争情报部门的工作、制定竞争情报工作制度、制定竞争情报质量监督制度以及运用各种网络技术、多媒体技术、可视化技术和数据挖掘、知识发现等技术来优化竞争情报过程等途径来提高评估竞争情报的质量。

二　危机评估的全面性

企业危机评估工作的全面性是指企业危机评估范围的大小是否达到了企业危机评估的要求，危机评估工作的现有范围是否达到了企业危机评估目标的要求，危机评估工作是否能够帮助企业准确地定位所遭受的损失，能否帮助企业快速地制订有效的企业恢复计划。危机评估工作的全面性是保证危机评估工作效率的重要基础和前提。只有保证了危机评估工作的全面性才能保证危机评估工作的质量和效率，不全面的危机评估工作不但不能够帮助企业准确地定位自身，反而会给企业提供不全面的数据，导致企业危机评估工作的返工，企业定位的失败，影响企业恢复计划的制订和实施，最终会给企业的顺利恢复带来不利影响。例如，Apple 公司的几度沉浮事件中，Apple 公司在危机发生后，Jobs 凭借其准确的危机评估，有效地制定了各种企业恢复战略，在社会心理恢复、企业形象重塑以及市场份额的重新占领等方面取得了成功；而大娘水饺管理危机事件中，由于应对管理危机决策的失误，"转让了大娘水饺 90% 的股权给私募股权基金 CVC，自己只持有 10%" 等，最终导致了大娘水饺遇到了严重的经营危机。

危机评估的内容主要有：对企业危机生命周期各阶段的危机处理行动的评估，包括危机处理行动策略的执行情况、成效等；对危机潜伏期危机管理预案工作的评估，包括是否为发生的危机制定了预案，预案是否起到了指导的作用以及是否合理等；对危机爆发期危机沟通过程的评估，包括危机沟通工作是否遵循了既定的新闻发言人等制度或原则，危机沟通的方法与技巧如何以及危机沟通的效果等；对危机潜伏期危机预警过程的评估，包括危机是否很快被识别出来，是否及时地向潜在受害者和企业决策者发出了警报，危机预防与预控措施是否得当、存在哪些问题以及是否需要修正预警指标体系等；对危机管理绩效的评估，包括危机对企业的影响程度、危机发生前后各类公众舆论的变化情况、危机发生前后各种资源的损失情况、危机管理过程中的经费开支是否合理等。[①]

三　危机评估的准确性

企业危机评估工作的准确性是衡量企业危机评估工作质量的重要指标，也是影响危机评估工作效率和质量的重要指标。企业危机评估工作的准确性直接影响企业危机评估的效率和质量，准确的危机评估工作可以保证危机评估工作的效率，为企业提供准确的、可靠的危机评估报告，支持企业快速定位遭受的危机损失，快速地制订企业恢复计划；不准确的危机评估工作则会降低危机评估工作的效率和质量，导致危机评估工作效率低下、质量不高等问题，从而影响企业快速定位自身，延误制订企业恢复计划的时间。华为芯片危机事件中，华为公司对危机的评估也是准确的，采用面向员工的公开信的方式与利益相关者进行了有效的沟通，在与客户的沟通中树立起了"有责任、有担当"的良好中国民族品牌形象，最终重新获得了市场份额。可见，企业危机评估工作的准确性也是保证企业危机评估工作效率的基础和关键。企业可以采用规范危机评估过程、制度化危机评估工作小组的工作、提高危机评估材料和数据的质量等措施来提高危

---

① 董传仪：《危机管理学》，中国传媒大学出版社，2007，第229~230页；向荣、岑杰主编《企业危机管理》，电子工业出版社，2016，第72~93页。

机评估工作的准确性，从而提高企业危机评估工作的效率，让危机评估工作帮助企业准确地定位遭受的损失，帮助企业快速地制订企业恢复计划，最终达到帮助企业解决危机问题的目的。

企业危机评估的方法主要有：调查法，面向社会公众、合作伙伴、专家等进行调查，获取危机事件相关的数据，对危机管理工作进行评估；访谈法，邀请参与危机管理过程的企业职员、外部专家以及其他部门的人员进行访谈，获取危机事件处理过程中的相关数据，对危机管理过程的效率进行评估；实验法，事先设置一定的环境条件，人为地操纵实验变量，有效地测量因变量，从而检验假设，探讨危机现象的因果关系以及危机对策所起到的作用与效果。

四　危机评估过程的优化

危机平复期危机评估过程的效率直接影响企业危机评估工作的效率，优化危机评估过程可以帮助企业提高危机评估工作的效率和质量，可以将决策支持、模拟技术、仿真技术等技术和情景分析法等方法应用到危机评估过程中来，达到优化危机评估过程的目的。企业的危机评估过程是一个利用企业内外部竞争情报对危机预警、危机预控、危机处理和危机沟通等行为进行评估的过程。其目的的主要有：帮助企业发现危机管理过程中出现的问题，及时地进行调整，避免下一次危机时仍然给企业带来损失；总结、提炼危机管理过程中的经验，为企业应对下一次危机做准备；评估企业遭受的危机损失，以便企业准确地进行定位，快速地制订企业恢复计划，帮助企业早日从危机中恢复过来。竞争情报系统是存储企业内外部竞争情报的系统，企业可以将诊断竞争情报、预警竞争情报、预控竞争情报、环境竞争情报、对手竞争情报、沟通竞争情报以及评估竞争情报等都存入企业的竞争情报系统，在进行危机评估的时候，利用竞争情报系统的支持来优化危机评估过程，提高企业危机评估工作的效率。

第四节　企业恢复

企业恢复是危机平复期的主要工作，此时企业危机管理的中心由控制危机本身转移到企业经营秩序的恢复和寻求危机问题的根本解决方面。危机评估工作的最终目的是帮助企业准确地定位，快速地制订企业恢复计划，以便防止危机的再次发生。第五章理论模型的影响因素分析结果也表明：有254位调查参与者，占69.02%，认为危机平复期的企业恢复工作效率是重要或很重要的。第四章案例研究中的 Apple 公司几度沉浮事件和华为芯片危机事件的案例研究启示也表明，企业的危机评估工作需要以企业恢复工作为出发点和目的，为企业恢复工作提供支持。Apple 公司通过对危机事件的准确评估，制定了企业恢复战略，最终成功地从危机事件中恢复了过来。企业恢复的目的主要有快速地弥补危机带来的损失，以维持企业的生存和继续经营；抓住危机带来的机遇，促进企业的持续发展。

根据第五章理论模型应用的主要影响因素研究的结果，本节认为企业恢复工作效率主要可以通过以下措施来提高：提高恢复竞争情报的质量，企业恢复方案的制定，企业恢复方案的有效实施，以及企业恢复工作效率的评估等。

一　企业恢复的竞争情报质量保证

恢复竞争情报是企业恢复工作的基础，通过搜集、分析企业恢复工作相关的一切竞争情报，为企业恢复工作提供支持。第五章理论模型的影响因素分析结果也表明：有260位调查参与者，占70.65%，认为危机平复期的恢复竞争情报的质量是重要或很重要的。及时、可靠和正确的恢复竞争情报可以帮助企业决策人员快速地定位企业所处的环境和竞争对手的状况，制定、调整和实施有效的企业恢复方案，帮助企业快速地从危机中恢复过来；反之，质量不高的恢复竞争情报不但不能为企业恢复方案的制定、实施提供支持，而且可能会影响企业恢复方案的制定和实施，给企业恢复工作带来负面的影响，延迟企业从危机中恢复的时机，有时还可能会给企业带来新的灾难和损失，甚至给企业带来新的危机和灭顶之灾。可见，恢复竞争情报的质量是企业恢复工作效率的保证。企业可以通过规范恢复竞争情报工作的过程，加强恢复竞争情报工作的审核和监督，制定竞争情报工作人员制度和竞争情报质量监督制度以及通过运用各种信息技术或者各种方法来确保恢复竞争情报的正确性、及时性和可靠性来提高恢复竞争情报的质量，从而达到提高企业恢复工作效率的目的。

二　企业恢复方案的制定

处于危机平复期的企业，快速恢复是危机管理工作的核心，因此准确、快速地制定危机平复期的企业恢复方案是企业恢复工作效率的关键和基础。但应该注意企业恢复方案的正确性、有效性和可操作性，正确的、可操作性强的企业恢复方案可以让企业快速地从危机中恢复过来，企业的各种经营活动进入正常运作状态；相反，错误的、效率不高的企业恢复方案不但会影响企业恢复工作的进展，延误企业快速从危机中恢复的时机，而且可能会因此让企业一蹶不振，诱发更多的潜在危机，加速企业危机的爆发，最终让企业走向灭亡。第四章案例研究中的 Apple 公司的几度沉浮事件，由于 Jobs 制定和实施了有效的企业恢复方案，Apple 公司最终走过了发展的"低谷"，迎来了新的发展机遇。大娘水饺的管理危机事件中，吴国强试图通过引进全球领先的投资机构来解决管理危机，但忽略了"国际先进管理团队可能会'水土不服'"等问题。此外，他转让了大娘水饺 90% 的股权给私募股权基金 CVC，自己只持有 10%，这让他日后在管理中处于被动地位，未能成功将大娘水饺从管理危机中恢复过来。企业可以采用一些措施来保证企业恢复方案制定过程的规范性，制定出正确的企业恢复方案，如制度化企业恢复工作小组的工作，提高恢复竞争情报的质量，确定企业恢复的对象和企业恢复对象的重要性排序，对企业恢复方案的实施进行评估，及时调整和纠偏，保证企业恢复方案的有效实施以及通过采用决策支持技术、模拟技术提高企业恢复方案决策的效率等。企业恢复方案的内容主要包括企业形象的恢复、与利益相关者关系的恢复、与合作伙伴关系的恢复、与社会公众关系的恢复、与政府部门关系的恢复以及与内部员工关系的恢复等。

三　企业恢复方案的实施

有效的企业恢复方案只有在投入企业各种经营活动的实践中，有效实施后才能发挥其应有的功效，因此，制定了正确的、有效的企业恢复方案，还不能保证企业恢复工作的效率，需要监督企业恢复方案的有效实施。例如，Apple 公司的几度沉浮事件中，Jobs 为了顺利实施 Apple 公司的恢复方案，采取了"生态联盟系统战略"、"领导班子'大换血'"以及"用计算机做工具，协助填补科技与艺术之间的鸿沟"等一系列的措施。最终，Apple 公司扭亏为盈，迅速地从危机中恢复过来。2021 年，Apple 公司列 2021 年《财富》美国 500 强排行榜第 3 位。2022 年 1 月，Apple 公司市值一度突破 3 万亿美元。

为了保证企业恢复方案的有效实施，可以采取以下措施：企业可以考虑制度化企业恢复工作小组实施恢复方案的行为，确保企业恢复方案制定后能够及时有效地实施；在企业恢复方案正式实施之前，对其可行性、可操作性等进行全面的检查，最好能够选择一定的范围进行试运行，然后进行推广，切实保证企业恢复方案的有效实施；企业还需要在企业恢复方案实施之前检查方案实施的条件（主要是指人力、财力、物力、设备保障等方面）是否已经具备，避免恢复方案实施到一半后由于客观的原因而终止运行，或者是由于条件不具备而导致恢复方案失败，导致企业各种资源的浪费，给企业带来可以避免的不必要的灾难和损失，延缓企业从危机中恢复的时机，甚至给企业带来新的灾难和损失。具体而言，企业恢复的基本策略主要有：发挥能参与企业恢复的所有成员的力量、防止追究责任式的危机再次发生、及时地与企业内部成员和利益相关者进行沟通、重视危机管理的评估等。[①]

四　企业恢复工作效率的评估

企业恢复工作本身是一个较长的过程，对其评估也会影响企业恢复工作的效率，因此，对企业恢复工作进行评估也是提高企业恢复工作效率的有效途径之一。在企业危机管理的实践中应该加强对企业恢复方案实施过程的监督与反馈，定期并及时地对企业恢复方案的实施进行评估，以便及时地改进与纠偏，保证企业恢复方案的顺利实施。对企业恢

---

① 周永生编著《现代企业危机管理》，复旦大学出版社，2007，第 236~244 页；向荣、岑杰主编《企业危机管理》，电子工业出版社，2016，第 72~93 页。

复工作的有效评估包括对企业恢复方案制定、企业恢复方案实施等过程的评估，通过评估可以及时地发现企业恢复方案制定和实施过程中存在的问题，确保企业恢复方案的有效性和企业恢复方案的有效实施，从而保证企业恢复工作的效率；同时也可以对企业恢复方案制定和企业恢复方案实施过程起到监督的作用，增强企业恢复方案制定过程和企业恢复方案实施过程的有效性，从而提高企业恢复工作的效率。企业在评估企业恢复工作的时候，可以采用投入产出比（Return on Investment）、平衡积分卡（The Balanced Score Card，BSC）等方法，对企业恢复工作过程的绩效进行考评，根据考评的结果可以及时地调整、优化企业恢复工作的过程，从而保证企业恢复工作的有效性，达到提高企业恢复工作效率的目的。

第五节 机构和制度建设

制度化管理具有科学性、客观性、规范性以及稳定性等特征和优越性，因此，可以考虑制度化管理企业运用竞争情报进行危机管理的过程。第四章"华为海外行贿"风波事件、中美史克公司的 PPA 风波事件、字节跳动的"TikTok 事件"、"联想撤出中国"谣言事件以及 Apple 公司的几度沉浮事件的案例研究启示都表明，成立专门的组织机构和建立专门的制度是有效应对危机的方法。制度化管理的实质就是通过建立专门的机构和制度或者将某种行为制度化来保障某种机制或者工作模式的有效实施。根据第五章关于理论模型的影响因素分析结果，本节认为理论模型的机构和制度建设主要体现在四个方面：专门机构的成立，专门制度的建立，企业领导支持的制度化以及员工培训的制度化。

一 专门机构的成立

正如前面的研究所述，危机管理不是一年一次的行动，而是一个连续的不断输入、处理和输出的管理过程。而这个过程需要连续的环境竞争情报、对手竞争情报以及诊断、预警、沟通、评估等专门竞争情报的支持。因此，非常有必要成立专门的职能机构来负责面向危机管理过程的竞争情报工作。第五章理论模型成功实施的影响因素分析结果也表明：有 259 位调查参与者，占 70.38%，认为危机管理机构的成立是重要或很重要的。组织是两个或两个以上的人一起工作以实现一个共同目标的集合体。管理者必须设计合理的组织结构，整合不同员工在不同时间和空间的工作，协调组织中各部门和任务之间的关系，使员工明确自己的工作内容、在组织中应承担的权利和责任，有效地保证组织活动的开展，最终保证组织目标的实现。① 专门机构的成立对理论模型的成功应用具有重要的意义。一方面，通过成立专门的机构，由领导直接负责，正如中美史克公司的 PPA 风波事件那样，可以体现企业对运用竞争情报进行危机管理工作的重视，起到鼓舞士气、增强信心的作用；另一方面，在专门机构的管理和监督下，有利于各种制度和规范的制定和实施，保证理论模型的成功实施。此外，为了保证理论模型的顺利实施，企业应该成立专门的危机竞争情报委员会和动态危机管理委员会，或者至少应该设置具备此类功能的部门或机构。危机竞争情报委员会下面主要设置诊断竞争情报工作小组、预警竞争情报工作小组、预控竞争情报工作小组、沟通竞争情报工作小组、评估竞争情报工作小组以及恢复竞争情报工作小组等，负责诊断竞争情报、预警竞争情报、预控竞争情报、环境竞争情报、对手竞争情报、沟通竞争情报、评估竞争情报以及恢复竞争情报的搜集、分析和传递工作。

　　动态危机管理委员会下面又包括危机预警工作小组、危机预控工作小组、危机应对工作小组、危机沟通工作小组、危机评估工作小组和企业恢复工作小组等，主要负责危机潜伏期企业的危机诊断、危机预警、危机预控工作，危机爆发期的危机应对、危机沟通工作以及危机平复期的危机评估、企业恢复工作。在实践中，危机竞争情报和危机管理专门机构的成立往往需要受到成本的制约（特别是中小微企业），可以考虑采用由企业现有各职能部门的员工兼职的办法来解决，但至少需要一位全职的负责人，大企业可能还需要不止一位负责人。危机竞争情报和危机管理专门机构负

---

① 周三多：《管理学》，高等教育出版社，2000，第 191 页；游庆军：《海恩法则在旅行社危机管理中的应用研究》，《辽宁医学院学报》（社会科学版）2010 年第 4 期，第 19~21 页。

责人应该具备的重要素质主要有沟通技巧、激励能力、热情和好奇心等。[1] 只有具备这些素质的人员才能胜任企业的竞争情报与危机管理工作。

二　专门制度的建立

"制度"一词的定义为"在一定的历史条件下形成的政治、经济、文化等方面的体系或者要求大家共同遵守的办事规程或行动准则"。[2] 可见，为了保证理论模型应用的主要运行模式（危机潜伏期、爆发期和平复期的企业竞争情报预警模式、沟通模式以及评估模式）的顺利实施，企业应该成立专门的危机管理与竞争情报工作制度。这些制度主要包括竞争情报质量监督制度、竞争情报工作人员制度、危机诊断工作小组管理制度、危机预控工作小组管理制度、危机预警工作小组管理制度、危机应对工作小组管理制度、危机沟通工作小组管理制度、危机评估工作小组管理制度、企业恢复工作小组管理制度以及新闻发言人制度等。只有建立了这些管理制度，才能够保证企业在运用竞争情报解决危机问题的实践中做到有章可循、有据可依，才能够提高整个企业竞争情报工作过程的质量与效率，从而保证企业危机管理工作的效率，最终达到帮助企业解决危机问题的目的。例如，第四章案例研究部分的中美史克公司的 PPA 风波事件中，公司第一时间就成立了危机管理工作小组，并且明确小组"最重要的工作是确定处理危机事件的基本态度"。"基本态度"其实就是规则或制度，企业在危机潜伏期进行了全面的危机诱因分析后，制定危机应对预案时就应该将这些危机处理的基本准则制度化。应该注意的是，这些制度都应该制定成为手册或者文件，并由企业专门的部门进行宣传与落实，在运用竞争情报解决危机问题时，企业的危机管理与竞争情报机构要按制度认真执行，只有这样才能最大限度地发挥制度的效用。

---

[1]　〔美〕柯克·W. M. 泰森：《竞争情报完全指南》（第 2 版），王玉、郑逢波等译，中国人民大学出版社，2005，第 64 页；刘冰：《动态环境下企业竞争情报力研究》，科学出版社，2019，第 16~66 页。

[2]　任超奇：《新编现代汉语词典》，崇文书局，2006，第 1107 页。

三　企业领导支持的制度化

任何一项工作的实施都离不开领导的支持，同样，理论模型的应用也离不开领导的支持。在第四章的案例研究中，中美史克公司、奥克斯集团、联想集团在处理危机事件过程中都得到了领导的支持。中美史克公司在成立危机管理工作小组后，配备了强大的人员阵容，"由 10 位公司经理和主要部门的负责主管组成"，"全国各地的 50 多位经销商经理被召回天津总部"。正是因为有了领导的强有力支持，中美史克公司的危机应对措施才得到有效执行，成功地应对了此次危机事件。奥克斯集团的危机事件虽然以受处罚告终，但是在危机事件爆发的当天奥克斯发表"格力利用不正当手段诋毁同行"声明后，董事长郑建江也出来发声"欢迎监督，共同营造民族品牌质量声誉"，表明奥克斯集团的领导也是非常支持危机工作的。联想集团在谣言事件发生后，也是先后有公司的领导人员、事件当事人作为新闻发言人主动与媒体沟通，澄清事实。

机构成立后，需要寻找足够的力量来推动组织变革的"倡导者"，保证在竞争情报和危机管理工作的全过程都能得到企业领导的支持。这需要将领导支持制度化，用制度来保证领导支持的持续性。制度化（Institutionalization）是群体和组织的社会生活从一种特殊的、不固定的方式向普遍认可的固定模式的转变过程；制度化的过程是通过教育和培训，促进群体和组织成员对自身利益的认同，建立一致的价值取向，建立规范的制度，加强个人对组织的认同，将个人的个性融入组织，增强群体的凝聚力；制度化可以建立组织成员的共同价值观，规范和约束组织成员的行为。①

第四章案例研究的经验启示表明：在理论模型的实施过程中，可以吸收企业领导、业务单位层管理者中的迅速执行者来参与危机竞争情报质量的监督、危机管理各小组的制度制定与实施等环节。这样做的好处有两个方面：一是让领导熟悉运用竞争情报帮助企业解决危机问题的过程，起到

---

① 董文静：《中国社会主义协商民主制度化研究》，博士学位论文，吉林大学，2019，第 1~264 页。

把关的作用；二是让领导参与进来，可以培养领导的兴趣，增强领导的成就感，从而获得领导持续的支持，保证机制的顺利实施。

四　员工培训的制度化

"温水煮青蛙"的故事告诉我们危机意识的重要性。[①] 事实上，实践中的很多企业家也意识到了危机意识的重要性。例如，微软公司的创始人比尔·盖茨说"微软离破产只有18个月"；华为总裁任正非在事业发展的高峰之时，以"华为的冬天"来激发企业的创新热情，他说"十多年来我天天思考的都是失败，对成功视而不见，也没有什么荣誉感、自豪感，而是只有危机感"；海尔的张瑞敏"永远战战兢兢，永远如履薄冰"。

虽然企业在日常管理中就应成立危机管理小组，但是危机管理需要全体员工的参与支持。一般很多企业的大部分员工认为危机管理是领导的事情，与己无关，放松警惕，结果许多危机往往是由普通员工的疏忽引发的。因此，企业危机管理需要领导层的重视和正确的决策，也需要全体员工的理解、支持和全心全意的投入。[②] 第五章理论模型成功实施的影响因素分析结果表明：有248位调查参与者，占67.39%，认为危机教育与培训是重要或很重要的。在企业的危机管理实践中，应该加强对企业全体员工危机意识的培训，培养企业员工全员参与危机管理的意识，提高企业员工的"危机素养"，只有这样才能提高企业全体员工的危机意识，提高危机管理的效率，帮助企业预防、应对各种危机，帮助企业快速地从危机中恢复过来。企业危机管理意识培训制度可以是灵活多样的，既可以是专门的定期的培训或者是邀请专人进行讲座，也可以是企业危机管理相关部门内部的小组讨论、报告等形式，还可以是讨论组、微信、Blog、QQ群组讨论等网络形式。企业需要将危机管理意识培训制度化，以便保证危机管理意识培训的顺利进行，达到预期的目的。世界著名的波音公司的做法值得借鉴。为了加强员工的危机意识，波音公司拍摄电影模拟公司关闭，它

---

① 岳贤伦：《危机——向动物学生存的企业法则》，武汉大学出版社，2009，第14~15页。
② 李合军、李志祥：《论企业危机动态管理模式的有效建立》，《中国市场》2008年第44期，第50~51页；唐钧：《新媒体时代的应急管理与危机公关》，中国人民大学出版社，2018，第65~87页。

的主要内容是在一个天空灰暗的日子，波音公司高挂"厂房出售"横幅，收音机播放的是"今天是波音公司时代的结束，波音公司已经关闭了最后一个车间"的通知，声音震耳欲聋，员工一个接一个垂头丧气地离开了工厂……模拟电影给员工带来了巨大的冲击，波音公司员工感受到了强烈的危机感，每个人都以主人翁的心态努力工作，不断创新，这使波音公司保持了强劲的发展势头。①

---

① 奚晓阳：《现代传媒业必备素养——危机意识和机遇意识》，《新闻窗》2011年第2期，第22~23页。

第七章

研究结论与展望

本书以实证研究危机管理与竞争情报的内在关系，构建了基于危机生命周期的企业竞争情报机制理论模型及其应用的三个运行模式，以实现企业竞争情报机制的创新为目的。首先，回顾了危机生命周期理论、竞争情报理论，并对国内外相关研究现状进行了评述。其次，梳理了危机生命周期的"三阶段模型"、"Herring 竞争情报模型"、Miller 的"人员组成理论"等理论与技术基础；参考现有研究，提出了竞争情报与危机生命周期三个阶段之间关系的研究假设和研究模型，综合运用问卷调查方法和 SEM 技术检验了研究假设与研究模型；构建了基于危机生命周期的企业竞争情报机制理论模型并阐述了理论模型的功能和特征。再次，分析了危机生命周期各阶段危机的主要特征与危机管理的关键任务；对"华为海外行贿"风波事件、中美史克公司的 PPA 风波事件、Apple 公司的几度沉浮事件、2018 年的华为芯片危机事件、2019 年大娘水饺的管理危机事件、"联想撤出中国"谣言事件、格力举报奥克斯空调事件以及 2020 年字节跳动的"TikTok 事件"等众多危机事件进行了案例研究；构建了支持理论模型应用的三个运行模式，即危机潜伏期、爆发期和平复期的企业竞争情报预警、沟通和评估模式。最后，采用问卷调查法分别向专家学者和企业管理人员进行了调查，获取了理论模型影响因素的相关数据，在 SPSS 软件的支持下，对样本数据进行了因子分析，提取了理论模型的七个主要影响因素，即危机沟通及其竞争情报、危机预警及其竞争情报、潜伏期竞争情报、组织和制度、企业恢复工作、危机评估及其竞争情报、危机处理工作；结合案例研究的启示，针对这七个方面提出了理论模型的应用建议。

　　本章将对本书的一些较为重要的发现进行总结，希望能够对运用竞争情报帮助企业解决危机问题的理论与实践有所帮助；同时，本章还将对本书的局限性进行说明以明确本书的适用范围，对后续研究进行展望以便早日实现对本书的进一步完善。

第一节　研究结论与贡献

　　在基于危机生命周期的企业竞争情报机制研究过程中，为了对研究进行定位，笔者对国内外运用竞争情报帮助企业解决危机问题的相关研究进行了文献调查，发现了一些问题；在第三章构建理论模型和第四章构建理论模型应用的三个主要运行模式的过程中，笔者采用案例研究和问卷调查的方法以保证理论模型及其实施的运行模式的信度，获得了一些研究发现；在理论模型的主要影响因素分析过程中，笔者采用问卷调查法，结合因子分析数理统计方法提炼了理论模型的主要影响因素，也获得了一些研究发现。本节将从主要结论与贡献两个方面对这些研究发现进行总结与归纳。

一　主要结论

　　本书的主要结论如下。

　　（1）从危机生命周期理论视角研究企业竞争情报机制是非常有必要且具有重要意义的。现有研究尚未系统地研究危机生命周期与企业竞争情报之间内在的关系；将危机管理过程和竞争情报过程相结合的研究还非常少；缺乏运用竞争情报解决企业危机问题的理论模型和可操作性强的方案；竞争情报在危机管理领域应用的实证研究还不够系统等。因此，从危机生命周期理论视角研究企业竞争情报机制是非常有必要且具有重要意义的。

　　（2）企业危机管理的范围有两部分：危机涉及的各种企业经营活动和危机尚未涉及的各种经营活动。企业危机管理不仅需要帮助危机涉及的各种经营活动渡过难关，早日从危机中恢复过来；还需要关注危机尚未涉及的经营活动，使其避免遭受危机的影响，保证企业的正常运作。

（3）构建理论模型及其应用的运行模式时，应该注意企业的动态竞争环境。动态竞争也是导致企业危机的原因之一，因此在研究理论模型及其应用的运行模式时，需要考虑企业的动态竞争问题，将运用竞争情报帮助企业解决危机问题置于动态竞争环境中来进行研究。

（4）危机管理的最终目的是尽可能地避免一切可以避免的危机，将不可避免的危机给企业带来的影响和损失降到最低。避免一切可以避免的危机是危机潜伏期的关键任务，而将不可避免的危机给企业带来的影响和损失降到最低是危机爆发期、危机平复期的关键任务，在危机潜伏期、爆发期以及平复期的危机管理预案、行动方案制定过程中应该牢记这个原则。

（5）危机管理机构的成立是企业危机管理的关键。回顾 Apple 公司的危机事件，可以发现 Apple 公司缺乏一个专门的危机管理团队来发现并及时解决公司的危机问题。设立专门的危机管理委员会，并根据公司的具体需要设置不同的危机管理工作小组，是危机工作开展的组织基础；只有设置了专门的危机管理部门，才能够保证危机潜伏期危机预警、危机诊断、危机预控，危机爆发期的危机应对与危机沟通以及平复期的危机评估与企业恢复工作的正常、有序地进行，才能够从根本上保证企业危机管理工作的绩效。中美史克公司的 PPA 风波事件、2019 年格力举报奥克斯空调事件等危机案例的研究结果也告诉我们，专门危机管理机构设置的重要性。

（6）需要注意企业个体的差异性。根据具体问题具体分析的原则，在危机诱因分析的时候应该根据企业的具体情况对诱因的级别进行划分；进行潜在危机和危机征兆监测时，应该注意企业个案的差别，关注对企业而言起主要作用的危机诱因。例如，中美史克在设置危机管理小组的时候，就根据企业的个性特征设置了负责药品开发的市场小组和负责药品生产管理的生产小组。Apple 公司在危机发生后，凭借及时的危机评估、有效的企业恢复战略，在社会心理恢复、企业形象重塑以及市场份额的重新占领等方面取得了成功，但应该注意 Apple 公司可以采用管理机制改革、领导班子的"大换血"、消减绩效不高的产品、以设计取胜，别的企业并不一定适合。

（7）竞争情报系统（CIS）或平台的支持，更有助于企业处理危机问题。从华为海外行贿危机可以看出，危机诱因分析的全面性很重要，华为将国内网站的环境竞争情报作为监测的对象，但国外的环境竞争情报监测工作就做得不理想，因而在国外出现了潜在危机信号时没有监测到，使企业错过了最佳的时间来对该危机事件进行预防与预控。CIS 或平台在企业危机爆发期能够为企业的各种经营决策和危机决策提供环境竞争情报、对手竞争情报和危机竞争情报的支持，使企业的各项决策能够更加快速、准确，更好地帮助企业进行危机处理和危机沟通工作。同样，在中美史克公司的 PPA 风波事件和 2020 年字节跳动的"TikTok 事件"分析中，笔者也发现如果中美史克公司有 CIS 或平台的支持，应该能够更早地发现潜在的危机，更早地做好危机预防策略，避免随着危机的爆发而成为媒体和公众关注的焦点。

（8）应该设置竞争情报质量监督制度，保证预警、沟通、评估竞争情报的质量。与以往的竞争情报工作相比，危机潜伏期、爆发期和平复期的竞争情报工作对及时性、正确性和可靠性要求更高，因为错误的竞争情报不但不能够帮助企业进行危机识别、危机预警、危机应对、危机评估等，反而可能会由于错误的决策刺激危机的爆发，起到适得其反的作用，因而设置竞争情报质量监督制度，保障竞争情报的质量很有必要。

（9）基于危机生命周期的企业竞争情报机制理论模型实施的主要影响因素有 7 个。本书通过面向企业管理人员和专家学者的问卷调查获取相关数据，采用因子分析法提炼了理论模型的 7 个主要影响因素：危机沟通及其竞争情报、危机预警及其竞争情报、潜伏期竞争情报、组织和制度、企业恢复工作、危机评估及其竞争情报、危机处理工作。

二　主要贡献

本书的主要贡献如下。

（1）构建了基于危机生命周期的企业竞争情报机制理论模型。本书在回顾竞争情报理论、危机生命周期理论和评述国内外相关研究现状的基础上，对理论模型的基础理论与技术进行分析，提出了竞争情报与危机管理关系的研究假设，运用问卷调查法获取相关数据对研究假设进行了检验，构建了理论模型，可以为企业运用竞争情报解决危机问题的实践提供理论指导；同时，由于模式具有可操作性，是连接理论与实践的桥梁，是管理学领域最佳实践的体现，本书还在该理论模型和案例研究的基础上，设计了三个支持理论模型应用的运行模式。

（2）构建了危机潜伏期的企业竞争情报预警模式。本书在分析危机潜伏期危机管理的主要特征和危机处理行动的关键任务基础上，采用案例研究法对"华为海外行贿"风波事件、2019年"联想撤出中国"谣言事件、2020年字节跳动的"TikTok事件"进行分析，构建了危机潜伏期的企业竞争情报预警模式，可以为处于危机潜伏期的企业运用竞争情报解决危机预警、危机诊断以及危机预控等问题的实践提供理论的指导。

（3）构建了危机爆发期的企业竞争情报沟通模式。本书在分析危机爆发期危机管理的主要特征和危机处理行动的关键任务基础上，采用案例研究法对中美史克公司的PPA风波事件、2019年格力举报奥克斯空调事件、2020年海底捞涨价道歉事件进行分析，构建了危机爆发期的企业竞争情报沟通模式，可以为处于危机爆发期的企业运用竞争情报解决危机应对、危机沟通等问题的实践提供理论的指导。

（4）构建了危机平复期的企业竞争情报评估模式。本书在分析危机平复期危机管理的主要特征和危机处理行动的关键任务基础上，采用案例研究法对Apple公司的几度沉浮事件、2018年华为芯片危机事件、2019年大娘水饺的管理危机事件进行分析，构建了危机平复期的企业竞争情报评估模式，可以为处于危机平复期的企业运用竞争情报解决危机评估、企业恢复管理等问题的实践提供理论的指导。

（5）提取了理论模型的7个主要影响因素。本书采用问卷调查的研究方法，面向企业管理人员和竞争情报、危机管理领域的专家学者进行调查，获取了理论模型影响因素的相关数据，利用SPSS数据分析软件，采用因子分析方法提炼了理论模型的7个主要影响因素，可以为提出理论模型的应用建议提供支持。

第二节 研究局限与展望

在基于危机生命周期的企业竞争情报机制理论模型研究的过程中，笔者发现虽然国内外关于危机生命周期和竞争情报的研究较为成熟，但是关于运用竞争情报帮助企业解决危机问题的相关研究、将危机生命周期和竞争情报相结合的研究还非常少、不够成熟，是一个大有可为的研究领域。另外，由于受到个人观点、研究经费以及时间的影响，虽然本书取得了一些研究成果，但是也存在一些局限。本节将对这些研究局限进行总结，以便在研究结论的应用过程中有针对性地进行修正，取得良好的应用效果；同时，本节也将针对这些局限，对后续研究进行展望，希望能够为后续研究提供参考。

一　研究局限

本书存在的局限性主要有四点。

（1）本书构建的理论模型效度尚需进一步检验和提高。虽然本书试图以较为成熟的危机生命周期理论、竞争情报理论为基础，在分析理论模型的主要理论与技术基础上，提出了竞争情报与危机管理内在关系的研究假设和研究模型；运用问卷调查法获取样本数据，采用结构方程模型（SEM）技术对研究假设和研究模型进行了检验；在此基础上构建了理论模型，在一定程度上保证了理论模型的信度。但是由于将危机生命周期和竞争情报相结合的研究尚属于不成熟的领域，直接相关的理论研究尚处于探索阶段，理论模型效度的进一步检验受到条件的限制，需要等条件成熟后再进一步检验。此外，由于样本数据大多来自国内企业管理人员（部分为专家）、案例大多为中国企业，本书构建的理论模型可能更适用于国内的企业。

（2）本书构建的理论模型应用的三个主要运行模式（危机潜伏期、爆发期和平复期的企业竞争情报预警模式、沟通模式和评估模式）的效度有待进一步检验。本书分析了危机生命周期各阶段的关键任务，对危机事件进行了多案例研究，构建了危机潜伏期、爆发期和平复期最主要的运行模式，在一定程度上保证了对所构建模式的信度。但是模式的效度还有待检验，特别是针对不同企业类型、不同危机类型等更为复杂条件下的检验有待进一步研究。

（3）问卷调查存在一定的局限性。理论模型的影响因素调查问卷源于实践，是在分析运用竞争情报解决危机问题的案例的基础上，参考国内外学者的相关研究，咨询竞争情报和危机管理领域的专家后自行设计的。虽然本书尽最大努力保证了调查问卷的代表性，但是由于笔者竞争情报实践经验还不够丰富，对于一些问题的把握可能还存在不到位的地方，如理论模型的影响因素考虑可能还不够全面。另外，收集企业样本数据时，本书做到了尽量兼顾企业样本的地理位置、行业、发展阶段等；收集专家样本数据时，注意了专家样本的层次性。在开展因子分析和路径分析之前，对样本数据进行描述性统计分析，结果表明，样本数据适合做进一步的因子分析和路径分析。但是由于受到疫情等因素的限制，调查样本的代表性尚存在可以提升的空间，这些问题有待后续研究加以解决。

（4）所构建的运行模式的全面性存在一定的局限性。本书仅仅是针对危机生命周期各阶段的关键任务构建了预警、沟通和评估三个企业竞争情报模式，危机生命周期各阶段更多的企业竞争情报模式设计有待理论和实践条件更为成熟时进一步研究。

二　研究展望

针对以上提到的本书的局限性，笔者认为后续研究可以考虑从以下几个方面入手，以便完善这项研究。

（1）基于危机生命周期的企业竞争情报机制理论模型的进一步完善。在理论和实践条件成熟时，可以进一步修正理论模型，并对修正后的理论模型的信度和效度进行检验，以便充分发挥理论模型的作用和功能，更有效地指导企业运用竞争情报解决危机问题的实践，进一步地提高企业竞争情报工作和危机管理工作的效率。

（2）进一步检验本书构建的理论模型应用的三个运行模式的效度。后续研究可以在考虑不同企业类型、不同危机类型等复杂条件下，采用多案例研究等方法，对这三个模式的效度进一步检验，以便充分发挥这些模式在危机生命周期各阶段所起到的作用，更为有效地指导危机生命周期各阶段的危机管理工作。此外，后续研究还可以采用沙盘演练等仿真手段，对一个完整的危机事件进行系统的应用，以检验理论模型及其运行模式的实际应用效果。

（3）进一步扩大样本，分企业样本和专家样本进行统计分析。后续研究可以考虑进一步扩大样本，分别就企业样本和专家样本进行统计分析，研究不同样本对理论模型主要影响因素提取的影响，发现不同样本的差异性所带来的影响，在理论模型的实施过程中应该注意哪些问题，等等。

（4）进一步完善危机生命周期各阶段其他竞争情报模式的构建。后续研究可以考虑构建危机生命周期各阶段的其他竞争情报模式，如危机潜伏期的企业竞争情报诊断模式、企业竞争情报预控模式，危机爆发期的企业竞争情报应对模式、企业竞争情报公关模式以及危机平复期的企业竞争情报恢复模式等。另外，还可以根据危机的不同类型，设计基于经济危机的企业竞争情报模式、基于人才危机的企业竞争情报模式等。

参考文献

中文文献

《奥克斯最新回应：被举报产品在市场监管总局抽检合格》，https：//finance. sina. com. cn/roll/2019-06-12/doc-ihvhiews8329888. shtml，最后访问日期：2021 年 10 月 24 日。

白冰、李登道：《企业竞争情报服务信息平台实现模式研究》，《情报理论与实践》2010 年第 4 期。

包昌火、金学慧等：《论中国情报学学科体系的构建》，《情报杂志》2018 年第 10 期。

包昌火、谢新洲主编《竞争情报与企业竞争力》，华夏出版社，2001。

包昌火、谢新洲主编《企业竞争情报系统》，华夏出版社，2002。

毕振力、李纲：《企业集团竞争情报组织模式：一种混合型结构》，《情报杂志》2008 年第 6 期。

边慧敏、廖宏斌：《领导干部应对重大突发事件动态能力模型探析——基于危机周期理论的分析视角》，《西华大学学报》（哲学社会科学版）2020 年第 5 期。

查先进、陈明红、杨凤：《竞争情报与企业危机管理》，武汉大学出版社，2010。

陈春花、尹俊等：《企业家如何应对环境不确定性？基于任正非采访实录的分析》，《管理学报》2020 年第 8 期。

陈峰：《产业竞争情报视角的国外风电装备制造标杆企业"走出去"的方法及启示》，《情报杂志》2016 年第 1 期。

陈峰：《产业竞争情报用户需求识别方法》，《情报科学》2014 年第 4 期。

陈峰：《竞争情报概念及相关因素分析》，《图书情报知识》2003 年第 1 期。

陈峰：《竞争情报推动产业创新发展的案例分析》，《情报杂志》2020 年第 8 期。

陈峰：《论国家关键核心技术竞争情报》，《情报杂志》2019 年第 11 期。

陈峰、赵筱媛、郑彦宁：《产业竞争情报研究内容体系的框定方法》，《情报学报》2009 年第 2 期。

陈海亮：《质量管理体系增加产品安全管理过程的研究》，硕士学位论文，同济大学，2006。

陈君：《潍坊供电公司自然灾害应急管理研究——基于危机生命周期理论视角的分析》，硕士学位论文，广西师范大学，2015。

陈强、吴金红、张玉峰：《大数据时代基于众包的竞争情报运行机制研究》，《情报杂志》2013 年第 8 期。

陈思、赵宇翔、朱庆华：《基于技术链的产业技术竞争情报服务模式探析》，《情报理论与实践》2020 年第 5 期。

陈飏、薛刚：《商业竞争情报实务》，经济日报出版社，2011。

陈维军：《基于竞争情报团队的组织决策及学习机制研究》，《情报理论与实践》2010 年第 3 期。

陈晓梅：《竞争情报及其在中国的发展与应用》，硕士学位论文，中国海洋大学，2003。

成志强：《面向企业危机预警的反竞争情报模型研究》，硕士学位论文，辽宁师范大学，2017。

《大娘水饺与 CVC 不断激化的矛盾，受害者却是它！》，https：//baijiahao. baidu. com/s？ id = 1622966757182976243&wfr = spider&for = pc，最后访问日期：2021 年 11 月 1 日。

〔美〕道格拉斯·C. 诺思：《经济史上的结构和变革》，厉以平译，商务印书馆，1992。

邓珞华：《词频分析——一种新的情报分析研究方法》，《大学图书馆通讯》1988 年第 2 期。

丁晓蔚、苏新宁：《金融情报学：情报学的重要分支学科》，《情报学报》2020 年第 2 期。

董传仪、葛艳华：《危机管理经典案例评析》，中国传媒大学出版社，2009。

董传仪：《危机管理学》，中国传媒大学出版社，2007。

董文静：《中国社会主义协商民主制度化研究》，博士学位论文，吉林大学，2019。

杜惠清：《中药企业，从机会主义中崛起》，《经济》2008 年第 8 期。

樊丽、陈友玲：《企业危机生命周期管理》，《工业工程与管理》2004 年第 6 期。

费佳：《基于竞争情报要素的图书馆安全风险预警管理模式研究》，《新世纪图书馆》2021 年第 6 期。

冯永财：《提高企业竞争力的重要因素—竞争情报问题研究》，硕士学位论文，西安科技大学，2005。

奉国和、孙国永：《网络环境下竞争情报在企业危机管理中的应用研究》，《情报探索》2012 年第 1 期。

付婷婷：《面向突发事件的国家竞争情报体系研究》，《图书情报知识》2010 年第 6 期。

甘露：《论外资公司的企业文化在危机管理中的体现——以 3 家机械行业的外资企业为例》，《企业科技与发展》2019 年第 5 期。

《"格力大战奥克斯"后续来了！奥克斯被责令改正并罚十万元》，https：//www.sohu.com/a/387114444_ 161795，最后访问日期：2022 年 4 月 28 日。

《格力电器：将不限量购买奥克斯空调进行检测》，http：//www.chinanews.com/cj/2019/06-12/8862964.shtml，最后访问日期：2022 年 4 月 28 日。

耿人健：《商业情报工作是不是间谍?》，《竞争情报》2015 年第 2 期。

龚花萍、高洪新：《基于领域本体模型的情景分析法在中小企业竞争情报中的应用研究》,《情报科学》2017 年第 10 期。

龚花萍、高洪新、孙晓:《基于竞争情报的企业危机公关管理体系评价研究》,《现代情报》2016 年第 5 期。

龚花萍、孙晓:《基于竞争情报的企业危机公关管理体系研究》,《情报杂志》2014 年第 10 期。

龚平:《网络传播环境下企业危机管理研究》,硕士学位论文,华中科技大学,2008。

龚学胜主编《当代汉语词典》(国际华语版),商务印书馆,2008。

顾丛丛:《乡镇政府公共危机管理存在的问题与对策研究》,硕士学位论文,山东大学,2011。

关晓红、郭晓宇:《企业危机预警中的竞争情报监测》,《中国信息导报》2003 年第 7 期。

官思发、李宗洁:《美国竞争情报系统研究及对我国的启示》,《图书情报工作》2015 年第 4 期。

郭际、李南、白奕欣:《基于生命周期理论的企业危机管理动态分析》,《科学学与科学技术管理》2006 年第 7 期。

郭思月、魏玉梅等:《基于专利引用的技术竞争情报分析:以 5G 关键技术为例》,《情报理论与实践》2019 年第 12 期。

郭小芳、王克平等:《大数据环境下新创企业竞争情报预警研究》,《情报科学》2020 年第 6 期。

郭宇、张传洋等:《危机管理视角下突发事件舆情主题演化与治理分析》,《图书情报工作》2022 年第 8 期。

《海底捞涨价道歉事件始末》,https://baijiahao.baidu.com/s?id=1702191913370105877&wfr=spider&for=pc,最后访问日期:2021 年 10 月 25 日。

《海底捞就涨价道歉怎么回事?事情始末原来是这样…》,http://it.szonline.net/hot/20200411/20200449822.html,最后访问日期:2021 年 10 月 25 日。

韩立新、霍江河:《"蝴蝶效应"与网络舆论生成机制》,《当代传播》2008 年第 6 期。

何维达、郑世林、王慎蓉：《基于公司治理理论的企业危机管理研究》，《商业经济与管理》2007年第7期。

何旭东、许敏：《华为真的在海外行贿了吗？》，《IT时代周刊》2005年第15期。

黑海的海魂衫：《中国联想：一旦关税有变，我们就将生产线搬出中国》，https：//user. guancha. cn/main/content？ id＝119651&s＝fwzxfbbt，最后访问日期：2021年10月11日。

侯杰泰、温忠麟、成子娟：《结构方程模型及其应用》，教育科学出版社，2004。

胡小平：《基于CBR的Web式公共危机预警系统研究》，硕士学位论文，西安科技大学，2010。

胡子飞：《基于"巨能钙"事件的危机管理研究》，硕士学位论文，西南交通大学，2005。

《华为芯片被禁事件的始末梳理与个人分析》，https：//baijiahao. baidu. com/s？ id＝1681069503751631010&wf r＝spider&for＝pc，最后访问日期：2021年10月30日。

化柏林、李广建：《大数据环境下的多源融合型竞争情报研究》，《情报理论与实践》2015年第4期。

黄冠胜、林伟等：《风险预警系统的一般理论研究》，《中国标准化》2006年第3期。

黄晓斌、何碧妍：《基于虚拟会展的企业竞争情报分析》，《情报理论与实践》2015年第5期。

黄晓斌、刘林青：《移动电子商务对企业竞争情报的影响》，《情报理论与实践》2014年第3期。

黄晓斌、钟辉新：《大数据时代企业竞争情报研究的创新与发展》，《图书与情报》2012年第6期。

姜华山、CFP：《俏江南、大娘水饺"引狼入室"》，《企业观察家》2016年第8期。

蒋恺：《基于知识关联的金融竞争情报保障模式研究》，《情报科学》2022年第3期。

焦瑜净：《浅谈竞争情报在企业危机管理中的应用》，《图书情报工作》2007年第8期。

金小璞、毕新：《基于结构方程的移动图书馆用户体验满意度模型研究》，《情报科学》2017年第11期。

金小璞、毕新：《基于用户体验的移动图书馆服务质量影响因素分析》，《情报理论与实践》2016年第6期。

康捷：《应用于企业危机公关中的竞争情报研究》，硕士学位论文，河北大学，2010。

柯健、李欣、许鑫：《国外竞争情报实践进展及启示》，《情报理论与实践》2021年第10期。

〔美〕柯克·W.M.泰森：《竞争情报完全指南》（第2版），王玉、郑逢波等译，中国人民大学出版社，2005。

李宝虹、杨雨朦：《大数据背景下企业竞争情报人员激励机制研究》，《情报科学》2017年第8期。

李川、朱学芳、方志耕：《竞争情报动态干扰因素系统动力学仿真模型研究》，《情报理论与实践》2021年第6期。

李纲、王庆：《基于竞争情报的企业危机管理》，《中国图书馆学报》2004年第6期。

李纲、叶光辉：《ShareNet情景下的竞争情报组织模型研究》，《情报理论与实践》2014年第4期。

李国秋、吕斌编著《企业竞争情报理论与实践》，清华大学出版社，2011。

李国秋、吕斌：《我国竞争情报发展模式的路径选择——政府推动下的政府、企业与中介三位一体互动与融合模式》，《图书情报知识》2006年第3期。

李合军、李志祥：《论企业危机动态管理模式的有效建立》，《中国市场》2008年第44期。

李贺、沈旺、国佳：《基于竞争情报的企业市场危机预警系统构建研究》，《情报科学》2009年第10期。

李霁友、曹如中：《企业人际情报网络研究：形成机理、分析框架和模式选择》，《情报杂志》2019 年第 4 期。

李杰、周霞：《竞争情报视阈下企业商业模式竞争优势研究——以典型共享单车企业为例》，《情报杂志》2022 年第 4 期。

李敏：《公共图书馆危机管理及策略》，《农业图书情报学刊》2009 年第 8 期。

李明、贺伟、丁本洲：《基于 S2B 模式的小微企业竞争情报多元协同供给机制研究》，《情报科学》2018 年第 12 期。

李钊、黄晓斌、陈劲松：《日本专利局支撑产业竞争的专利分析公共服务经验及其启示》，《情报工程》2021 年第 1 期。

《联想是谁》，https：//brand. lenovo. com. cn/about/indroduction. html，最后访问日期：2021 年 10 月 11 日。

梁娟红、郭德：《企业人力资源竞争情报影响因素研究》，《情报杂志》2008 年第 10 期。

林冰：《市场营销为视角探究企业危机管理手段》，《赤峰学院学报》（汉文哲学社会科学版）2017 年第 7 期。

林立强、陈守明：《中西比较视域下的中国企业史管理学范式研究》，《东南学术》2020 年第 1 期。

刘冰：《动态环境下企业竞争情报力研究》，科学出版社，2019。

刘丹：《基于企业危机生命周期的竞争情报工作》，《农业图书情报学刊》2018 年第 1 期。

刘杰：《对建立以项目为基础的竞争情报机制的思考》，《情报科学》2001 年第 3 期。

刘杰：《公安情报分析人员绩效评估体系研究》，硕士学位论文，中国人民公安大学，2020。

刘庆红：《中国环保物联网专利发展动态专利情报研究》，《情报科学》2016 年第 8 期。

刘秋婷、张鹏杨、李婧：《基于危机生命周期的旅游业疫情危机演化及应对》，《乐山师范学院学报》2021 年第 6 期。

刘若昕：《基于危机生命周期理论的直销企业危机管理模式研究》，硕士学位论文，河北经贸大学，2020。

刘雪芹、张春玲、吴红霞:《基于竞争情报的企业危机信息综合管理研究》,《现代情报》2011 年第 11 期。

刘兹恒、潘梅:《图书馆危机管理的基本概念及内容》,《图书与情报》2007 年第 2 期。

陆岷峰、张兰:《构建多元化中小企业融资模式的战略思考》,《企业研究》2010 年第 7 期。

陆拥俊、江若尘:《中国企业寿命与经济可持续发展问题的研究——基于 2016〈财富〉世界 500 强的数据》,《管理现代化》2016 年第 6 期。

吕光远:《关于情报学起源与发展阶段研究综述》,《佳木斯教育学院学报》2013 年第 8 期。

吕燕、朱慧:《管理定量分析》,上海人民出版社,2007。

罗冰清:《旅游危机生命周期初探》,《西昌学院学报》(自然科学版)2006 年第 9 期。

〔美〕罗伯特·希斯:《危机管理》,王成、宋炳辉、金瑛译,中信出版社,2001。

罗金增:《论图书馆学情报学研究中的模型方法》,《图书情报工作》2008 年第 12 期。

马费成:《情报学发展的历史回顾及前沿课题》,《图书情报知识》2013 年第 2 期。

马费成、宋恩梅、张勤:《IRM——KM 范式与情报学发展研究》,武汉大学出版社,2008。

马林山、赵庆峰:《大数据时代企业竞争情报运行保障机制建设研究》,《现代情报》2015 年第 7 期。

《马上评 | 格力举报奥克斯:查清事实比猜"动机"更重要》,https://www. thepaper. cn/newsDetail_ forward_ 3650632,最后访问日期:2022 年 4 月 28 日。

马文飞、刘凡儒等:《应急管理视角下图书馆韧性评估研究》,《图书馆学刊》2021 年第 10 期。

毛华斌:《危机事件应急预案制定原则分析》,硕士学位论文,天津大学,2006。

毛军：《博弈论和企业竞争情报》，《情报理论与实践》1999 年第4 期。

《孟晚舟归国同日，华为拿下三个中国企业第一名》，https：//www. thepaper. cn/newsDetail_ forward_ 14665731，最后访问日期：2021 年10 月31 日。

明宇、司虎克：《阿迪达斯体育专利研发的竞争情报分析》，《山东体育科技》2014 年第2 期。

缪其浩：《国家竞争情报眼下怎么做》，《图书情报工作》2009 年第6 期。

缪其浩主编《市场竞争和竞争情报》，军事医学科学出版社，1996。

莫海燕：《不知道也为过——2005 企业危机管理现状调查》，《职业》2005 年第8 期。

〔美〕尼古拉斯·亨利：《公共行政与公共事务》（第8 版），张昕等译，中国人民大学出版社，2002。

彭靖里、刘建中、王洪林：《论竞争情报在企业品牌管理中的应用及其案例》，《现代情报》2005 年第12 期。

彭靖里、宋林清等：《论投资项目可行性研究中的竞争情报分析》，《情报理论与实践》2003 年第6 期。

彭靖里、杨斯迈等：《海峡两岸竞争情报教育发展现状及其比较分析》，《情报杂志》2008 年第3 期。

彭靖里、杨斯迈、邓艺：《应用定标比超进行竞争情报研究的进展与趋势》，《情报理论与实践》2005 年第1 期。

彭靖里、周勇胜等：《基于竞争情报的危机预警体系构建及其应用研究》，《情报理论与实践》2009 年第6 期。

《苹果成为2021 年美国最赚钱公司》，https：//m. gmw. cn/baijia/2021-06/02/1302335837. html，最后访问日期：2021 年6 月18 日。

秦铁辉、刘宇：《试论知识管理和竞争情报共用技术平台的构建》，《现代图书情报技术》2006 年第10 期。

邱皓政：《量化研究与统计分析——SPSS（PASW）数据分析范例解析》，重庆大学出版社，2013。

邱均平、段宇锋：《论知识管理与竞争情报》，《图书情报工作》2000年第 4 期。

邱均平、余厚强：《探究 URL 共现分析作为商业竞争情报研究的新方法》，《情报杂志》2014 年第 6 期。

《全球 APP 报告发布，疫情和国际形势影响巨大》，https：//guba. sina. com. cn/? bid = 9904&s = thread&tid = 3130，最后访问日期：2021 年 10 月 18 日。

任超奇：《新编现代汉语词典》，崇文书局，2006。

任妍：《基于文本分析的我国竞争情报学科人才培养现状及对策研究》，《情报杂志》2020 年第 8 期。

沙勇忠、罗吉：《危机管理中网络媒体角色的三种分析模型》，《兰州大学学报》（社会科学版）2009 年第 2 期。

单业才：《企业危机管理与媒体应对》，清华大学出版社，2007。

佘朋伟：《民营企业人力资源危机管理研究》，硕士学位论文，华北电力大学（北京），2010。

沈固朝等编著《竞争情报的理论与实践》，科学出版社，2008。

沈固朝：《国外企业的竞争情报源及其搜集方法》，《情报杂志》1996 年第 1 期。

慎金花、杨锋：《专利地图的竞争情报功能研究》，《图书情报工作》2010 年第 8 期。

施冬健：《竞争情报产业化理论探析》，《情报杂志》2006 年第 1 期。

石安雄：《机械制造企业竞争情报网络系统研究与应用》，硕士学位论文，重庆大学，2007。

石进、苗杰：《情报博弈理论研究》，《情报杂志》2019 年第 12 期。

史尚元、糜凯：《竞争情报在企业危机预警中的应用》，《情报科学》2008 年第 2 期。

《市场监管总局：高度关注格力电器实名举报奥克斯事件》，https：// tech. sina. com. cn/it/2019-06-10/doc-ihvhiqay4768031. shtml，最后访问日期：2022 年 4 月 28 日。

《孰是孰非？格力举报奥克斯空调不合格》，《消费者报道》2019 年第 4 期。

　　宋新平、吕国栋等：《大数据下中小企业竞争情报网络信息源使用行为研究》，《现代情报》2021 年第 1 期。

　　宋新平、梅强、王秀红：《基于 CAS 与动态竞争优势集成理论的中小企业竞争情报系统》，《情报理论与实践》2010 年第 2 期。

　　宋新平、杨阳、李保珍：《市场营销员工参与市场营销竞争情报现状调查——Web 2.0 下全员情报模式视角》，《情报理论与实践》2016 年第 3 期。

　　宋志刚、谢蕾蕾、何旭洪：《SPSS 16 实用教程》，人民邮电出版社，2008。

　　苏航：《基于竞争情报的化工企业风险预警体系研究》，硕士学位论文，青岛科技大学，2020。

　　苏瑞竹：《竞争情报定义浅析》，《津图学刊》1999 年第 2 期。

　　孙白朋：《基于危机生命周期的高新技术企业反竞争情报机制研究》，硕士学位论文，江西财经大学，2021。

　　孙多勇、朱桂菊、李江：《危机管理导论》，国防科技大学出版社，2018。

　　孙根年：《论旅游危机的生命周期与后评价研究》，《人文地理》2008 年第 1 期。

　　孙励：《反竞争情报的博弈论分析》，《情报理论与实践》2003 年第 5 期。

　　孙朦：《乔布斯给世人留下了什么》，中国三峡出版社，2012。

　　孙晓：《基于竞争情报的企业危机公关管理体系构建与评价研究》，硕士学位论文，南昌大学，2015。

　　《TikTok 美国用户规模有望在 2021 年突破 5000 万人》，https: // baijiahao. baidu. com/s？id = 1659934392511407939&wfr = spider&for = pc，最后访问日期：2021 年 10 月 18 日。

　　《TikTok 事件时间线梳理　是逆风翻盘还是顺风转舵？》，https: // www. ebrun. com/20200918/402768. shtml，最后访问日期：2021 年 10 月 20 日。

　　谭利娜：《品牌危机管理的竞争情报分析》，《情报杂志》2011 年第

S1 期。

汤志伟、彭志华、张会平：《公共危机中网络新闻可信度影响因素的结构方程模型研究》，《情报杂志》2010 年第 4 期。

唐钧：《新媒体时代的应急管理与危机公关》，中国人民大学出版社，2018。

唐晓波、郑杜、谭明亮：《融合情报方法论与人工智能技术的企业竞争情报系统模型构建》，《情报科学》2019 年第 7 期。

唐雪松、郭立红、陈长喜：《基于案例推理方法在态势分析中的应用研究》，《计算机测量与控制》2006 年第 12 期。

田玉来、于翠华：《对企业危机管理的思考》，《理论观察》2006 年第 3 期。

汪满容、刘桂锋、孙华平：《基于专利地图的全球大数据技术竞争态势研究》，《现代情报》2017 年第 1 期。

王德胜：《企业危机预警管理模式研究》，山东人民出版社，2010。

王慧：《基于危机生命周期理论的企业危机管理策略探讨》，《企业经济》2009 年第 10 期。

王克平、车尧、葛敬民：《论企业危机预警竞争情报的收集》，《情报科学》2014 年第 12 期。

王克平等：《韩国创新型中小企业竞争情报服务体系研究》，《现代情报》2014 年第 7 期。

王克平、冯晓娜、刘新燕：《竞争情报与企业危机预警》，《情报科学》2012 年第 3 期。

王克平：《基于危机生命周期的情报保障探析》，《情报理论与实践》2009 年第 2 期。

王克平、王艺、车尧：《基于大数据思维的小微企业竞争情报预警机制仿真研究》，《情报理论与实践》2022 年第 2 期。

王娜、夏佩福、王华华：《面向企业危机管理的竞争情报工作研究》，《图书情报工作》2009 年第 6 期。

王若梅：《试析制定高等教育人才培养战略规划的理论依据》，《陕西理工学院学报》（社会科学版）2010 年第 4 期。

王沙骋、张慧军、赵澄谋：《军事竞争情报与企业竞争情报的互动与融合》，《情报科学》2006 年第 11 期。

王沙骋、赵澄谋：《军事竞争情报漫谈》，《中国军转民》2005 年第12 期。

王晓慧、成志强等：《基于反竞争情报的企业危机预警系统研究》，《情报杂志》2016 年第 7 期。

王晓慧：《基于内部供应链的企业竞争情报分析模型及实施方法研究》，《情报学报》2014 年第 2 期。

王晓慧、李倩：《基于三螺旋理论的区域政府、产业、科研机构竞争情报协作模式研究》，《竞争情报》2021 年第 2 期。

王艺、王克平、车尧：《基于大数据思维的小微企业风险识别与竞争情报预警机制研究》，《情报杂志》2022 年第 2 期。

王毅辉：《烟草企业危机管理研究初探》，《中国烟草学报》2012 年第 3 期。

王知津、陈婧等：《企业竞争情报作战室功能设计与实例分析》，《情报杂志》2010 年第 9 期。

王知津、陈维军：《电子商务环境下企业竞争情报与反竞争情报的整合机制》，《图书馆工作与研究》2008 年第 9 期。

王知津、陈维军：《论竞争情报的理论来源》，《图书情报工作》2007 年第 7 期。

王知津：《大数据时代情报学和情报工作的"变"与"不变"》，《情报理论与实践》2019 年第 7 期。

王知津、范淑杰、卞丹：《企业危机公关中的竞争情报实施方案》，《图书馆工作与研究》2010 年第 5 期。

王知津、刘冰等：《我国企业竞争情报作战室构建影响因素实证研究》，《情报科学》2010 年第 2 期。

王知津、宋正凯：《品牌危机中的竞争情报》，《情报理论与实践》2006 年第 3 期。

王知津、孙晓绯：《反竞争情报中的情报泄露与保护》，《竞争情报》2006 年第 2 期。

王知津、徐芳:《我国社会科学情报理论研究的进展与趋势——〈情报资料工作〉实例研究》,《情报资料工作》2008 年第 6 期。

王知津、徐日明:《面向企业危机预警的竞争情报运行机制研究》,《情报探索》2008 年第 9 期。

王知津、张收棉等:《基于战争游戏法的企业竞争情报作战室运行机制研究》,《情报学报》2010 年第 3 期。

王知津、张收棉:《论竞争情报的准军事特征》,《情报理论与实践》2008 年第 5 期。

王知津、张收棉:《企业竞争情报研究的有力工具——价值链分析法》,《情报理论与实践》2005 年第 4 期。

王知津主编《竞争情报》,科学技术文献出版社,2005。

毋江波、李常洪:《供应链环境下的企业竞争情报增值运作模式研究》,《情报科学》2019 年第 10 期。

吴金红、陈强、张玉峰:《基于众包的企业竞争情报工作模式创新研究》,《情报理论与实践》2014 年第 1 期。

吴明隆:《结构方程模型——AMOS 的操作与应用》(第 2 版),重庆大学出版社,2010。

吴绍艳、汪传雷:《基于生命周期的农机企业危机信息管理研究》,《中国农机化》2011 年第 2 期。

吴世农、卢贤义:《我国上市公司财务困境的预测模型研究》,《经济研究》2001 年第 6 期。

吴晓伟、李丹:《人际竞争情报研究主题分析》,《情报杂志》2008 年第 2 期。

武超群:《网络环境下公共危机治理研究》,博士学位论文,中央财经大学,2016。

奚晓阳:《现代传媒业必备素养——危机意识和机遇意识》,《新闻窗》2011 年第 2 期。

夏立新、王俊:《基于竞争情报的企业技术危机预警研究》,《情报理论与实践》2009 年第 9 期。

夏平:《企业危机生命周期各阶段的应对策略》,《中国集体经济》

2010 年第 19 期。

向荣、岑杰主编《企业危机管理》，电子工业出版社，2016。

谢润梅、陈峰：《在线教育企业基于竞争态势分析制定竞争战略研究——以 A 企业为例》，《情报杂志》2016 年第 5 期。

熊上植：《基于竞争情报的中小企业风险管理研究》，硕士学位论文，云南大学，2016。

徐芳、陈全平、王树义：《竞争情报过程优化研究：情景分析法的运用》，《图书情报工作》2010 年第 22 期。

徐芳、陈维军、赵超烨：《基于信号分析的企业竞争情报危机预警模式构建》，《情报理论与实践》2014 年第 5 期。

徐芳：《国外竞争情报研究进展：概念辨析、问题论域及发展趋势》，《情报资料工作》2011 年第 1 期。

徐芳：《基于结构方程模型的竞争情报与危机管理关系的实证研究》，《竞争情报》2018 年第 4 期。

徐芳：《基于危机生命周期的企业竞争情报机制理论模型构建》，《情报资料工作》2016 年第 4 期。

徐芳、金小璞：《近十年来国内竞争情报研究进展》，《新世纪图书馆》2014 年第 5 期。

徐芳：《图书馆危机预警管理系统构建研究》，硕士学位论文，天津工业大学，2007。

徐芳：《危机爆发期的企业竞争情报沟通机制研究》，《情报理论与实践》2010 年第 9 期。

徐芳：《危机平复期的企业竞争情报评估机制研究》，《情报资料工作》2013 年第 1 期。

徐芳：《危机潜伏期的企业竞争情报预警机制研究》，《情报理论与实践》2012 年第 3 期。

许一明：《基于 Brookes 情报学思想的企业情报竞争力构建公式及应用研究》，硕士学位论文，西南科技大学，2016。

薛澜、张强、钟开斌：《危机管理——转型期中国面临的挑战》，清华大学出版社，2003。

杨冰:《企业环境竞争情报的战略地位及其开发路径》,《情报杂志》2007 年第 5 期。

杨波、孙白朋:《基于风险生命周期的企业反竞争情报机制模型构建》,《现代情报》2019 年第 11 期。

杨飞:《抖音海外版 Tik Tok 遭遇华为式待遇,美国竟然惧怕中国社交软件?》, https://baijiahao.baidu.com/s? id = 1673907984286485183&wfr = spider&for = pc, 最后访问日期:2021 年 10 月 20 日。

杨国立:《军民情报学融合机理与推进策略研究》,博士学位论文,南京大学,2019。

杨莉、陈维军:《我国企业危机管理及预警现状调查研究》,《科技管理研究》2014 年第 13 期。

杨柳:《超模博弈下的竞争情报研究:基于资源观的视角》,《科技管理研究》2005 年第 11 期。

杨琦龙:《供应链危机预警体系研究》,硕士学位论文,南京航空航天大学,2007。

杨韬、邹永利:《领域分析方法在竞争情报工作中的应用》,《情报杂志》2008 年第 5 期。

杨威:《虚拟企业的竞争情报运作机制》,《情报探索》2010 年第 11 期。

尹士、李柏洲、罗小芳:《基于前景理论和 VIKOR 法的技术竞争情报选择研究》,《情报科学》2018 年第 7 期。

游庆军:《海恩法则在旅行社危机管理中的应用研究》,《辽宁医学院学报》(社会科学版)2010 年第 4 期。

余小萍、司有和:《企业竞争情报成本和企业绩效的相关性研究——基于重庆市企业的实证分析》,《图书情报知识》2010 年第 2 期。

岳贤伦:《危机——向动物学生存的企业法则》,武汉大学出版社,2009。

曾翠、盛小平:《提升企业核心竞争力的知识管理与竞争情报整合模型研究》,《情报科学》2010 年第 6 期。

曾忠禄:《基于经济学理论的竞争情报需求模型》,《情报理论与实践》2012 年第 10 期。

翟金金、周庆山：《企业竞争情报搜集中的伦理问题及解决措施》，《情报资料工作》2010 年第 1 期。

张超：《基于竞争情报的战略联盟关系风险管理研究》，经济管理出版社，2018。

张恒昌：《关于竞争情报问题探析》，《甘肃社会科学》1996 年第 2 期。

张强：《病毒式网络传播特点及一般规律》，《当代传播》2012 年第 2 期。

张绍动：《研究方法》，沧海书局，2004。

张维迎：《博弈论与信息经济学》，上海人民出版社，1996。

张晓翊、张玉峰：《基于 Multi-Agent 的竞争情报智能采集模型研究》，《情报科学》2006 年第 12 期。

张学荣、徐大建、贺金社：《企业形象信息传播的"滚雪球效应"》，《管理工程师》1996 年第 4 期。

张亚男、王克平、王艺、车尧：《基于区块链的竞争情报联盟协作平台模型研究》，《图书情报知识》2021 年第 6 期。

张焱、邢新欣：《基于"情报+"模式下产业竞争情报价值的实现机理研究——以电子信息产业为例》，《情报杂志》2021 年第 9 期。

张玉波：《康泰克在 PPA 风波中跳舞——中美史克危机公关述评》，《中外管理》2001 年第 5 期。

赵冰峰：《大国竞争环境下的中国企业情报战略转型》，《情报杂志》2020 年第 9 期。

赵刚、包昌火、刘筱雯：《企业危机公关与竞争情报》，《情报理论与实践》2004 年第 5 期。

赵洁、马铮等：《面向战略性新兴产业的竞争情报服务：需求分析与体系构建》，《情报理论与实践》2014 年第 6 期。

赵静杰、徐光磊等：《竞争情报活动-知识管理过程对企业创新绩效的影响机理研究》，《情报科学》2020 年第 11 期。

赵蓉英、魏明坤：《互联网企业竞争情报战略行为研究》，《情报科学》2017 年第 3 期。

赵学华：《基于生命周期的图书馆危机管理动态分析》，《河南图书馆学刊》2015 年第 2 期。

《这两年！苹果市值涨上 3 万亿，一挂中国科技巨头缩水 8000 亿》，http：//finance. sina. com. cn/tech/csj/2022－04－27/doc－imcwipii6747634. shtml？poll_ id＝52052，最后访问日期：2022 年 4 月 29 日。

郑荣、刘永涛、朱平：《协同视角下竞争情报联盟的运行机制研究》，《情报科学》2014 年第 8 期。

郑荣、王晓宇、张艺源：《基于 ACP 理论的企业竞争情报智能系统构建研究》，《情报理论与实践》2021 年第 12 期。

郑荣、杨竞雄等：《多源数据驱动的产业竞争情报智慧服务研究》，《情报学报》2020 年第 12 期。

郑荣、杨冉：《基于云服务平台的竞争情报服务联盟构建研究》，《情报理论与实践》2016 年第 8 期。

郑荣、杨冉、周志强：《基于云服务平台的竞争情报服务联盟的运行机制研究》，《情报理论与实践》2017 年第 4 期。

周海炜、刘闯闯等：《网络信息安全背景下的企业反竞争情报体系构建》，《科技管理研究》2019 年第 12 期。

周健华：《试论企业商业秘密危机管理机制》，《呼和浩特经济》2006 年第 2 期。

周九常：《连锁特许经营框架下的企业竞争情报模式》，《情报理论与实践》2010 年第 5 期。

周凌：《SX 公司发展战略研究》，硕士学位论文，华南理工大学，2015。

周鹏：《技术创新中的竞争情报：使用方式、作用与影响因素》，《现代情报》2021 年第 7 期。

周三多：《管理学》，高等教育出版社，2000。

周永生编著《现代企业危机管理》，复旦大学出版社，2007。

朱海峰：《探析基于危机生命周期理论视角下的图书馆危机管理计划》，《河南图书馆学刊》2022 年第 1 期。

朱君璇、郑建国、郭华：《竞争情报在企业公关危机中的应用机理及预警机制研究》,《湖南社会科学》2014 年第 2 期。

朱瑞博:《危机生命周期与危机领导力提升》,《领导科学》2009 年第 17 期。

朱晓婉:《网络环境下乳制品企业危机管理模式研究——以危机生命周期为视角》,硕士学位论文,华中师范大学,2014。

英文文献

Aamodt, A., Plata, E. Case-based Reasoning: Foundational Issues, Methodological Variations and System Approaches. *Al Communications*, 1994, 7 (1): 39-59.

Acuff, J. M., Nowlin, M. J. Competitive Intelligence and National Intelligence Estimates. *Intelligence and National Security*, 2019, 34 (5): 654-672.

Ainsworth, M. L. Competitive Intelligence Files. *National Online Meeting Proceedings*. New York: Learned Information, Inc., 1984: 5-8.

Almeida, R., Teixeira, J. M., da Silva, M. M., Faroleiro, P. A Conceptual Model for Enterprise Risk Management. *Journal of Enterprise Information Management*, 2019, 32 (5): 843-868.

Anderson, J. C., Gerbing, D. W. Structural Equation Modelling in Practice: A Review and Recommended Two-step Approach. *Psychological Bulletin*, 1988, 103 (3): 411-423.

Andrade, N., Walfredo, C., Francisco, B., et al. Our Grid: An Approach to Easily Assemble Grids with Equitable Resource Sharing. In Feitelson, D., Rudolph, L., Schwiegelshohm, W., et al. *Job Scheduling Strategies for Parallel Processing*. Berlin: Springer, 2003: 61-86.

Ansoff, H. I. *Implanting Strategic Management*. New York: Prentice Hall Inc., 1984.

Armstrong, H. L., Davey, J. Assembling Competitive Intelligence Using Classroom Scenarios. *Security Education and Critical Infrastructures*, 2003, 125: 159-167.

Atkinson, P., Hizaji, M., Nazarian, A., Abasi, A. Attaining Organisational

Agility through Competitive Intelligence: The Roles of Strategic Flexibility and Organisational Innovation. *Total Quality Management & Business Excellence*, 2022, 33 (3-4): 297-317.

Augustine, N. R. Managing the Crisis You Tried to Prevent. *Harvard Business Review*, 1995, 73 (6): 147-158.

Bagozzi, R. P. , Yi, Y. On the Evaluation of Structural Equation Models. *Journal of the Academy of Marketing Science*, 1988, 16 (1): 74-94.

Bao, Y. L. Competitive Intelligence and Its Impact on Innovations in Tourism Industry of China: An Empirical Research. *Plos One*, 2020, 15 (7): e0236412.

Barabba, V. P. , Zaltman, G. *Hearing the Voice of the Market: Competitive Advantage through Creative Use of Market Information.* Cambridge: Harvard Buisiness School Press, 1991.

Belsley, D. A. , Kuh, E. , Welsch, R. E. *Regression Diagnostics: Identifying Influential and Data Sources of Collinearity.* N Y: John Wiley & Sons, 1980: 85-172.

Bergeron, P. Government Approaches to Foster Competitive Intelligence Practice in SMES: A Comparative Study of Eight Governments. Proceedings of the 63RD ASIS Annual Meeting. New Jersey: Information Today Inc. 2000, 37: 301-308.

Calof, J. , Arcos, R. , Sewdass, N. Competitive Intelligence Practices of European Firms. *Technology Analysis & Strategic Management*, 2018, 30 (6): 658-671.

Canongia, C. , Chaves, H. , Maffia, S. The Potentialities of Competitive Intelligence Tools for the Automatic Treatment of Information-Case Study: The Database of Brazilian Theses. *FID Review*, 1999, 1 (4-5): 8-18.

Canongia, C. Synergy between Competitive Intelligence (CI), Knowledge Management (KM) and Technological Foresight (TF) as a Strategic Model of Prospecting—The Use of Biotechnology in the Development of Drugs Against Breast Cancer. *Biotechnology Advances*, 2007, 25 (1): 57-74.

Cavallo, A. , Sanasi, S. , et al. Competitive Intelligence and Strategy Formulation: Connecting the Dots. *Competitiveness Review*, 2021, 31 (2): 250-275.

Chen, F. Studies on Case that Chinese Enterprise Won the Anti-Dumping Lawsuits Focusing on Competitive Intelligence Factor. International Conference on Management of Technology. New South Wales: Australia Aussino Acad Publ House, 2009: 311-316.

Chen, Z. W. , Yang, K. On The Rational Process Integration of Enterprise Competitive Intelligence. Proceeding of the Seventh International Conference on Information and Management Sciences. California: California Polytechnic State Univ, 2008, 7: 52-54.

Chevallier, C. , Laarraf, Z. , et al. Competitive Intelligence, Knowledge Management and Coopetition: The Case of European High-Technology Firms. *Business Process Management Journal*, 2016, 22 (6): 1192-1211.

Clark, R. M. *Intelligence Analysis: A Target-centric Approach (Sixth Edition)*. Thousand Oaks, California: CQ Press, 2020.

Combs, R. , Moorhead, J. Competitive Intelligence-Finding the Clues Online. *Database*, 2000, 13 (5): 15-18.

Competitive Intelligence Division, Special Libraries Association. Governing document Competitive Intelligence Division. Accessed July 7, 2020. http: // units. sla. org/division/dci/AboutCI. htm.

Crovini, C. , Ossola, G. , Britzelmaier, B. How to Reconsider Risk Management in SMEs? An Advanced, Reasoned and Organised Literature Review. *European Management Journal*, 2021, 39 (1): 118-134.

Crovini, C. , Santoro, G. , Ossola, G. Rethinking Risk Management in Entrepreneurial SMEs: Towards the Integration with the Decision-Making Process. *Management Decision*, 2021, 59 (5): 1085-1113.

Daghfous, A. , Qazi, A. , Khan, M. S. Incorporating the Risk of Knowledge Loss in Supply Chain Risk Management. *International Journal of Logistics Management*, 2021, 32 (4): 1384-1405.

De Waele, A. , Schoofs, L. , Claeys, A. S. The Power of Empathy: The Dual Impacts of an Emotional Voice in Organizational Crisis Communication. *Journal of Applied Communication Research*, 2020, 48 (3): 350-371.

Deng, C. Q. , Xve, F. H. Research on the Competitive Intelligence and Small and Medium Enterprise's Crisis Management. International Small and Medium Enterprise Forum on SME Growth and Sustainability. Orient ACAD Forum. New South Wales: Orient Acad Forum, 2009: 97-100.

Ding, J. L. , Shi, B. Analysis and Modeling of Enterprise Competitive Intelligence Based on Social Media User Comments. *Entrepreneurship Research Journal*, 2021, 11 (2): 47-69.

Drucker, P. F. *Management Challenges for the 21st Century*. New York: Harper Business, 1999.

du Toit, A. , Muller, M. L. Training Competitive Intelligence Analysts via the Web: The University of Johannesburg Experience. *Journal of Education for Library and Information Science*, 2005, 46 (4): 320-332.

Durst, S. , Svensson, A. , Acuache, M. Peruvian Small and Medium-Sized Enterprises in Times of Crisis-Or What Is Happening over Time?. *Sustainability*, 2021, 13 (24): 13560.

Effenberger, C. , Hartmann, B. , et al. Internal Marketing of Competitive Intelligence (CI) in Large Companies. *NFD Information Wissenschaft und Praxis*, 2007, 58 (2): 83-88.

Erdelez, S. , Ware, N. Finding Competitive Intelligence on Internet Start-Up Companies: A Study of Secondary Resource Use and Information-Seeking Processes. *Information Research*, 2001, 7 (1): 115.

Fink, S. *Crisis Management: Planning for the Inevitable*. New York: American Management Association, 1986.

Fleisher, C. S. , Bensoussan, B. E. *Business and Competitive Analysis: Effective Application of New and Classic Methods*. New Jersey: FT Press, 2007.

Fonseca, J. Web Competitive Intelligence Methodology. Macau University of Science and Technology, 2012.

Fornell, C. , Larcker, D. F. Evaluating Structural Equation Models with Unobservable Variables and Measurement Error. *Journal of Marketing Research*, 1981, 18 (2): 39-50.

Garcia-Alsina, M. , Ortoll, E. , Cobarsi-Morales, J. Enabler and Inhibitor Factors Influencing Competitive Intelligence Practices. *Aslib Proceedings*, 2013, 65 (3): 262-288.

Gilad, B. *Early Warning: Using Competitive Intelligence to Anticipate Market Shifts, Control Risk, and Create Powerful Strategies.* New York: AMACOM, 2003.

Gilad, B. Strategy Without Intelligence, Intelligence Without Strategy. *Business Strategy Series*, 2011, 12 (1): 4-11.

Gilad, B. The Role of Organized Competitive Intelligence in Corporate-Strategy. *Columbia Journal of World Business*, 1989, 24 (4): 29-35.

Gilmore, J. , Pagels, M. , Palk, J. Project X: Competitive Intelligence Data Mining and Analysis. *Data Mining and Knowledge Discovery: Theory, Tools, and Technology III.* Bellingham: Society of Photo-Optical Instrumentation Engineers, 2001, 4384: 258-266.

Gonzalez, H. A. , Pratt, C. B. How to Manage a Crisis Before or Whenever It Hits. *Public Relations Quarterly*, 1995, 40 (1): 25-29.

Gordon, J. Competitive Intelligence-Law and Ethics. *Legal Information Management*, 2004, 4 (1): 7-18.

Hakmaoui, A. , Oubrich, M. , Calof, J. , El Ghazi, H. Towards an Anticipatory System Incorporating Corporate Foresight and Competitive Intelligence in Creating Knowledge: A Longitudinal Moroccan Bank Case Study. *Technological Forecasting and Social Change*, 2022, 174: 121139.

Han, J. , Lee, Y. Explainable Artificial Intelligence-Based Competitive Factor Identification. *ACM Transactions on Knowledge Discovery from Data*, 2021, 16 (1): 10.

Hassani, A. , Mosconi, E. Social Media Analytics, Competitive Intelligence, and Dynamic Capabilities in Manufacturing SMEs. *Technological*

Forecasting and Social Change, 2022, 175: 121416.

He, W., Shen, J. C., et al. Gaining Competitive Intelligence from Social Media Data Evidence from Two Largest Retail Chains in The World. *Industrial Management & Data Systems*, 2015, 115 (9): 1622-1636.

He, W., Wu, H., et al. A Novel Social Media Competitive Analytics Framework with Sentiment Benchmarks. *Information & Management*, 2015, 52 (7): 801-812.

He, W., Zha, S. H., Li, L. Social Media Competitive Analysis and Text Mining: A Case Study in the Pizza Industry. *International Journal of Information Management*, 2013, 33 (3): 464-472.

Heppes, D., du Toit, A. Level of Maturity of the Competitive Intelligence Function Case Study of a Retail Bank in South Africa. *ASLIB Proceedings*, 2009, 61 (1): 48-66.

Herring, J. P. Key Intelligence Topics: A Process to Identify and Define Intelligence Needs. *Competitive Intelligence Review*, 1999, 10 (2): 4-14.

Hutten, J. C., Van Horn, J. E., et al. Toward a Risk Management Strategy: A Narrative Review of Methods for Translation of Risk Assessment into Risk Management. *Journal of Forensic Psychology Research and Practice*, 2022.

Rehman, H., Ramzan, M., et al. Risk Management in Corporate Governance Framework. *Sustainability*, 2021, 13 (9): 5015.

Sharma, U., Chapman, T., Garrison, S. W. Addressing Risks Across the Organization: Enterprise Risk Management. *Journal American Water Works Association*, 2021, 113 (5): 54-62.

Stovski, R., Balague, N. Theory of Cooperative-Competitive Intelligence: Principles, Research Directions, and Applications. *Frontiers in Psychology*, 2020, 11: 2220.

Ifan, H. K., Dou, J. B., et al. Developing Competitive Technical Intelligence in Indonesia. *Technovation*, 2004, 24 (12): 995-999.

Jakobsen, M., Jensen, R. Common Method Bias in Public Management Studies. *International Public Management Journal*, 2015, 18 (1): 3-30.

Jeong, B. , Yoon, J. Competitive Intelligence Analysis of Augmented Reality Technology Using Patent Information. *Sustainability*, 2017, 9 (4): 497.

Jeong, B. , Ko, N. , Son, C. , Yoon, J. Trademark-based Framework to Uncover Business Diversification Opportunities: Application of Deep Link Prediction and Competitive Intelligence Analysis. *Computers in Industry*, 2021, 124: 103356.

Jin, J. , Ji, P. , Yan, S. X. Comparison of Series Products from Customer Online Concerns for Competitive Intelligence. *Journal of Ambient Intelligence and Humanized Computing*, 2019, 10 (3): 937–952.

Neumann, J. V. , Morgenstern, O. *Theory of Games and Economic Behavior*. Princeton: Princeton University Press, 1944.

Kalra, A. , Agnihotri, R. , Briggs, E. The Role of Frontline Employees' Competitive Intelligence and Intraorganizational Social Capital in Driving Customer Outcomes. *Journal of Service Research*, 2020, 24 (2): 269–283.

Kline, R. B. *Principles and Practices of Structural Equation Modeling (Fourth Edition)*. New York: The Guilford Press, 2015.

Kuo, Y. F. , Lin, Y. M. , Chien, H. F. Corporate Social Responsibility, Enterprise Risk Management, and Real Earnings Management: Evidence from Managerial Confidence. *Finance Research Letters*, 2021, 41: 101805.

Koseoglu, M. A. , Mehraliyev, F. , et al. Competitor Intelligence and Analysis (CIA) Model and Online Reviews: Integrating Big Data Text Mining with Metwork Analysis for Strategic Analysis. *Tourism Review*, 2020.

Koseoglu, M. A. , Yick, M. Y. , Okumus, F. Coopetition Strategies for Competitive Intelligence Practices-evidence from Full-service Hotels. *International Journal of Hospitality Management*, 2021, 99: 103049.

Kumar, V. , Saboo, A. R. , Agarwal, A. , Kumar, B. Generating Competitive Intelligence with Limited Information: A Case of the Multimedia Industry. *Production and Operations Management*, 2020, 29 (1): 192–213.

Kusa, R. , Duda, J. , Suder, M. How to Sustain Company Growth in

Times of Crisis: The Mitigating Role of Entrepreneurial Management. *Journal of Business Research*, 2022, 142 (3): 377-386.

Lechner, P., Gatzert, N. Determinants and Value of Enterprise Risk Management: Empirical Evidence from Germany. *European Journal of Finance*, 2018, 24 (10): 867-887.

Li, J., Dong, Y. Post-controlled Vocabulary Compiling in Competitive Intelligence System. 2nd IEEE International Conference on Information Management and Engineering. New York: IEEE, 2010: 560-563.

Li, X. J., Si, H. N., et al. Research of Enterprise Competitive Intelligence Collection System Based on Cross-Language Information Retrieval. Proceedings of the Second International Symposium on Electronic Commerce and Security. New Jersey: IEEE, 2009: 601-604.

Lima, P. F. D., Crema, M., Verbano, C. Risk Management in SMEs: A Systematic Literature Review and Future Directions. *European Management Journal*, 2020, 38 (1): 78-94.

Liu, W. H., Ge, J., Chen, Z. Q. Competitive Intelligence Searching Scale and Enterprise Risk Analysis. 1st International Symposium on Technology Innovation, Risk Management and Supply Chain Management. Toronto: Universe Academic Press, 2007: 329-332.

López-Robles, J. R., Guallar, J., Otegi-Olaso, J. R., Gamboa-Rosales, N. K. El Profesional de la Información (EPI): Bibliometric and Thematic Analysis (2006 - 2017). *El Profesional de la Información*, 2019, 28 (4): e280417.

López-Robles, J. R., Otegi-Olaso, J. R., Porto-Gomez, I. The Relationship between Business Intelligence and Competitive Intelligence: A Retrospective Analysis and Literature Review from 1959 to 2017. *Revista Espanola de Documentacion Cientifica*, 2020, 43 (1): e256.

López-Robles, J. R., Otegi-Olaso, R. J., Porto-Gomez, I., Gamboa-Rosales, H., Gamboa-Rosales, N. K. Understanding the Intellectual Structure and Evolution of Competitive Intelligence: A Bibliometric Analysis from 1984 to

2017. *Technology Analysis & Strategic Management*, 2020, 32 (5): 604-619.

Lutz, C. J. , Bodendorf, F. Analyzing Industry Stakeholders Using Open-Source Competitive Intelligence - A Case Study in the Automotive Supply Industry . *Journal of Enterprise Information Management*, 2020, 33 (3): 579-599.

MacCallum, R. C. , Austin, J. T. Applications of Structural Equation Modeling in Psychological Research. *Annual Review of Psychology*, 2000 (51): 201-226.

Madureira, L. , Popovic, A. , Castelli, M. Competitive Intelligence: A Unified View and Modular Definition. *Technological Forecasting and Social Change*, 2021, 173: 121086.

Maisel, L. , Cokins, G. Why Analytics Will Be the Next Competitive Edge. *Journal of Corporate Accounting & Finance*, 2014, 25 (5): 63 - 72, 10.

Malik, M. F. , Zaman, M. , Buckby, S. Enterprise Risk Management and Firm Performance: Role of the Risk Committee. *Journal of Contemporary Accounting & Economics*, 2020, 16 (1): 100178.

Marin, J. , Poulter, A. Dissemination of Competitive Intelligence . *Journal of Information Science*, 2004, 30 (2): 165-180.

Markovich, A. , Efrat, K. , et al. Competitive Intelligence Embeddedness: Drivers and Performance Consequences. *European Management Journal*, 2019, 37 (6): 708-718.

Maungwa, T. , Fourie, I. Exploring and Understanding the Causes of Competitive Intelligence Failures: An Information Behaviour Lens. *Information Research-an International Electronic Journal*, 2018, 23 (4): 1813.

Miller, J. P. *Millennium Intelligence: Understanding and Conducting Competitive Intelligence in the Digital Age.* New Jersey: Information Today, Inc. , 1999.

Miller, S. Competitive Intelligence—An Overview. *Competitive Intelligence*

Magazine, 2001, 1 (11): 1-14.

Mitroff, I. I. Crisis Management and Environmentalism: A Natural Conflict. *California Management Review*, 1994, 36 (2): 101-103.

Nelson, C. A. , Walsh, M. F. , Cui, A. P. The Role of Analytical CRM on Salesperson Use of Competitive Intelligence. *Journal of Business & Industrial Marketing*, 2020, 35 (12): 2127-2137.

Neuendorf, K. A. *The Content Analysis Guidebook*. California: SAGE Publications Inc. , 2002.

Nobanee, H. , Al Hamadi, F. Y. , et al. A Bibliometric Analysis of Sustainability and Risk Management. *Sustainability*, 2021, 13 (6): 3277.

Nunnally, J. C. , Bernstein, I. R. *Psychometric Theory (3rd Edition)* . New York: McGraw-Hill, 1994.

Obreja, C. , Cucuteanu, G. Perceived Usefulness of Open-Source Information in the Arabic Language for an Organization: A Case Study. *Review of Economic and Business Studies*, 2016, 9 (2): 281-290.

Ohansen, W. , Aggerholm, H. K. , Frandsen, F. Entering Mew Territory: A Study of Internal Crisis Management and Crisis Communication in Organizations. *Public Relations Review*, 2012, 38 (2): 270-279.

Oraee, N. , Sanatjoo, A. , Ahanchian, M. R. The Competitive Intelligence Diamond Model with the Approach to Standing on the Shoulders of Giants. *Library & Information Science Research*, 2020, 42 (2): 101004.

Oraee, N. Identifying the Information Behavior in Competitive Intelligence Process: A Paradigm Model for Medical Sciences Universities. *ASLIB Journal of Information Management*, 2022.

Parnell, J. A. , Crandall, W. R. The Contribution of Behavioral Economics to Crisis Management Decision-making . *Journal of Management & Organization*, 2020, 26 (4): 585-600.

Pereira, S. H. Competitive Intelligence in the Internet: An Intelligent Agent-based Process. *Ciencia da Informacao*, 2003, 32 (1): 115-134.

Podsakoff, P. M. , Organ, D. W. Self-reports in Organizational Research:

Problems and Prospects. *Journal of Management*, 1986, 12 (4): 69-82.

Porter, M. E. *Competitive Advantage*. New York: Free Press, 1985.

Porter, M. E. *The Competitive Advantage of Nations*. New York: Free Press, 1990.

Postigo, J. Competitive Intelligence in Spain: A Survey of Its Use by Spanish Exporters. *El Profesional de la Informacion*, 2001, 10 (10): 4-11.

Priporas, C. V. Competitive Intelligence Practice in Liquor Retailing: Evidence from a Longitudinal Case Analysis. *International Journal of Retail & Distribution Management*, 2019, 47 (9): 997-1010.

Qazi, A., Simsekler, M. C. E. Quality Assessment of Enterprise Risk Management Programs. *Journal of Risk Research*, 2021, 25 (1): 92-112.

Ranjan, J., Foropon, C. Big Data Analytics in Building the Competitive Intelligence of Organizations. *International Journal of Information Management*, 2021, 56: 102231.

Ram, J., Zhang, C. Y. Examining the Role of Social Media Analytics in Providing Competitive Intelligence: The Impacts and Limitations. *Journal of Global Information Management*, 2021, 29 (6): 15.

Riehle, K. P. A Counterintelligence Analysis Typology. *American Intelligence Journal*, 2015, 32 (1): 55-60.

Bordy, R. Issues in Defining Competitive Intelligence: An Exploration. *Journal of Competitive Intelligence and Management*, 2008, 4 (3): 3-14.

Rogojanu, A., Florescu, G., Badea, L. Competitive Intelligence-How to Gain the Competitive Advantage . *Metalurgia International*, 2010, 15 (6): 218-222.

Saayman, A., Pienaar, J., et al. Competitive Intelligence: Construct Exploration, Validation and Equivalence. *ASLIB Proceedings*, 2008, 60 (4): 383-411.

Safa, M., et al. Competitive Intelligence (CI) for Evaluation of Construction Contractors. *Automation in Construction*, 2015, 59 (11): 149-157.

Sahin, M. , Bisson, C. A Competitive Intelligence Practices Typology in an Airline Company in Turkey. *Journal of the Knowledge Economy*, 2021, 12 (3): 899-922.

Salguero, G. C. , Gamez, M. A. F. , et al. Competitive Intelligence and Sustainable Competitive Advantage in the Hotel Industry. *Sustainability*, 2019, 11 (6): 1597.

Sanchez, L. E. , Santos-Olmo, A. , Fernandez-Medina, E. Methodological Framework for Risk Analysis in Information Management in SMEs. *DYNA*, 2020, 88 (2): 158-160.

Sax, J. , Andersen, T. J. Making Risk Management Strategic: Integrating Enterprise Risk Management with Strategic Planning. *European Management Review*, 2019, 16 (3): 719-740.

Schweyer, K. Competitive Intelligence Resources in Law Firms. *Searcher*, 2008: 30-34, 36, 39.

Sewdass, N. , Du Toit, A. Current State of Competitive Intelligence in South Africa. *Management*, 2014, 34 (2): 185-190.

Shapira, I. The Limited Influence of Competitive Intelligence over Corporate Strategy in Israel: Historical, Organizational, Conceptual, and Cultural Explanations. *Intelligence and National Security*, 2021, 36 (1): 95-115.

Sharp, S. *Competitive Intelligence Advantage: How to Minimize Risk, Avoid Surprises, and Grow Your Business in a Changing Worl*. New York: John Wiley & Sons, 2009.

Shih, M. J. , Liu, D. R. , Hsu, M. L. Discovering Competitive Intelligence by Mining Changes in Patent Trends. *Expert Systems with Applications*, 2010, 37 (4): 2882-2890.

Booth, S. A. *Crisis Management Strategy: Competition and Change in Modern Enterprises*. London: T. J. Press, 1993.

Society of Competitive Intelligence Professionals. About SCIP. Accessed July 7, 2020. http://www.scip.org/content.cfm? Temnumber = 2214&navItemNumber

=492.

Štefániková, L., Masárová, G. The Need of Complex Competitive Intelligence. *Procedia-Social and Behavioral Sciences*, 2014, 110 (1): 669-677.

Štefanikova, L., Rypakova, M. Moravcikova, K. The Impact of Competitive Intelligence on Sustainable Growth of the Enterprises. *Procedia Economics and Finance*, 2015, 26 (1): 209-214.

Straub, D. W., Boudreau, M. C., Gefen, D. Validation Guidelines for IS Positivist Research. *Communications of the Association for Information Systems*, 2004, 13 (1): 380-427.

Strauss, A. C., du Toit, A. S. A. Competitive Intelligence Skills Needed to Enhance South Africa's Competitiveness. *ASLIB Proceedings*, 2010, 62 (3): 302-320.

Tanev, S. Competitive Intelligence Information Management and Innovation in Small Technology-Based Companies. *Saratov Fall Meeting 2006: Optical Technologies in Biophysics and Medicine VIII*. Bellingham: Society of Photo-Optical Instrumentation Engineers, 2007, 6535: 53518-53518.

Teixeira, R. C., Souza, R. R. The Use of the Information Contained in Patent Documents in the Competitive Intelligence Practices: A Study of the Patents of UFMG. *Perspectivas em Ciência da Informação*, 2013, 18 (1): 106-125.

Tian, Y., Shen, J. J. Evaluation of Using Competitive Intelligence in Enterprises. *International Conference of Management Science and Information System*. New York: Scientific & Technical Development INC., 2009: 1511-1514.

Tsuchimoto, I., Kajikawa, Y. Competitive intelligence practices in Japanese companies: multicase studies. *ASLIB Journal of Information Management*, 2022.

van den Berg, L., Coetzee, B., Mearns, M. Establishing Competitive Intelligence Process Elements in Sport Performance Analysis and Coaching: A Comparative Systematic Literature Review. *International Journal of Information*

Management, 2020, 52: 102071.

Vaughan, L., You, J. Discovering Competitive Intelligence by Mining Changes in Patent Trends. *Scientometrics*, 2008, 77 (3): 433-444.

Vedder, R. G., Vanecek, M. T., et al. CEO and CIO Perspectives on Competitive Intelligence. *Communications of the ACM*, 1999, 42 (8): 108-116.

Wang, C. J., Hoffman, F., et al. From Artificial to Emotional Intelligence: Integrating Five Types of Intelligence to Achieve Organizational Excellence. *International Journal of Management, Knowledge and Learning*, 2019, 8 (2): 125-144.

Wang, T. Competitive Intelligence and Disclosure of Cost Information in Duopoly. *Review of Industrial Organization*, 2019, 57 (3): 665-699.

Westland, C. J. Lower Bounds on Sample Size in Structural Equation Modelling. *Electronic Commerce Research and Applications*, 2010, 9 (6): 476-487.

Xu, K. Q., et al. Mining Comparative Opinions from Customer Reviews for Competitive Intelligence. *Decision Support Systems*, 2011, 50 (4): 743-754.

Yang, S. F., Wu, H. N. The Global Organizational Behavior Analysis for Financial Risk Management Utilizing Artificial Intelligence. *Journal of Global Information Management*, 2022, 30 (7).

Yang, P. H., Xu, H. H. Impact Analysis of Financial Crisis on China's Railway with Life Cycle Theory. Proceedings of the 5th Advanced Forum on Transportation of China. Stevenage: IET, 2009: 125-128.

Yilmaz, C., Ozgener, S. Competitive Intelligence and Competitiveness in Accommodation Businesses: The Role of Employee Training Effectiveness. *Current Issues in Tourism*, 2021.

Yoon, D. Y. Security Threat, Intelligence Capacity, Democracy and Intelligence Reform: Focused on Competitive Intelligence Governance. *Journal of Future Politics*, 2020, 10 (2): 5-32.

Yu, H. D., Tang, W. H., et al. Analysis of Equilibrium in Competitive

Intelligence Based on Game Theory. *Chinese Control and Decision Conference.* New York: IEEE, 2009: 3540-3543.

Zha, X. J. , Chen, M. H. Competitive Intelligence Monitoring in the Risk Prevention of SMEs. *Journal of Service Science and Management*, 2009, 2 (3): 230-235.

Zha, X. J. , Jiao, R. , Yan, Y. L. Study on the Mode of Consultative Service of Governmental Competitive Intelligence Oriented to Crisis Management. Proceedings of 2005 International Conference on Public Administration. University of Electronic Science and Technology of China, 2005: 101-108.

Zha, X. J. , Lu, S. J. Mode of Agile Supply Chain Based on Competitive Intelligence. *2006 International Conference on Service Systems and Service Management.* New York: IEEE, 2007: 1450-1454.

Zha, X. J. , Yang, F. Research on the Acquirement of Enterprise Risk Competitive Intelligence Based on Data Mining. 2009 5th International Conferences on Wireless Communications, Networking and Mobile Computing, New Jersey: IEEE, 2009: 4.

Zha, X. J. , Chen, M. H. Using Competitive Intelligence to Improve the Capabilities of SMB Crisis Pre-warning. 2009 International Forum on Information Technology and Applications (IFITA) . New Jersey: IEEE, 2009: 639-642.

Zhang, L. , Wang, L. H. Risk Application Research on Risk Warning Mechanism in Organizational Crisis Management—Taking Vanke Real Estate Co. Ltd. , as an Example. *Chaos, Solitons & Fractals*, 2016, 89 (8): 373-380.

Zhang, X. H. , Chen, W. Crisis Management Study of Tourism Enterprise on the Basis of Crisis Life-Cycle. Joint Conference of the 3rd International Conference on Information Systems for Crisis Response and Management/4th International Symposium on Geo-Information for Disaster Management. Harbin Engineering Univ, 2008: 328-332.

Zhao, J. , Jin, P. Q. Conceptual Modeling for Competitive Intelligence

Hiding in the Internet. *Journal of Software*, 2010, 5 (4): 378-386.

Zhao, J. , Jin, P. Q. Ontological Foundation for Enterprise Competitive Intelligence in the Web. Proceedings of the 2009 International Symposium on Information Processing. Oulu: Academy Publisher, 2009: 445-448.

附　录

附录一　调查问卷

尊敬的调查参与者，您好！

非常感谢您同意参与本次调查，您的参与和支持对本研究的意义重大。调查的目的是探索基于危机生命周期的企业竞争情报机制理论模型实施的主要影响因素。本次调查需要花费5~10分钟。我承诺本研究获取的调查数据仅用于科学研究，有关样本特征信息将严格遵守匿名和保密的原则。如果您对本次调查的分析结果感兴趣或者调查过程中遇到任何问题，请和我联系。

- 填写方式：请将您选择的数字填入每一题中"填入数字"方格内即可。
- 时间安排：请您填写后尽快将问卷反馈回来。
- 提交方式：邮箱+在线。
- 联系电话：×××××。

为了进行问卷分析请您提供以下简要信息，我们将对这些信息严格保密。

问题及选项	您的回答
您的受教育程度： 1. 高中及中专　　2. 大专　　3. 本科　　4. 硕士及以上　5. 其他	

问题及选项	您的回答
您的专业技术职称： 1. 初级　　　　2. 中级　　　3. 副高级　4. 正高级　　5. 其他	
您的职业： 1. 教学科研人员　　2. 企业人员　3. 其他	

● 基于危机生命周期的企业竞争情报机制理论模型

危机生命周期是危机管理过程的三个阶段：危机潜伏期、危机爆发期以及危机平复期。基于危机生命周期的企业竞争情报机制理论模型运行模式包括危机潜伏期的企业竞争情报预警模式、危机爆发期的企业竞争情报沟通模式和危机平复期的企业竞争情报评估模式。表中的预警竞争情报、预控竞争情报以及评估竞争情报是指以支持预警、预控、评估等行动为目的的竞争情报；危机预警是根据危机前兆，查找导致前兆的根源，控制危险事态的进一步发展或将危险事件扼杀于萌芽状态，以减少危机的发生或降低危机危害程度的过程；危机预控是根据监测、预警的情况，对企业潜在危机进行预先的控制与防范，以防止潜在危机的发生或者减轻潜在危机爆发后的危害后果。

● 基于危机生命周期的企业竞争情报机制理论模型影响因素

您对理论模型实施的主要影响因素进行判断，请根据您的实践经验与理解，进行选择与判断。有 5 个层级供您选择。

其中：1—很不重要，2—不重要，3——一般，4—重要，5—很重要。

序号	内容陈述	填入数字	重要程度指标				
			很不重要	不重要	一般	重要	很重要
请判断以下因素对基于危机生命周期的企业竞争情报机制理论模型成功实施影响的重要性							
Q1	企业是否成立了专门的危机管理机构		1	2	3	4	5
Q2	企业危机管理工作能否取得企业领导的支持		1	2	3	4	5
Q3	企业是否重视危机教育与培训		1	2	3	4	5
Q4	支持企业危机管理的竞争情报工作的监督制度是否完善		1	2	3	4	5

序号	内容陈述	填入数字	重要程度指标				
			很不重要	不重要	一般	重要	很重要
Q5	企业危机管理工作有无系统的支持（如竞争情报系统等）		1	2	3	4	5
请判断以下因素对危机潜伏期企业竞争情报预警模式成功实施影响的重要性							
Q6	危机潜伏期危机的诱因分析是否全面		1	2	3	4	5
Q7	危机潜伏期危机监测工作效率的高低		1	2	3	4	5
Q8	危机潜伏期危机预控工作效率的高低		1	2	3	4	5
Q9	危机潜伏期用于企业危机预警行动中竞争情报质量的好坏		1	2	3	4	5
Q10	危机潜伏期用于企业危机诊断行动中竞争情报质量的好坏		1	2	3	4	5
Q11	危机潜伏期用于企业危机预控行动中竞争情报质量的好坏		1	2	3	4	5
请判断以下因素对危机爆发期企业竞争情报沟通模式成功实施影响的重要性							
Q12	危机爆发时企业危机应对工作效率的高低		1	2	3	4	5
Q13	危机爆发时企业危机沟通工作效率的高低		1	2	3	4	5
Q14	危机爆发时企业是否建立新闻发言人制度		1	2	3	4	5
Q15	危机爆发时企业用于危机沟通行动中竞争情报质量的好坏		1	2	3	4	5
Q16	危机爆发时企业从竞争环境中获取的竞争情报质量的好坏		1	2	3	4	5
Q17	危机爆发时企业从竞争对手那儿获取的竞争情报质量的好坏		1	2	3	4	5
请判断以下因素对危机平复期企业竞争情报评估模式成功实施影响的重要性							
Q18	危机平复期企业恢复管理工作效率的高低		1	2	3	4	5
Q19	危机平复期与利益相关者关系的恢复成效		1	2	3	4	5
Q20	危机平复期社会心理恢复工作成效		1	2	3	4	5
Q21	危机平复期重塑企业形象成功与否		1	2	3	4	5
Q22	危机平复期评估危机管理工作的及时性		1	2	3	4	5

序号	内容陈述	填入数字	重要程度指标				
			很不重要	不重要	一般	重要	很重要
Q23	危机平复期评估危机管理工作的准确性		1	2	3	4	5
Q24	危机平复期支持企业恢复的竞争情报质量的好坏		1	2	3	4	5
Q25	危机平复期支持危机评估的竞争情报质量的好坏		1	2	3	4	5

——已经完成本次问卷调查，再次感谢您对本调查的大力支持！——

附录二 案例资料

案例1. "华为海外行贿"风波事件

1987年，华为技术有限公司（Huawei Technologies Co., Ltd.）创立于深圳，其愿景与使命是"把数字世界带入每个人、每个家庭、每个组织，构建万物互联的智能世界"。华为是全球领先的ICT（信息与通信）基础设施和智能终端提供商。华为"坚持开放式合作与创新，从维护全球标准统一、建设产业生态联盟、拥抱全球化开源、推进关键技术创新等方面着手，聚合、共建、共享全产业要素，携手各行业、各领域的产业和生态伙伴共同构建全球开放生态，推动ICT产业的健康发展"。2022年，华为约有20.7万名员工，业务遍及170多个国家和地区，服务全球30多亿人口。截至2022年底，华为在全球共持有有效专利超过12万件；从事研究与开发的人员约11.4万名，约占公司总人数的55.4%；研发费用支出为1615亿元，约占全年收入的25.1%。[①]

关于"华为海外行贿"风波事件的过程如下。2005年7月5日，孟

[①] 华为官网，https://www.huawei.com/cn/corporate-information，最后访问日期：2023年11月17日。

加拉国的第一大报 *The Daily Star* 报道了一则新闻：孟加拉国电报电话局
（Bangladesh Telegraph and Telephone Board，BTTB）主席 N. Islam 涉嫌受
贿。文中提到该主席负责的一个移动电话项目合同没有包含售后服务，导
致该项目需要多花费 3700 万美元。西门子和华为中标了这个项目的设备
合同。该事件被国内的某些网络论坛转发，引发了舆论事件。有论坛发布
《华为踢爆惊天大案　孟加拉涉嫌巨额行贿》帖子，声称 N. Islam 被审查
的原因是华为和西门子在这个项目中涉嫌行贿。2005 年 7 月 17 日，斯里
兰卡的第二大报 *Sunday Leader* 报道了现任总理涉嫌受贿，被国内的 BBS
论坛广为转发。帖子《华为假借海啸捐款巨款贿赂斯里兰卡现总理》提
到，斯里兰卡总理的银行账户记录中，华为 2005 年 3 月 2 日从渣打银行
账号汇入 10 万美元。① 面对此次危机事件，华为的新闻发言人与公众媒
体进行了沟通，还邀请了《IT 时代周刊》等媒体协同调查。②

关于"斯里兰卡总理受贿"的调查显示：斯里兰卡有关部门给现任
总理定的最大的罪行是违反内阁规定和没有在中央银行开设统一赈灾账
户而私自公布个人海啸基金账户（Helping Hambantota），并涉嫌挪用该
基金。文章列出了"Helping Hambantota"账户中各项捐助的来往款项，
其中提到华为捐赠的 10 万美元。文章中两次出现"HuaWei
Technology"，是为了说明华为以赈灾者的身份向"Helping Hambantota"
账户中存入 10 万美元，并未提到华为涉嫌行贿，更没有传言所说的
"华为涉嫌贿赂斯里兰卡总理，引发总理被弹劾"。当媒体询问这些捐助
款项有无现成证据时，华为表示这些捐助项目都知会了当地的中国大使
馆，均有备案。当媒体向中国驻斯里兰卡大使馆电邮确认时，一位机要
秘书的回信称，华为当时的捐赠都有知会使馆，当地并没有发现华为有
行贿行为的证据。③

---

① 董传仪、葛艳华：《危机管理经典案例评析》，中国传媒大学出版社，2009，第 153~
156 页。

② 徐芳：《危机潜伏期的企业竞争情报预警机制研究》，《情报理论与实践》2012 年第 3
期，第 66~69 页。

③ 何旭东、许敏：《华为真的在海外行贿了吗?》，《IT 时代周刊》2005 年第 15 期，第 20~
26 页；董传仪、葛艳华：《危机管理经典案例评析》，中国传媒大学出版社，2009，第
153~156 页。

关于"孟加拉国 BTTB 主席受贿"的调查要复杂得多。"华为在孟加拉国涉嫌行贿"的传言中前 BTTB 主席 N. Islam 负责 2002 年孟加拉国第一代移动项目招标工作。据调查，当时参加孟加拉国 BTTB 移动项目招标的厂商有 8 家，分别为华为、Potevio、中兴通讯、Alcatel-Lucent Shanghai Bell、西门子、Nortel、Ericsson 以及摩托罗拉。在后来的 BTTB 移动项目报价招标中，BTTB 要求以 7600 万美元购买移动设备和移动服务项目，供应商提供终身保修服务。但是，最后中标的西门子和华为均不认同此做法并说服了 BTTB，同意对方先购买移动网络设备，两年保修期过后再商量有关维护服务的事宜。一位西门子内部人士告诉记者："购买设备不包含终身免修服务在国际移动通信业务中是很正常的现象。"但售后服务项目的剥离成了问罪 BTTB 前主席 N. Islam 的一宗案例，因为在孟加拉国内传言政府将额外花费 3700 万美元购买西门子和华为的售后服务项目。负责 BTTB 招标项目的华为项目负责人说："现在设备两年的保修期还未完成，我们也没有和 BTTB 谈论售后服务项目问题，现在有关售后服务的事情仍搁置在那里，要两年后才会考虑。孟加拉国将花费 3700 万美元购买售后服务项目的说法没有根据。"调查显示：有关 BTTB 前主席 N. Islam 受审文章中，没有华为行贿 N. Islam 的说法，"BTTB 移动项目也不是 N. Islam 被审查的最大导火索"，引发 N. Islam 受审的导火索是孟加拉国另外一个光网络项目。作为招标委员会的领导人，N. Islam 选择了报价最高的西门子，而没有选择报价最低的 Nortel，孟加拉国于 2005 年 4 月命令对招标委员会中包括 N. Islam 在内的 6 位官员进行审查，其中对 N. Islam 负责的所有招标项目进行了审查，自然也包括 BTTB 移动电话项目。①

案例 2. "联想撤出中国"谣言事件

1998 年，联想集团成立于中国，当前业务遍及 180 个市场的全球化科技公司，服务全球超过 10 亿用户。2018 年联想 PC 销售量全球第一。

① 董传仪、葛艳华：《危机管理经典案例评析》，中国传媒大学出版社，2009，第153~156页；何旭东、许敏：《华为真的在海外行贿了吗?》，《IT 时代周刊》2005 年第 15 期，第20~26 页。

联想作为全球领先 ICT 科技企业，秉承"智能，为每一个可能"的理念，为用户与全行业提供整合了应用、服务和最佳体验的智能终端，以及强大的云基础设施与行业智能解决方案。面向新一轮的智能化变革的产业升级契机，联想提出智能变革战略，围绕智能物联网（Smart IoT）、智能基础架构（Smart Infrastructure）、行业智能与服务（Smart Verticals & Services）三个方向成为行业智能化变革的引领者和赋能者。①

根据 2019 年 5 月 28 日联想集团在其官方微信公众号上刊登的题为《"联想撤出中国"谣言诞生始末》的文章，联想集团撤出中国谣言事件经过大致如下。

2019 年 5 月 24 日，联想集团的首席财务官（Chief Financial Officer，CFO）黄伟明在财务发布会后接受了美国全国广播公司（National Broadcasting Company，NBC）环球集团持有的全球性财经有线电视卫星新闻台美国消费者新闻与商业频道（Consumer News and Business Channel，CNBC）的采访。CNBC 在报道的采访文章之前增加了"Key Points"："Lenovo said that it could shift production away from China if U. S. slaps additional tariffs on Chinese products"（联想表示，如果美国对中国产品征收额外关税，它可能会将生产从中国转移出去）。但是，在采访中黄伟明的实际回答是"We have definitely the ability to shift some of the production…… from the impacted countries like China to the countries where we can continue to without，I think，without having the impact of the tariffs"（我们绝对有能力将一些生产……从像中国这样的受影响国家转移到我们可以继续生产的国家，我认为，不会受到关税的影响）。

此后，网络上出现了许多将 CNBC 的这个错误理解当成联想集团接受采访时 CFO 黄伟明对美国增加关税应对的表态。例如，风闻社区的网友"黑海的海魂衫"把 CNBC 的标题《科技巨头联想表示已"做好充分准备"应对美国继续征收关税》改成了《中国联想：一旦关税有变，我们

---

① 《联想是谁》，https：//brand. lenovo. com. cn/about/indroduc tion. html，最后访问日期：2021 年 10 月 11 日。

就将生产线搬出中国》①。新浪微博的某大 V 在微博上转发了 CNBC 该报道的截图，并且配上了一段文字"【若美国继续加征对华关税，对联想的影响很有限?】，因为联想可以把生产线转移到中国以外的国家和地区，避免关税影响。在 CNBC 接受采访时，联想 CFO 黄伟明如是说——嗯，有点意思"。该大 V 的微博将黄伟明在接受采访时说的 "shift some of the production"（转移部分产品），错误地翻译成了"把生产线转移"。这条微博推动了大量媒体开始报道联想将因美国关税问题而撤出中国。一时之间，关于联想集团撤出中国的谣言四起，给联想集团树立了"汉奸""逃跑者"的负面形象。

联想集团选择了以 CFO 黄伟明个人身份就"相关表述不准确，造成媒体和公众的误读"道歉，以平息不断升级的谣言。2019 年 5 月 28 日，联想集团在其官方微信公众号上刊登了题为《"联想撤出中国"谣言诞生始末》的文章，否认其 CFO 接受 CNBC 采访时说过"联想撤出中国"。此外，联想集团还批评了国内一些人断章取义，"强调汉奸的锅，联想不背"。而此时，CNBC 也将采访联想集团 CFO 黄伟明的报道前面的 "Key Points" 中的 "shift production" 改成了 "shift some production"。

案例 3. 北京字节跳动科技有限公司的 TikTok 事件

北京字节跳动科技有限公司（以下简称"字节跳动"）成立于 2012 年 3 月，是最早将人工智能应用于移动互联网场景的科技企业之一，今日头条、西瓜视频、抖音、皮皮虾、懂车帝、悟空问答等都是该公司的产品。"技术出海"是字节跳动全球化发展的核心战略，字节跳动致力于成为全球创作与交流平台，让几十亿人的数字生活更美好、更有效率、更有趣。② 目前公司的产品和服务已覆盖全球 150 个国家和地区、75 个语种，曾在 40 多个国家和地区位居应用商店总榜前列。

2016 年 9 月，字节跳动旗下面向国内用户的抖音短视频上线。2017

---

① 黑海的海魂衫：《中国联想：一旦关税有变，我们就将生产线搬出中国》，https://user. guancha. cn/main/content? id = 119651&s = fwzxfbbt，最后访问日期：2021 年 10 月 11 日。

② 字节跳动官网，https://www.bytedance.com/zh/，最后访问日期：2021 年 10 月 15 日。

年 5 月，字节跳动以 10 亿美元收购了在美国影响力巨大的 musical. ly（有几千万用户），推出了面向国外用户的 TikTok。2020 年，TikTok 进入了 30 多个国家，攻占 180 多座城市，获得了全球 10 多亿用户，迅速上升到国际短视频行业的首位，在日本、越南、泰国、菲律宾、马来西亚、柬埔寨等国家都处于市场领先地位。根据市场研究机构 Sensor Tower 2021 年上半年的 App 市场研究报告，TikTok 排名非游戏 App 下载量和营收额的首位，预估 2021 年上半年的销售额可达到 9. 2 亿美元，较 2020 年同期增长了74%。① 根据市场调查机构 eMarketer 公布的预估报告，2020 年 TikTok 的美国用户数量将达到 4540 万人，同比增长 21. 9%；而在 2021 年，用户规模将突破 5000 万人（达 5220 万人）。② TikTok 深受青少年的欢迎，正日益成为可以与 Meta、Instagram 和 Snapchat 等传统社交软件比肩的产品。

　　字节跳动的 TikTok 事件经过大致如下。2019 年 12 月初，美国海军（United States Navy，USN）和国防部（Department of Defense，DOD）开始关注 TikTok 的网络威胁问题，要求士兵不能下载安装这款应用，已经下载的要立即删除；2020 年 1 月 1 日，美国陆军也宣布禁止士兵在政府拥有的手机上使用 TikTok，理由是这款视频应用可能危及美国国家安全；2 月 25 日，美国运输安全管理局也要求员工停止使用 TikTok；7 月 6 ~ 17 日，美国国务卿迈克·蓬佩奥（Mike Pompeo）、美国总统唐纳德·特朗普（Donald Trump）、白宫贸易顾问彼得·纳瓦罗（Peter Navarro）和经济顾问拉里·库德罗（Larry Kudlow）、白宫幕僚长马克·梅多斯（Mark Meadows）、美国战略与国际研究中心（Center for Strategic & International Studies）科技专家詹姆斯·刘易斯（James Lewis）纷纷就封禁 TikTok 发表了公开言论；7 月 20 日，美国众议院通过了一项法案，禁止联邦雇员在政府设备上使用 TikTok；7 月 22 日，美国参议院国土安全和政府事务委员会投票通过 "禁止在政府设备上使用 TikTok 法案"；8 月 1 日，美国总统唐纳德·特朗普称将计划动用行政命令禁止 TikTok 在美国运行，并

① 《全球 APP 报告发布，疫情和国际形势影响巨大》，https：//guba. sina. com. cn/？ bid = 9904&s = thread&tid = 3130，最后访问日期：2021 年 10 月 18 日。

② 《TikTok 美国用户规模有望在 2021 年突破 5000 万人》，https：//baijiahao. Baidu. com/s？ id = 1659934392511407939&wfr = spider&for = pc，最后访问日期：2021 年 10 月 18 日。

反对微软收购；同日，字节跳动同意剥离 TikTok 美国业务；8 月 2 日，微软声称将继续就收购 TikTok 在美业务进行商谈，可能邀请其他美国投资者参与 TikTok 交易；8 月 8 日，美国中央情报局（Central Intelligence Agency，CIA）表示没有证据显示中国政府获取 TikTok 用户数据；8 月 24 日，TikTok 声称正在起诉美国政府，并表示自己不存在安全威胁；9 月 14 日，甲骨文公司（Oracle）被选为 TikTok 美国业务的买家，成为 TikTok 在美国的"值得信赖的技术合作伙伴"。TikTok 开启新一轮 Pre-IPO 融资后，甲骨文和沃尔玛投资近 1000 亿元（约 125 亿美元），TikTok 的投后估值将达到近 5000 亿元（约 625 亿美元）。[①]

字节跳动的 TikTok 事件的最终结果为：美国总统唐纳德·特朗普批准甲骨文与 TikTok 的合作协议，新一轮融资后，字节跳动将继续掌握 TikTok 的控制权，甲骨文和沃尔玛则分别获得 TikTok12.5% 和 7.5% 的股份。

案例 4. 中美史克公司的 PPA 风波事件

中美天津史克制药有限公司是全球最大的药厂之一葛兰素史克（GSK）与国内大型药厂天津中新药业集团股份有限公司和天津太平（集团）有限公司共同投资设立的消费保健品公司。1987 年，中美史克公司（Sino-American Tianjin Smith Kline & French Laboratories Ltd.）创立于天津，主要生产胶囊、片剂、软膏三种剂型，年产能力达 23 亿片/粒/支，代表产品有新康泰克、芬必得、必理通、泰胃美、史克肠虫清、兰美抒、百多邦、保丽净、康泰克鼻贴等。中美史克公司注重以人为本，有着激励人心的"3T"企业文化：相互信任（Trust）、开放透明（Transparent）、积极主动（Take Initiative）。中美史克公司的使命是让中国的消费者做到更多，感觉更好，活得更长久，仅 2013 年，就向中国市场提供了超过 7700 万盒药品、850 万剂疫苗和超过 1.81 亿盒消费保健品。

---

① 杨飞：《抖音海外版 Tik Tok 遭遇华为式待遇，美国竟然惧怕中国社交软件？》，https：//baijiahao.baidu.com/s？id＝1673907984286485183&wfr＝spider&for＝pc，最后访问日期：2021 年 10 月 20 日；《TikTok 事件时间线梳理　是逆风翻盘还是顺风转舵？》，https：//www.ebrun.com/20200918/402768.shtml，最后访问日期：2021 年 10 月 20 日。

中美史克公司的 PPA 风波事件经过大致如下。① 2000 年 10 月 19 日，美国食品与药物监督管理局（Food and Drug Administration，FDA）的一个顾问委员会紧急建议：应将苯丙醇胺（Phenyl Propanol Amine，PPA）列为"不安全类"药物，原因是美国耶鲁大学医学院拉尔夫·霍尔维兹博士等人的一项研究结果表明，服用含有 PPA 的制剂容易引起过敏、高血压、失眠等严重的不良反应，甚至可能引发心脏病和脑出血。② 11 月 6 日，FDA 发出了要求美国生产厂商主动停止销售含 PPA 的产品的公共健康公告。之后，中国国家药品监督管理局（State Food and Drug Administration，SDA）也发布了《关于暂停使用和销售含苯丙醇胺的药品制剂的通知》。中美史克公司的"康泰克"和"康得"两种产品出现在 15 种被暂停使用和销售的含 PPA 的药品里。虽然同时被牵连的有十数家企业，但是只有中美史克公司成为舆论的焦点。③

中美史克公司接到通知后，马上组织专人成立应对各种危机事件的危机管理工作小组并划分职责，分别成立了危机管理领导工作小组、沟通工作小组、市场工作小组和生产工作小组，并明确了各小组的职责。④ 同时，危机管理工作小组配置了阵容强大的人力资源，由 10 位公司经理和主要部门的负责主管组成，十余名工作人员负责协调。危机管理工作小组最重要的工作是确定处理危机事件的基本态度。

2000 年 11 月 16 日上午，危机管理工作小组发布了此次危机事件的危机公关原则并马上执行。17 日中午，公司召开全体员工大会，总经理向员工通报了整件事情的来龙去脉并表示公司不会裁员的决心，以《给全体员工的一封信》的书面形式将承诺公布给每一位员工。同日，全国各地的 50 多位经销商经理被召回天津总部，危机管理工作小组深入他们中间做思想工作，以保障企业危机应对措施的有效执行。18 日，他们带着中美史克公司《给医院的信》《给顾客的信》回到分部，应急行动在全

---

① 单业才：《企业危机管理与媒体应对》，清华大学出版社，2007，第 123~126 页。
② 杜惠清：《中药企业，从机会主义中崛起》，《经济》2008 年第 8 期，第 82~84 页。
③ 徐芳：《危机爆发期的企业竞争情报沟通机制研究》，《情报理论与实践》2010 年第 9 期，第 69~73、65 页。
④ 单业才：《企业危机管理与媒体应对》，清华大学出版社，2007，第 123~126 页。

国各地按部就班地展开。20 日，中美史克公司在北京召开新闻媒体恳谈会，总经理回答了记者的提问并做出不停产投资的决定，表明了自己的立场和决心：无论怎样，维护广大群众的健康是中美史克公司自始至终坚持的原则，将在国家药品监督部门得出关于 PPA 的研究论证结果后，为广大消费者提供一个满意的解决办法。同时，面对新闻媒体的不公正宣传，中美史克公司并没有做过多的追究，只是尽力争取媒体的正面宣传以维系企业形象，总经理频频接受国内知名媒体的专访，争取为中美史克公司说话的机会。① 21 日，15 条消费者热线全面开通。为了更好地服务于客户和消费者，公司专门培训了数十名专职接线员，负责来自客户、消费者的问询电话，并做出准确、专业的回答，使之消除疑虑。②

案例 5. 格力举报奥克斯空调事件

1986 年，郑坚江毛遂自荐承包了濒临破产的龙观钟表零件厂，开始创业。经过 30 多年的发展，奥克斯集团有限公司产业涵盖家电、电力设备、医疗、地产、金融投资等领域，拥有五大研发中心（宁波、南京、杭州、珠海和日本）和十一大制造基地［巴西、印尼、泰国、波兰、天津、南昌、郑州、马鞍山、宁波（3 家）］，连续多年位列中国企业 500 强。奥克斯集团秉持"精确、高效、务实、简单""机会来自业绩"的企业价值观，致力于"让奥克斯成为世界品牌"。2021 年，集团营收 720 亿元，总资产 647 亿元，员工 3 万余名；奥克斯 2018～2021 年空调累计销量全球排名前三。③

格力举报奥克斯空调事件的经过大致如下。2019 年 6 月 10 日，格力电器在其官方微博上发布了《关于奥克斯空调股份有限公司生产销售不合格空调产品的举报信》，称根据格力电器实验室测量，奥克斯的一些空调产品与它所宣传和标称的能效值差距较大。经格力委托具有专业资质的

① 单业才：《企业危机管理与媒体应对》，清华大学出版社，2007，第 123～126 页。
② 徐芳：《危机爆发期的企业竞争情报沟通机制研究》，《情报理论与实践》2010 年第 9 期，第 69～73、65 页。
③ 奥克斯集团官网，http://www.auxgroup.com/about/group/，最后访问日期：2022 年 4 月 28 日。

第三方检验验证,检验结果与格力电器的检验结果一致,能效比和制冷消耗功率的检测结果均为不合格。① 下午 5 时,格力电器在珠海总部举行了新闻发布会,就与奥克斯相关事件进行说明。当天晚上,奥克斯发表声明称,格力利用不正当手段诋毁同行,以影响奥克斯的旺季销售,这是行业中的不正当竞争手段。随后奥克斯集团董事长郑建江表示:欢迎监督,共同营造民族品牌质量声誉。国家市场监督管理总局晚间宣布,已于 6 月 10 日下午通知浙江省市场监督管理局尽快调查核实有关情况。国家市场监督管理总局将根据调查结果依法进行处理和核实,并及时向社会公布。② 6 月 12 日,奥克斯对格力质疑的能效问题做出回应,称其所有产品均已通过奥克斯空调股份有限公司的"奥克斯空调检测中心"检测,并将检测报告等材料提交至能效标识管理中心备案,同时出具了奥克斯空调被格力"举报"涉及的 8 个产品的能效标识备案证明,其中 1 个被"举报"产品在国家市场监督管理总局的抽检结果中为"合格"。奥克斯表示,为澄清事实,公司已提请国家市场监督管理总局指定权威检测机构对奥克斯产品进行监督检测,检测报告将及时向社会公布。③ 同日,格力电器又发布公告称,将继续通过多种渠道无限量购买奥克斯空调相关产品,并通过自己的实验室、委托第三方权威检测机构和免费提供给任何有资质的机构进行检测,欢迎社会各界监督见证。④

2020 年 4 月 10 日,浙江省宁波市市场监督管理局对奥克斯空调股份有限公司使用能源效率标识做虚假广告一案作出行政处罚决定——"责令改正""罚款 10 万元"。《行政处罚决定书》显示,奥克斯型号 KFR-35GW/ZC+2 空调在能效标签上标注为能效 2 级,但调查和测试的结果是能效 3 级,与能效标签上的信息不一致。⑤

---

① 《孰是孰非?格力举报奥克斯空调不合格》,《消费者报道》2019 年第 4 期,第 5 页。
② 《马上评丨格力举报奥克斯:查清事实比猜"动机"更重要》,https://www.thepaper.cn/newsDetail_ forward_ 3650632,最后访问日期:2022 年 4 月 28 日。
③ 《奥克斯最新回应:被举报产品在市场监管总局抽检合格》,https://finance.sina.com.cn/roll/2019-06-12/doc-ihvhiews8329888.shtml,最后访问日期:2021 年 10 月 24 日。
④ 《格力电器:将不限量购买奥克斯空调进行检测》,http://www.chinanews.com/cj/2019/06-12/8862964.shtml,最后访问日期:2022 年 4 月 28 日。
⑤ 《"格力大战奥克斯"后续来了!奥克斯被责令改正并罚十万元》,https://www.sohu.com/a/387114444_ 161795,最后访问日期:2022 年 4 月 28 日。

案例 6. 海底捞涨价道歉事件

1994 年，张勇在四川省简阳市创建了海底捞火锅，历经 20 多年的发展，海底捞国际控股有限公司已经成长为国际知名的餐饮企业。海底捞主要经营四川火锅，融合了各地火锅的特色。它致力于让更多的人敞开心扉，在餐桌上快乐地吃，创造了一种全世界年轻人都喜欢参与的餐桌社会文化。从 2006 年开始，海底捞每年都获得了中国火锅百强企业称号。2011 年 5 月认定"海底捞"商标为中国驰名商标。2018 年 9 月 19 日，海底捞在香港上市。在 2021 年《财富》中国 500 强榜单中，海底捞国际控股有限公司列第 360 位。截至 2021 年 12 月 31 日，海底捞在全球开设 1443 家直营餐厅，其中，中国大陆 1329 家，中国香港、中国澳门、中国台湾及海外（新加坡、韩国、日本、美国、加拿大、英国、越南、马来西亚、印度尼西亚及澳大利亚等）114 家。海底捞 2020~2021 年财务报告显示：海底捞在 2021 年实现收入 411.1 亿元，2020 年同期收入为 286.1亿元，同比增长 43.7%。①

海底捞涨价道歉事件发生在 2020 年 4 月 10 日，事件经过大致如下。2020 年初，由于受到新冠疫情的影响，身处劳动密集型服务产业的餐饮业首当其冲，许多餐饮企业闭门歇业，即使是像海底捞这样的全国知名品牌，也受到了极大的影响。海底捞于 2020 年 1 月 26 日开始关闭门店，2月 15 日恢复外卖业务，3 月 12 日开始店内用餐服务并提价。4 月初，许多消费者感受到了海底捞的涨价。4 月 7 日，《三湘都市报》报道，记者对比了春节前后 20 道菜的价格，只有奶酪鱼柳、捞派肥牛两种商品价格保持不变，其余 18 道菜，生菜、山药、土豆、藕片每份涨价 2 元；火焰山炒饭从 8 元涨至 10 元；火锅牛排涨幅最高，每盘涨价 8 元。② 4 月 5 日晚间海底捞相关负责人回应："因为疫情的关系，海底捞各地的门店在复业后的餐桌数量、接待客户数量方面都还有所限制。一是员工现在无法满

---

① 海底捞官网，https://www.haidilao.com/about/brand，最后访问日期：2021 年 10 月25 日。

② 《海底捞就涨价道歉怎么回事？事件始末原来是这样…》，http://it.szonline.net/hot/20200411/20200449822.html，最后访问日期：2021 年 10 月 25 日。

员工作，另外就餐的人流量也不是太固定；二是成本问题，各地门店位置不同、消费水平不同，所以涨幅也不一样，整体控制在 6% 左右。"① 4 月 10 日，海底捞火锅官方微博发布致歉信，主要表达了三个方面的意思：一是海底捞门店涨价是公司管理层做出的错误决定，损害了海底捞消费者的利益，从现在开始，中国大陆的海底捞门店的菜品价格将恢复到 1 月 26 日门店关闭前的标准；二是海底捞门店实行差异化定价，考虑到门店位置的经营成本、消费水平、市场环境等因素，每个门店的菜品价格都会有所不同；三是海底捞各地门店推出的自提业务，目前提供 69 折或 79 折不等的折扣，将在 4 月 25 日前改善包装材料，并继续优化成本，希望客户能够满意。②

值得一提的是，为确保防疫产品和生活用品的价格秩序和质量安全，2020 年 1 月 29 日国家市场监督管理总局通过视频会议启动"保价格、保质量、保供应"系列行动，而海底捞、西贝等头部企业纷纷承诺支持该行动。根据海底捞 2019~2020 年度财务报告的数据：2019 年，海底捞公司收入 265.56 亿元，净利润 23.45 亿元；而 2020 年，海底捞公司收入 286.14 亿元，净利润仅 3.093 亿元，同比下降 86.81%。2021 年 6~12 月，海底捞关闭了 154 家门店，由于关店给海底捞带来的亏损高达 36.54 亿元。

案例 7. Apple 公司的几度沉浮事件

1976 年，乔布斯（S. P. Jobs）和他的伙伴沃兹尼克（S. Wozniak）凭着 1300 美元在 Jobs 的自家车库里成立了苹果电脑公司（Apple Computer），2007 年于旧金山的 Macworld Expo 上宣布改名 Apple 公司（Apple, Inc.）。③ 2021 年 6 月 2 日，Apple 公司列 2021 年《财富》美国

① 《海底捞涨价道歉事件始末》，https://baijiahao.baidu.com/s? id=1702191913370105877&wfr=spider&for=pc，最后访问日期：2021 年 10 月 25 日。
② 《海底捞涨价道歉事件始末》，https://baijiahao.baidu.com/s? id=1702191913370105877&wfr=spider&for=pc，最后访问日期：2021 年 10 月 25 日。
③ Apple 公司官网，http://www.apple.com.cn/support/products，最后访问日期：2020 年 6 月 18 日。

500 强排行榜第 3 位。① 2022 年 1 月，Apple 公司市值一度突破 3 万亿美元。② Strategy Analytics 发布的研究报告显示，2021 年第一季度，全球平板电脑市场份额 Apple 公司排名第一，占 36.7%，笔记本电脑出货量估计为 570 万台。③ 苹果的 Apple Ⅱ 于 20 世纪 70 年代推进了个人电脑产业革命，其后的 Macintosh 接力于 80 年代持续发展，最知名的产品是其出品的 Mac 电脑系列、iPad 平板电脑、iPod 数码音乐播放器、iCloud 云平台、iTunes 音乐商店和 iPhone 手机，它们在高科技企业中以创新而闻名。④

　　Apple 公司的几度沉浮事件经过大致如下。1981 年 6 月，Apple 公司对外宣布将开发全球的 Apple Ⅲ 电脑，但由于技术和营销方面的原因，Apple Ⅲ 出现问题。1984 年 1 月 24 日，Apple 公司以空前的规模推出了麦金托什产品（Mackintosh），虽然 Mackintosh 有相当强的能力，但是由于其与其他电脑的兼容性不够好，最终遭到了市场的淘汰。1985 年 4 月，董事会决定撤销 Jobs 的经营大权，9 月 17 日，Jobs 不得不离开 Apple 公司。1997 年 7 月，Apple 公司由于连续 5 个季度的亏损，CEO 阿默利欧只好辞职，Apple 公司陷入危机，在紧急关头 Jobs 又被聘任为临时总裁兼首席执行官。1997 年，Jobs 带着 20 世纪 70 年代的理想精神和 90 年代的经营理念，再度回到 Apple 公司。⑤ 为了让 Apple 公司起死回生，Jobs 提出将 Mac 电脑发展成一系列家用电器"数字中心港"等理念，并采取了一系列的措施。⑥ ①生态联盟系统战略的实施。1997 年 10 月，Jobs 宣布 Apple 公司的"苹果生态联盟系统"的专项战略。Jobs 认为，要使苹果系

① 《苹果成为 2021 年美国最赚钱公司》，https：//m. gmw. cn/baijia/2021 - 06/02/1302335837. html，最后访问日期：2021 年 6 月 18 日。

② 《这两年！苹果市值涨上 3 万亿，一挂中国科技巨头缩水 8000 亿》，http：//finance. sina. com. cn/tech/csj/2022-04-27/doc-imcwipii6747634. shtml？poll_ id = 52052，最后访问日期：2022 年 4 月 29 日。

③ 《2021 年第一季度全球平板电脑市场份额榜单出炉，华为、联想均在列》，https：//www. sohu. com/a/466393487_ 120985245，最后访问日期：2021 年 6 月 18 日。

④ 孙朦：《乔布斯给世人留下了什么》，中国三峡出版社，2012，第 14~26 页。

⑤ 董传仪、葛艳华：《危机管理经典案例评析》，中国传媒大学出版社，2009，第 227~231 页。

⑥ 董传仪、葛艳华：《危机管理经典案例评析》，中国传媒大学出版社，2009，第 227~231 页。

统再度成为创造和进取精神的兴旺中心，最重要的是吸引形形色色的图形用户、演艺界人士及创作人员加入苹果生态系统（Apple's Ecosystem），就像生物生态系统一样，这些工业群落成员的能力是共同进化的。②管理制度改革。上任后，Jobs 对 Apple 公司进行改革，不惜对领导班子实行"大换血"；他还提出"改变思路"的口号，把 Apple 公司的目光重新集中在市场和消费者身上，砍掉了没有特色的业务，开通面向普通用户的手提及台式电脑（Laptop and Desktop）和面向专业用户的 Laptop 及 Desktop 的四条生产线。在销售方面，Apple 公司把原来具有同样功能而高出其他竞争对手价格的产品的销售价格消减 25%，并加大了广告投入，改变 Apple 公司在人们心中的不好形象。③以设计取胜。Apple 公司新产品 iMac 电脑的闪亮登场证明了人性化设计的成功与魅力。这是人性化设计对生存意义的物化诠释：始终倾听消费者的需求，以最大的热忱贯彻"在一般人与高深计算机之间搭起桥梁"的初衷。这正是 Jobs 最厉害的武器。不论是在 Apple 公司以艺术创造科技，还是在 Pixar 以科技创造艺术方面，Jobs 都孜孜不倦地设法使他的梦想变成现实：用计算机做工具，协助填补科技与艺术之间的鸿沟。① 1997 年，Jobs 再次成为《时代》周刊的封面人物并被评为最成功的、最有经验的管理者。1998 年上半年 iMac 取得了全面的成功，Apple 公司扭亏为盈，在经历危机后快速地恢复了过来。②

案例 8. 华为芯片危机事件

1987 年，华为技术有限公司成立，总部位于广东省深圳市龙岗区，起初是一家生产用户交换机（PBX）的香港公司的销售代理。经过 30 多年的发展，现已成为全球领先的 ICT（信息与通信）基础设施和智能终端提供商，专注于 ICT 领域，秉承稳健运营、持续创新、开放合作、打造端到端解决方案优势的电信运营商、企业、终端和云计算领域。为运营商客户、企业客户和消费者提供有竞争力的 ICT 解决方案、产品和服务，实现

---

① 董传仪、葛艳华：《危机管理经典案例评析》，中国传媒大学出版社，2009，第 227~231 页。

② 徐芳：《危机平复期的企业竞争情报评估机制研究》，《情报资料工作》2013 年第 1 期，第 42~46 页。

未来信息化社会，建设更加美好的全互联世界。截至 2022 年底，华为在全球 170 多个国家和地区拥有约 20.7 万名员工，为全球 30 多亿人提供服务。华为是一家 100% 员工持股的私营企业。华为通过工会实施员工持股计划，参与人数为 121269 人。参与者仅为华为员工，没有任何政府部门或机构持有华为的股权。2019 年 8 月 9 日，华为正式发布鸿蒙系统；12 月 15 日，华为获得了首批"2019 中国品牌强国盛典年度荣耀品牌"的殊荣。2021 年，《财富》公布世界 500 强榜单（企业名单），华为排在第 44 位，居 2020 年中国民营企业 500 强第 1 位。2021 年 4 月 19 日，北京市西城区人民政府与华为技术有限公司签署战略合作协议，共同建设华为河图技术创新推广基地。2021 年 5 月 18 日，中国电子元器件行业协会信息披露，华为发布首款光纤传感产品 OptiXsense EF3000，F5G 全光工业网解决方案适用于工业场景，再次加快实施 F5G 应用。[①] 在 5G 领域，华为公司为 170 多个国家和地区提供服务，与全球前 50 家运营商中的 45 家建立了合作伙伴关系。5G 通信设备的市场占有率为 28%，位居世界第一。

华为芯片危机事件的经过大致如下。2018 年 1 月初，有报道称，美国政府坚决反对当时的华为与美国电信运营商 AT&T 签署合作协议，禁止华为手机进入美国市场。2018 年 8 月，美国总统唐纳德·特朗普签署了《国防授权法》，禁止美国政府机构和承包商使用华为的某些技术；11 月，美国加入德国、意大利和日本的行列，禁止华为使用其所有通信设备；12 月 1 日，加拿大逮捕了孟晚舟，当时她正在温哥华转机。[②] 2019 年 1 月 29 日，美国司法部联合对孟晚舟提出 23 项指控，并要求加拿大政府引渡孟晚舟；5 月 8 日，加拿大高等法院就孟晚舟引渡听证会重新开庭；16 日，特朗普总统签署了一项关于保障信息和通信技术及服务供应链安全的行政命令，将包括华为在内的 20 多个国家的 68 家公司列入实体名单；17 日，华为宣布海思芯片转正；19 日，谷歌在美国政府的压力下暂停了与华为的合作，高通、英特尔等多家美国公司也加入其中。随后，多家网络

---

① 华为官网，https://www.huawei.com/cn/corporate-information，最后访问日期：2023 年 11 月 17 日。
② 陈春花、尹俊等：《企业家如何应对环境不确定性？基于任正非采访实录的分析》，《管理学报》2020 年第 8 期，第 1107～1116 页。

供应商暂停使用华为的设备，多个学术组织将华为除名。此后，美国多次延长了对华为的禁令，理由是华为及其商业伙伴需要升级软件和处理合同。这说明，如果美国不禁止华为，华为就可以在美国扎根，再一次证明了华为作为中国科技巨头的实力。①

2021年9月25日晚，华为首席财务官孟晚舟乘坐中国政府包机抵达深圳宝安国际机场，结束了在加拿大被非法拘留近三年的生活，返回中国。同日，2021年中国民营企业500强名单在湖南长沙发布，华为仍然占据榜首。②

案例 9. 大娘水饺的管理危机事件

1996年4月，大娘水饺创始人吴国强在江苏常州开了一家小餐馆。他雇了一位来自东北的退休大娘来做包饺工，自己负责调制馅料，餐馆名字也改名为大娘水饺。经过20多年的发展，大娘水饺在北京、上海等100多个城市开设了440多家连锁店；公司总营业面积10余万平方米，有7万余个座位、1万余名员工，年销售额近19.5亿元，先后被评为中国十大著名快餐品牌企业和中国十大快餐企业。2017年4月11日，格美集团（原绿色集团）与CVC资本完成结算，正式成为大娘水饺餐饮集团有限公司100%全资股东，这是大娘水饺发展史上的一个重要里程碑。③《全球商业经典》杂志以《大娘水饺靠中央厨房创造6亿只水饺传奇》为题，对大娘水饺模式的成功进行分析和研究，中央电视台、东森电视台、中国新闻网、《环球时报》、《人民日报》（海外版）等媒体纷纷将"大娘水饺"作为中式快餐的成功典范，大娘水饺的老板还在2006年被选为中国餐饮行业的领军人物。

大娘水饺的管理危机事件经过大致如下。2008年国际金融危机爆发，资本开始大规模投资餐饮业，以避免周期性行业的波动。也就是说，从那

① 《华为芯片被禁事件的始末梳理与个人分析》，https：//baijiahao.baidu.com/s？id = 1681069503751631010&wfr=spider&for=pc，最后访问日期：2021年10月30日。

② 《孟晚舟归国同日，华为拿下三个中国企业第一名》，https：//www.thepaper.cn/newsDetail_ forward_ 14665731，最后访问日期：2021年10月31日。

③ 大娘水饺官网，http：//www.dnsj1996.cn/about，最后访问日期：2021年11月1日。

以后，一波投资者几乎踏破了吴国强的门槛，想要投资大娘水饺。吴国强说："5年内大概有四五十家投资机构找上门，但有的条件苛刻，有的我们看不上，有的出价不高，更有甚者就是大忽悠……"① 2013年，大娘水饺在19个省份拥有450多家门店，年营业收入达15亿元，有员工7000余人。这时，吴国强已经60岁了。由于个人精力有限，又缺乏合适的接班人，他开始考虑将公司交给专业的管理团队，将公司推向更高的层次。

2013年底，欧洲私募股权投资机构CVC正式完成了对大娘水饺的收购。CVC收购了大娘水饺90%的股份，吴国强持有剩余10%的股份。根据协议，股权交割之后，吴国强将继续担任大娘水饺董事长2年，顾问3年。为了提高业绩，新管理层提高了价格，并削减了成本，将每个饺子的重量从20克减至17.5克，其他菜肴的用量也减少了10%左右。食客们当然不傻，很快就发现了大娘水饺的变化。变了味儿的大娘水饺，生意大不如前，公司不仅没有通过使用更少的材料来提高业绩，反而失去了大量的客户，业绩急剧下滑。2014年，大娘水饺的营业收入仅为2013年的80%左右。2014年，吴国强提前辞掉了董事长一职，成为"不管事"的集团顾问。

CVC收购大娘水饺之后，曾先后上任了两位首席执行官，第一位CEO曾任肯德基营销副总裁，上任之后学习肯德基的经营模式，大刀阔斧地进行改革。但是，吴国强认为"大娘水饺是中式快餐，肯德基是西式快餐，不能一概而论"。当时，吴国强反对新CEO的改革战略，但冲突并不大，而且随着CEO的辞职，双方似乎都看到了解决冲突的光明前景。但出乎吴国强意料的是，李传章接任CEO后，管理层的矛盾并没有得到解决，而是因为一系列的事情而加剧。② 2015年李传章上任后全年的销售额又是2014年的90%左右，相当于2013年的80%左右。

2015年，大娘水饺年会闹剧，曾经作为资本与餐饮联姻案例的大娘水饺陷入负面新闻。虽然CVC并没有给他发邀请函，但吴国强还是选择

---

① 姜华山、CFP：《俏江南、大娘水饺"引狼入室"》，《企业观察家》2016年第8期，第48~50页。
② 《大娘水饺与CVC不断激化的矛盾，受害者却是它！》，https://baijiahao.baidu.com/s?id=1622966757182976243&wfr=spider&for=pc，最后访问日期：2021年11月1日。

来参加大娘水饺的 2015 年年会。在年会所在的酒店门口，一个奇怪的场景发生了：作为创始人的吴国强被公司年会门外的保安拒绝入内。2016年 1 月，CVC 发布了一份名为《CVC 对于年会闹事的回应》的声明，其中提到"吴国强先生确实被 CVC 聘为大娘水饺集团公司的顾问，但并不是由 CEO 正式管理的员工。吴国强先生不顾员工年会的权益，冲进会场，向员工发泄自己的不满。我们对此表示强烈不满和谴责。我们会以正确的方式向吴国强先生进行诉求"。2016 年 1 月 15 日，吴国强发表了一封"致全体大娘人"的公开信，双方意见不一。至此，吴国强与 CVC 之间的矛盾全面爆发。由此开始，大娘水饺遇到了前所未有的经营危机，引发了大规模的"关门潮"。随着消费升级、中国其他餐饮品牌的崛起，大娘水饺的竞争力越来越弱，业绩明显缩水，水饺行业也面临转型调整。

后　记

　　本书是在博士学位论文的基础上反复修改而成，其撰写和修改历时十余年，书稿最后处理于第五台工作电脑中，而我的人生也从青年时期步入了中年阶段。在即将提交书稿给出版社之前，感慨万千。本书从选题到出版，得到了许多机构、师长和朋友们的帮助，在此表示感谢。

　　感谢南开大学和苏州大学分别为我博士和工作期间的研究工作提供硬件设施和各种资源的支持。感谢国家社会科学基金后期资助项目为本书的出版提供了经费的支持。感谢我的博士生导师南开大学王知津教授和博士后合作导师南京大学孙建军教授，在本书的修改过程中给予了非常宝贵的修改建议。感谢博士阶段的同行评审、答辩小组老师们和课题申请阶段同行评审们的宝贵建议。感谢社会科学文献出版社王展老师对本书的细心阅读和校对工作。感谢出版社的领导和编辑老师（特别是蔡莎莎、孙美子、吴敏、毛筱倩老师）在申报国家社会科学基金后期资助项目和出版时给予的各种帮助。感谢苏州大学社会科学处的老师们（特别是吴新星和周琼老师）在课题申报和结项时提供的各种帮助。感谢我指导的研究生们：张慧敏同学制作了第二轮调查对象地理位置分布云图，王月瑶同学撰写了国内外竞争情报研究现状文献计量部分的初稿。感谢在两轮问卷调查中给予支持和帮助的专家、学者以及企业管理人员。感谢苏州大学和苏州大学文正学院的研究生和本科生同学，没有你们的协助就无法按期收集到高质量的调查数据。

　　本书在撰写和修改的过程中，参考了许多资料，在此表示感谢。虽然本书已经采用脚注和参考文献的方式进行了标注，但是可能尚存在遗漏的之处，欢迎读者们批评指正。

　　感谢我的家人们在我写作期间给予的各种理解和支持，特别是夫人承担了大部分的家庭工作。在修改书稿的过程中，很遗憾我多次拒绝了孩子们的陪伴邀请，缺席了家庭作业的辅导，向你们致歉，懂事的你们总是发发小脾气后就离开不再打扰。

　　最后，感谢自己的坚持，因为有了过去十多年的修改和完善，书稿勉强达到了自己愿意让它与读者正式见面的出版预期。由于本人学识和水平有限，书中可能尚存在疏漏和不当之处，敬请专家、读者们批评指正，一切责任由本人承担。

徐　芳

2023 年 6 月 6 日于苏州独墅湖畔